共享责任

SHARING RESPONSIBILITY,
CREATING HARMONY.

共创和谐

Successful CSR Cases from Chinese
Central Enterprises.

——中央企业优秀社会责任实践（2009~2011年）

国务院国有资产监督管理委员会研究局
中国社会科学院经济学部企业社会责任研究中心

经济管理出版社
ECONOMY & MANAGEMENT PUBLISHING HOUSE

图书在版编目（CIP）数据

共享责任，共创和谐：中央企业优秀社会责任实践（2009~2011 年）.
—北京：经济管理出版社，2013.12
ISBN 978-7-5096-2871-3

Ⅰ. ①共… Ⅱ. ①国有企业—企业责任—社会责任—案例汇编—中国
Ⅲ. ①F279.241

中国版本图书馆 CIP 数据核字（2013）第 295422 号

组稿编辑：陈　力
责任编辑：魏晨红
责任印制：司东翔
责任校对：超　凡　王纪慧

出版发行：经济管理出版社
　　　　　（北京市海淀区北蜂窝 8 号中雅大厦 A 座 11 层　　100038）
网　　址：www. E-mp. com. cn
电　　话：（010）51915602
印　　刷：三河市延风印装厂
经　　销：新华书店
开　　本：720mm×1000mm/16
印　　张：21.75
字　　数：334 千字
版　　次：2014 年 1 月第 1 版　　2014 年 1 月第 1 次印刷
书　　号：ISBN 978-7-5096-2871-3
定　　价：46.00 元

编委会

随着经济全球化的日趋深入和气候、环境、贫困等问题关注度的不断提高，随着我国贯彻落实科学发展观和建设"美丽中国"的深入推进，企业积极履行社会责任，在运营过程中对社会和环境负责，创造经济、社会和环境的综合价值，已经成为国际国内广泛关注的重要议题，也是提升企业竞争力，实现自身与社会可持续发展的必然要求。

国务院国资委高度重视中央企业社会责任，先后采取了一系列措施推进中央企业社会责任工作，努力推动中央企业成为履行社会责任的表率。2008 年印发《关于中央企业履行社会责任的指导意见》，明确提出了中央企业履行社会责任的指导思想、总体要求、基本原则、主要内容和促进机制。2011 年印发《中央企业"十二五"和谐发展战略实施纲要》，提出要加强诚信央企建设、绿色央企建设、平安央企建设、活力央企建设、责任央企建设，明确提出中央企业要以社会责任工作为载体，立足战略高度认识、部署和推进中央企业与社会、环境的和谐发展。2012 年成立国资委中央企业社会责任工作指导委员会，委领导担任委员会主任，委员会负责中央企业社会责任指导工作。2012年还启动了为期两年的中央企业社会责任管理提升活动，推动中央企业完善社会责任管理。此外，国资委还通过召开年度中央企业社会责任工作会议、开展中央企业优秀社会责任实践征集活动、加强社会责任培训和交流等方式，努力提升中央企业社会责任工作能力和水平。

长期以来，中央企业认真贯彻落实党中央、国务院的各项方针政策，积极履行社会责任，服务经济社会发展，社会责任管理与实践都呈现出许多特色和亮点。企业社会责任意识不断增强，许多企业将社会责任理念融入企业使命、愿景和价值观。社会责任管理体系不断完善，普遍建立了自上而下覆盖公司各层级的社会责任组织制度体系，有效落实了社会责任工作。一些企业结合自身特点，将社会责任理念和要求融入生产经营全流程、职能管理各板块和基础管理各方面，可持续发展能力显著提升。截至2012年底，全部中央企业都已经发布社会责任报告或可持续发展报告。一些企业还积极探索建立社会责任绩效管理体系，通过与国际领先企业进行对标，不断改进，有效提升管理水平。在社会责任管理体系不断健全的同时，中央企业社会责任实践绩效也持续改进。多年来，中央企业在依法经营、节能减排、维护员工合法权益、安全生产、参与社会公益事业、履行海外经营责任等方面都发挥了表率作用，为经济社会发展做出积极贡献。一些企业结合自身社会责任核心议题，发挥公司业务优势，通过业务创新开展社会责任专题实践，解决社会环境问题，实现企业经济效益与社会效益、环境效益有机结合，做成精品，做出亮点，做出成效。

因此，有必要对中央企业的优秀社会责任实践进行梳理与总结，向社会披露中央企业在创造经济、社会、环境综合价值方面的意愿、努力和成效。这不仅有利于企业增加运营透明度，增强社会各界的理解和共识；同时也能促进企业社会责任工作的经验分享与交流，给正在探索履责之路的中国企业以借鉴，共同推动中国企业社会责任的发展。本案例集在全面总结国务院国资委 2009 年和 2011 年两届中央企业优秀社会责任实践征集活动成果的基础上汇编而成，由专家从 120 余个中央企业优秀社会责任实践中精选出 40 个，并进行了调研访谈、资料补充、修改润色，最终汇集成册。

　　中共十八届三中全会指出，必须适应市场化、国际化新形势，以规范经营决策、资产保值增值、公平参与竞争、提高企业效率、增强企业活力、承担社会责任为重点，进一步深化国有企业改革。这对做好企业社会责任工作提出了更高要求。展望未来，我们将深入实施和谐发展战略，大力推进诚信央企、绿色央企、平安央企、活力央企和责任央企建设，进一步强化社会责任管理，推动中央实现与经济社会环境的和谐发展。今后，我们将继续开展中央企业优秀社会责任实践征集活动，案例集也将从今年开始持续出版，力图反映中央企业社会责任工作的最新进展，增进与社会各界的沟通交流。

目录

第一章 | **健全管理固根基**

创新实施战略性社会责任管理

中国移动通信集团公司 ①

摘　要：为进一步营造和谐发展环境，锻造企业责任竞争力，实现企业全面、协调、可持续发展，中国移动创新性地提出并实施战略性企业社会责任管理，将企业社会责任工作整合嵌入企业运作的全方位和全过程，全面推进"策略管理、执行管理、绩效管理、沟通管理"四大模块工作，实现企业经济、社会与环境三方面绩效动态平衡，借此中国移动成功入选道·琼斯可持续发展指数，企业社会责任绩效跻身世界一流行列。

关键词：责任管理　战略性社会责任　责任管理模块

要履行好企业社会责任，企业只需要做到两点：一是不做坏事，就是要

---

① 中国移动通信集团公司（简称中国移动）于2000年4月20日成立，注册资本3000亿元，资产规模超过万亿元，拥有全球第一的网络和客户规模。中国移动全资拥有中国移动（香港）集团有限公司，由其控股的中国移动有限公司在国内31个省（自治区、直辖市）和香港特别行政区设立全资子公司，并在中国香港和纽约上市。2013年列《财富》杂志世界500强企业第71位，品牌价值位居全球电信品牌前列。中国移动主要经营移动话音、数据、IP电话和多媒体业务，并具有计算机互联网国际联网单位经营权和国际出入口局业务经营权。除提供基本话音业务外，还提供传真、数据、IP电话等多种增值业务，拥有"全球通"、"神州行"、"动感地带"等著名品牌。

在法律约束和道德要求的范围之内负责任地开展经营；二是多做好事，以创新的思维、结合企业特长为帮助解决社会现实难题提供产品服务和公益支持，并且尽可能地发动更多人共同参与。中国移动一直在实践中探索具有自身特色的履责之路，我们有诚意也有决心，在不久的将来做到更好。

——中国移动通信集团公司党组书记、董事长　奚国华

背　景

中国移动通信集团公司（以下简称中国移动）自成立以来就高度重视企业社会责任，从 2006 年开始，以编制企业社会责任报告为开端，尝试引入国际通行的企业社会责任标准，在全集团上下不断达成共识的基础上，以实效性为原则，统一规划、分步推进，创新性地实施了战略性企业社会责任管理。

一、践行核心价值观、实现"新跨越"的内在要求

随着中国移动企业规模与经济价值的不断发展，2006 年，中国移动将核心价值观明确为"正德厚生，臻于至善"，并将"承担责任"和"追求卓越"作为公司持久而根本的信仰。在这一核心价值观的指引下，中国移动明确提出"做世界一流企业，实现从优秀到卓越的新跨越"战略，将积极承担社会责任、做优秀企业公民作为中国移动实现"新跨越"的七大举措之一。

为了全面落实"新跨越"战略，中国移动迫切需要树立正确的企业责任观，以科学、规范的责任管理，推动企业社会责任与公司运营和发展有机结合并落到实处，从而建立与利益相关方和谐共生的良好生态环境，推动企业全面、协调、可持续发展。

二、落实科学发展观、助建和谐社会的重要体现

随着中国社会对企业社会责任的认识水平不断提升以及国际社会对中国企业社会责任的日益关注，2006年中国移动在国内电信企业中率先编制、发布了企业社会责任报告，成为中央企业社会责任建设的倡导者和先行者之一。

作为中央企业，中国移动深感自身所肩负的实践和带动科学发展的责任重大，充分发挥中国移动的资源与影响力，力争在中国经济发展、社会进步和环境保护等诸多社会议题上做出更大的贡献。中国移动有责任也有能力通过探索实施战略性的企业社会责任管理，在努力实现经营业绩不断提升、确保国有资产保值增值的同时，为构建和谐社会做出积极贡献。

三、顺应国际潮流、锻造国际竞争力的必然选择

随着20世纪70年代全球企业社会责任运动的兴起以及90年代以来跨国公司企业社会责任运动的蓬勃发展，积极承担企业社会责任成为利益相关方的共同期望，也日益成为衡量世界一流企业竞争力的重要方面。

中国移动深刻意识到，公司必须以更具战略性的眼光来看待社会责任、以战略性的管理来落实社会责任，通过真正引入国际通行的社会责任标准，并结合本土社会和文化背景，将其创造性地与企业管理和运营实践相结合，锻造和提升企业责任竞争力。只有这样，中国移动才能成为在经济、社会和环境的全面维度上，真正意义上的世界一流企业。

责任行动

中国移动战略性企业社会责任管理具有丰富内涵及显著特色。2006年以来，中国移动逐步建立并完善战略性企业社会责任管理体系，全面实施"策略管理、执行管理、绩效管理、沟通管理"四大模块工作，建立起企业全方位履行责任的长效推进机制。

一、中国移动战略性企业社会责任管理的内涵和特点

中国移动战略性企业社会责任管理的内涵是：以公司战略为根本出发点和指引，立足于企业三重底线责任，通过对企业资源的系统规划和整合使用，以有效的组织、制度和流程保障，将企业社会责任标准整合嵌入企业运作的全方位和全过程，实现企业经济、社会与环境三方面绩效动态平衡，协调企业与相关方可持续发展的管理行为。

相比于传统的企业社会责任管理，中国移动战略性企业社会责任管理具有战略性、全面性、系统性、开放性等特点。

战略性，即企业社会责任目标与企业战略目标高度统一，战略发展与责任承担有机统一。全面性，即企业社会责任管理覆盖公司业务与管理的全方位、全过程，关注和影响企业全部的利益相关方。系统性，即企业社会责任管理过程与企业运营管理过程紧密融合，是对不同部门、不同专业、不同层级基于统一标准的系统性管理。开放性，即企业社会责任管理强调利益相关方的参与及反馈，通过有效的利益相关方参与，将相关方意见引入企业相关决策和管理改进过程。

实施战略性企业社会责任管理，意味着企业社会责任将成为中国移动长期发展战略的有机组成部分；企业社会责任的标准、要求和价值取向，将融入中国移动的各项组织行为以及员工的个人行为；企业社会责任的绩效，将成为全面评估与反映中国移动可持续发展能力的重要方面；企业社会责任的成果，将由中国移动与各利益相关方（包括自然环境）共同分享，从而实现企业与相关方综合价值最大化。

二、中国移动战略性企业社会责任管理推进历程

在公司领导层大力支持和直接参与下，在集团上下不断达成共识的基础上，从2006年开始，中国移动以全球企业社会责任管理的通行标准和最佳实践为指引，充分考虑企业运营管理的现实基础，以实效性为原则，创新管理工具和手段，统一规划、分步推进，逐步实施了战略性企业社会责任管

理，并取得显著成效（如图1-1所示）。

2006~2007年 明晰理念，构建框架	2008~2009年 创新工具，建成体系	2010~2011年 促进融合，强化传导	2012~2013年 对标国际，全面提升
确立责任观	设立集团CSR指导委员会	全面开展"责任文化"宣贯	制定落实和谐发展战略实施纲要
构建基于三重底线的CSR战略框架	完成CSR三年规划	确立中国移动可持续发展价值模型	完善可持续发展能力提升闭环
发布通信行业首份CSR报告	开展CSR优秀实践评选	完成全集团首次可持续发展能力评估	成为GRI首个中国区机构利益相关方
下发CSR工作指导意见	构建可持续发展指标体系	实施DJSI国际对标管理	全面部署实施CSR管理提升
	探索CSR风险管理	探索可持续关键议题国际合作	
	下发集团CSR管理办法		

图1-1 中国移动实施战略性企业社会责任管理简要历程

（一）明晰理念，构建框架

结合国际通行的三重底线标准，中国移动创新性地提出了中西融通的企业责任观："以天下之至诚而尽己之性、尽人之性、尽物之性。"以此为起点，中国移动对国内外企业社会责任标准和规范、国际同业的企业社会责任最佳实践进行了系统研究，编制完成了中国移动第一本企业社会责任报告。借助这一过程，中国移动明确了自身关于企业社会责任的理解，确立了以负责任的经营活动实现经济、社会和环境全面协调发展，促进企业与利益相关方和谐共成长的主旨思想，奠定了此后全面推进实施战略性企业社会责任管理的基调。

中国移动深刻意识到，要确保企业社会责任履行的可持续，必须有一套完善的管理体系与管理机制。2007年6月面向全集团31省、区、市公司下发了《企业社会责任工作指导意见》，提出了公司履行企业社会责任的目标与原则，落实了总部与省公司的职责要求，初步明确了企业社会责任"策略管理、执行管理、绩效管理、沟通管理"四大模块工作内容，为公司整体企业社会责任管理体系的搭建奠定了重要基础。

（二）创新工具，建成体系

2008 年 1 月，中国移动正式成立了企业社会责任指导委员会，由公司董事长担任主任，公司分管领导担任副主任，公司总部各部门及上市公司香港机构负责人任委员，负责企业社会责任相关重大事项的审议和决策。这是中国通信企业中第一个企业社会责任高层决策机构。委员会下设办公室，负责横向协调公司各职能部门，纵向指导各省、区、市和中国香港运营子公司开展企业社会责任相关工作。各运营子公司也明确了企业社会责任管理的职责归属。企业社会责任组织体系的形成，为系统推进战略性企业社会责任管理提供了有力的组织保障。

与此同时，为了更好地组织引导和协调推动集团及各级单位的企业社会责任实践开展，中国移动提出了中国移动社会责任"五大工程"，制定了《2008~2010 年企业社会责任规划》，为全面推进企业社会责任工作提供了战略指导和行动蓝图。

为衡量战略实施成效，中国移动在 2008 年启动了"中国移动年度优秀企业社会责任实践"评选活动，邀请来自政府主管部门、非政府组织、权威媒体的专家代表与公司内部专家共同参与，在全集团范围内选拔企业社会责任优秀实践，发掘和树立企业社会责任实践典范，激励省公司提升企业社会责任实践活动实效性与影响力。

2009 年，中国移动以深化落实科学发展观、推进企业可持续发展为目标，启动开展了可持续发展指标体系研究。在充分借鉴国内外相关理论、引入利益相关方参与的基础上，初步构建了《中国移动可持续发展指标体系(2009)》。该体系为企业初步建立了全方位的可持续发展战略指引，并在经营业绩考核评价体系之外，为企业更加全面和长期地衡量企业发展水平提供了科学的评估工具。

为将企业社会责任的标准导入企业日常经营过程，中国移动启动实施了企业社会责任风险管理研究项目，通过对企业运作流程的细致梳理，结合利益相关方的关注重点，全面识别公司企业社会责任风险，提出风险控制策略与控制措施，为确保公司 CSR 表现符合国际通行标准提供有效控制手段。2009 年，CSR 风险管理体系完成了在首批 7 家省公司进行的试点和推广。

2009 年 8 月，《中国移动通信集团公司企业社会责任管理办法（试行）》正式下发全集团，标志着通过三年的企业社会责任管理与实践探索，中国移动成功确立了企业社会责任管理的体系、制度与流程，建立了企业社会责任管理与实践的长效机制。

在强有力的高层推动、组织保障以及科学的管理手段支撑下，中国移动企业社会责任绩效显著提升。2008 年 9 月，中国移动作为中国大陆首家，也是唯一一家入选全球权威的可持续发展指数——道·琼斯可持续发展指数的企业。

（三）促进融合，强化传导

为提升公司整体的企业社会责任意识，将企业社会责任融入各级员工的日常行为，2010 年，中国移动结合企业文化建设推进部署，开展了"中国移动人的责任"主题文化传播活动，通过组织各级员工签署《企业社会责任承诺书》、开办短信课堂和"社会责任大讲堂"等活动，将企业社会责任理念传导到公司运作的最基层单元。

在实施层面，中国移动 2010 年建立了中国移动可持续发展理论模型，从理论层面初步解答了企业社会责任与可持续发展同公司价值创造能力的关系问题。在此基础上，依据科学性、客观性与可操作性并重的原则，进一步改进了可持续发展指标的评估方法与评估标准，完成了对 31 个省公司的2010 年可持续发展能力的正式评估。

2011 年中国移动基于多年道·琼斯可持续发展指数的申报经验，探索构建了由总部各部门共同参与的道·琼斯可持续发展指数指标管理的长效机制。

继续开展可持续发展国际合作并产出了丰硕成果，中国移动与剑桥大学联合开展的"移动医疗"研究项目于 2011 年 4 月正式发布，公司还在与世界粮食计划署、全球报告倡议组织在应用信息通信技术开展灾难援助以及推动新一轮可持续发展报告编制标准制定等方面探寻潜在的合作机会。

2011 年，中国移动连续第四年入选道·琼斯可持续发展指数，可持续发展绩效保持世界一流水平。

（四）对标国际，全面提升

"十二五"期间，中国移动明确提出了以科学发展为主题，以加快转变经济发展方式为主线，全面实施"可持续发展战略"，将企业社会责任与可持续发展作为公司战略的核心要素之一。

2012 年中国移动深入研究和认真领会国资委要求，结合自身生产经营的实际情况，形成《关于落实〈中央企业"十二五"和谐发展战略实施纲要〉的指导意见》，面向全集团各单位提出了有效落实和谐发展战略的规定要求。提出了做"诚信的力行者"、做"绿色的倡导者"、做"平安的守护者"、做"活力的传播者"、做"履责的探路者"五项主要举措和 17 项具体推进措施，目前已经取得了良好的进展和成效。

同时，中国移动全面部署实施企业社会责任管理提升活动，以提升企业社会责任"融入性、实效性和认可度"为目标，确立五大关键课题，全面识别省公司管理标杆，组织省公司对标制订并落实课题专项提升计划，促进中国移动企业社会责任议题管理水平与企业社会责任外部认可的"双提升"。

2012 年，中国移动根据环境变化与战略调整滚动优化可持续发展能力评估指标体系，不断完善改进评估方法，指导省公司查找短板，制订改进计划并融入运营管理提升，构建完整的"评估—反馈—自查—改进—再评估"的闭环管理，建立起面向各省公司的可持续发展能力，提升长效机制。

在国际沟通合作方面，中国移动积极参与企业社会责任专业领域的经验分享，深度参与相关标准制定。2013 年成为全球报告倡议组织（GRI）首个中国区机构利益相关方，并深入参与 GRI 知识分享计划。

总体来看，经过持续的探索和努力，中国移动立足于中央企业的定位与责任，逐步导入企业经营和管理实践活动中，公司企业社会责任管理体系已基本建立，企业社会责任管理工作的内涵与外延不断拓展，管理日臻常态化、规范化。

三、中国移动战略性企业社会责任管理体系

经过多年的探索与实践，中国移动企业社会责任管理四大模块的工作内容与管理工具已逐步充实、固化，形成了符合公司管理基础和实际运作规律的企业社会责任管理体系（如图1-2所示）。

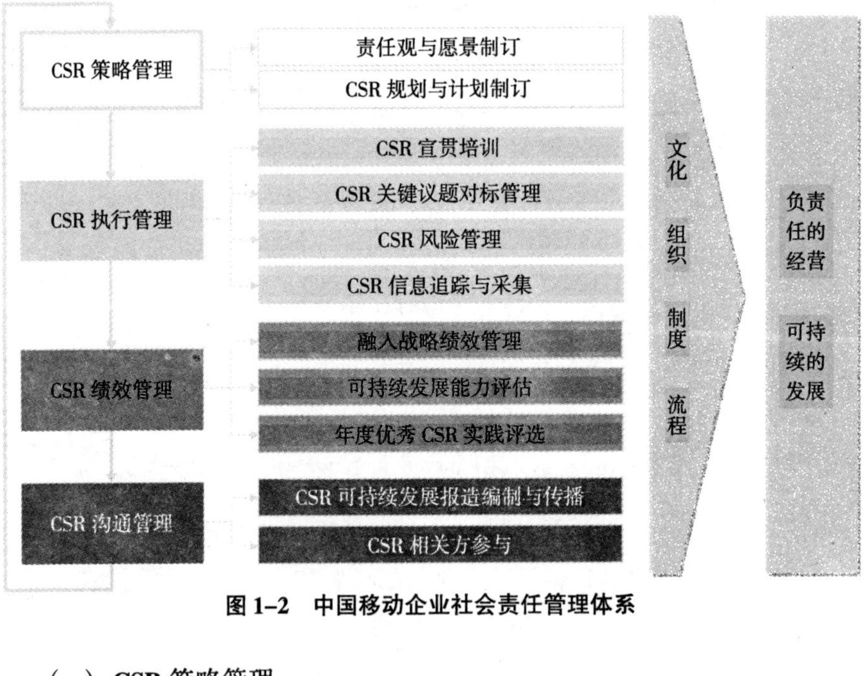

图1-2　中国移动企业社会责任管理体系

（一）CSR 策略管理

中国移动的企业社会责任策略管理，是指从企业责任观和愿景出发，根据公司战略方向，确定企业社会责任管理的阶段性目标、工作重点、实施策略和工作计划，并分解落实到总部各部门及各省（区、市）运营子公司，实

现统一目标，协同推进。

1. 责任观与愿景制订

中国移动的企业责任观是："以天下之至诚而尽己之性、尽人之性、尽物之性。"随着中国移动企业社会责任认识与实践的不断深入，中国移动的企业社会责任愿景从最早的"成为最受尊重的产业领先者"到"成为卓越的创造者"，再到"移动改变生活"。

"移动改变生活"，就是将可持续发展与信息、通信、技术（Information Communication Technology，ICT）相结合，努力创新，不断增强自身的可持续发展能力，以更好地发挥企业专长；以更好的产品与服务引领和满足移动化、宽带化、信息化的市场需求，不断改善社会生活和工作方式，提升人们的生活品质，提高经济社会运行效率，助力生态环境保护，最大限度地惠及民生，为大众实现美好生活创造更多可能。

2. CSR 规划与计划制订

中国移动从 2008 年开始以三年为周期滚动制订企业社会责任专项规划，从 2008~2010 年的"五大工程"到 2010~2012 年的"六大行动"（如图 1-3 所示），再到从 2012 年起全面落实中央企业"和谐发展战略"。中国移动的企业社会责任战略随着企业发展阶段和社会责任履行重点的转变而与时俱

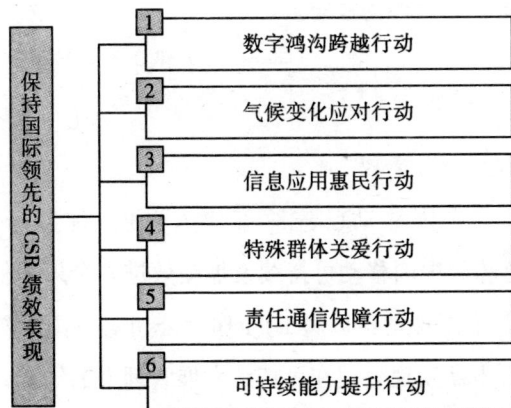

图 1-3　中国移动 2010~2012 年企业社会责任规划

进，有效地实现了企业社会责任战略路径的提前规划。

（二）**CSR 执行管理**

执行管理以促进企业社会责任战略落实为核心，传导和树立企业社会责任理念、建立和推广企业社会责任标准要求、探寻企业社会责任最佳实践，组织推进跨层级、跨专业的信息共享和联动，从而确保战略的有效执行。具体来说主要包括以下四个方面的工作：

1. CSR 宣贯培训

员工是企业践行社会责任的主体，员工对企业社会责任的认识与理解直接影响企业的履责表现。为此，中国移动明确要求各省级公司每年至少开展一次覆盖全公司的企业社会责任宣贯培训活动，以此来导入企业社会责任理念。在实施过程中，中国移动各级公司将企业社会责任理念的宣贯与企业文化的建设工作相结合，通过多种形式开展主题文化传播活动，深入推进"责任"意识的传播，强化社会责任的自觉履行。

认同、尊重并捍卫"正德厚生，臻于至善"的企业核心价值观，以克己、勤勉、热忱和坚持将"以天下之至诚而尽己之性、尽人之性、尽物之性"的企业责任观转化为自身的一言一行，汇聚我们共同的力量，以实际行动积极参与企业社会责任承担，努力推动公司与社会、环境协调可持续发展，不懈追求与相关方和谐共成长。

——摘自《中国移动员工社会责任承诺书》

2. CSR 关键议题对标管理

从 2008 年起，中国移动已连续五年入选道·琼斯可持续发展指数（DJSI），这不但意味着中国移动可持续发展绩效进入全球同行业前 10% 的行列，更重要的是，中国移动得以将 DJSI 作为公司对标国际权威标准与最佳实践的管理工具，不断发现公司在可持续发展管理上的短板，持续改进和提升可持续发展关键议题管理水平与绩效表现。

中国移动以申报 DJSI 为契机，不断梳理自身的议题管理制度和流程，逐渐形成了科学有效的常态化议题管理方式。2011 年，公司建立起了 DJSI 议题归口管理制度，既充分调动了各方面资源，使得议题管理和企业运营密切结合，从而提高了议题的管理效率；同时强化了归口部门对于议题管理的责任，使得相关议题的提升和改进可以落到实处，从而形成了议题的闭环管理。

牵头部门：发展战略部

主要职责：牵头开展 DJSI 对标研究，负责 DJSI 问卷分解、填答支持和汇总申报，负责与 DJSI 评估机构的日常沟通。

归口管理部门：各相关部门

主要职责：负责相关议题的日常管理和绩效提升；负责相关议题信息、数据的收集、整理和反馈；负责相关议题的 DJSI 问卷填答。

3. CSR 风险管理

中国移动对企业社会责任风险的定义是指公司在经营过程中因从事或涉及不道德的商业行为，或未能通过力所能及的努力为社会和谐发展树立道德典范而产生的风险。

中国移动风险管理体系由风险识别、风险测量、风险控制三部分组成（如图 1-4 所示）。

在企业社会责任风险管理体系中，各个模块互为输入、输出，最终构成完整的管理闭环。

4. CSR 信息追踪与采集

中国移动认为，要实现集团上下统一、协调的企业社会责任管理，离不开规范、高效的企业社会责任信息追踪与采集。从引入企业社会责任管理开始，中国移动就初步确立了各省公司按季度和按年度上报企业社会责任案例和数据的信息采集制度。

一方面，各省公司按季度上报企业社会责任实践成果，总部通过对实践成果的梳理和筛选，及时了解各省公司企业社会责任的工作进展，在集团内

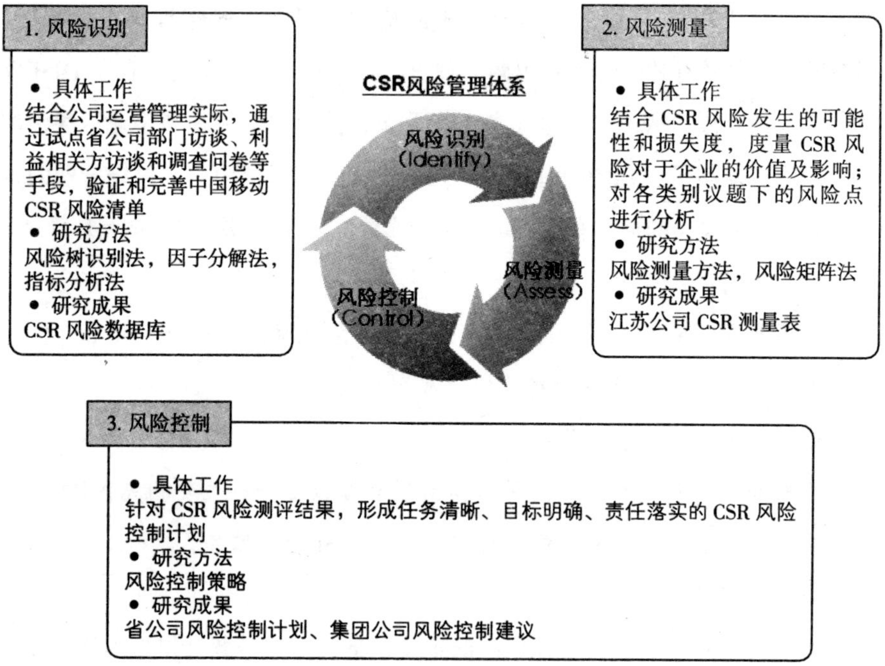

1. 风险识别

- 具体工作
结合公司运营管理实际，通过试点省公司部门访谈、利益相关方访谈和调查问卷等手段，验证和完善中国移动CSR风险清单
- 研究方法
风险树识别法，因子分解法，指标分析法
- 研究成果
CSR风险数据库

CSR风险管理体系

风险识别（Identify）

风险测量（Assess）

风险控制（Control）

2. 风险测量

- 具体工作
结合CSR风险发生的可能性和损失度，度量CSR风险对于企业的价值及影响；对各类别议题下的风险点进行分析
- 研究方法
风险测量方法，风险矩阵法
- 研究成果
江苏公司CSR测量表

3. 风险控制

- 具体工作
针对CSR风险测评结果，形成任务清晰、目标明确、责任落实的CSR风险控制计划
- 研究方法
风险控制策略
- 研究成果
省公司风险控制计划、集团公司风险控制建议

图1-4 中国移动企业社会责任风险管理体系

部组织开展优秀实践成果的交流分享；另一方面，以年度可持续发展报告编制为平台，收集各省公司年度优秀实践案例，对外集中展示中国移动整体企业社会责任实践成果。

（三）CSR绩效管理

企业社会责任绩效管理是基于企业社会责任规范要求，结合公司自身的战略重点和经营实际，建立有效、客观的中国移动企业社会责任绩效评价体系，全面跟踪中国移动企业社会责任绩效表现，通过科学化的评估和针对性的改进，促进中国移动企业社会责任绩效的全面提升。中国移动企业社会责任绩效管理主要通过以下三种管理手段来实现：

1. 融入战略绩效管理

中国移动开展战略性企业社会责任管理工作，强调中国移动企业社会责任与公司战略的协调统一。中国移动将重大企业社会责任行动纳入公司战略框架，每年企业社会责任重大行动规划作为公司年度重大战略举措之一与公司战略规划同步制订，将年内各项企业社会责任重大行动全部纳入公司当年的战略举措，重点行动各项任务分解至相关责任部门。省公司则通过承接落实集团公司战略规划部署，制订本省战略规划，将企业社会责任的战略要求结合省情进行分解落实。通过对绩效完成情况进行季度跟踪和年度考核，实现了企业社会责任规划与公司战略规划的融合统一。

2. 可持续发展能力评估

中国移动借鉴国际先进的可持续发展理念和价值框架，构建符合自身运营特点的可持续发展指标体系，并以此作为提升公司整体可持续发展能力的重要手段。

基于企业可持续发展价值框架，结合自身运营特点，中国移动确立了由开创力、共生力、运营力、影响力组成的中国移动可持续发展能力框架。通过大量调研最终确立了四个层面 12 项关键要素 35 个指标的中国移动可持续发展指标体系（如图 1-5 所示）。

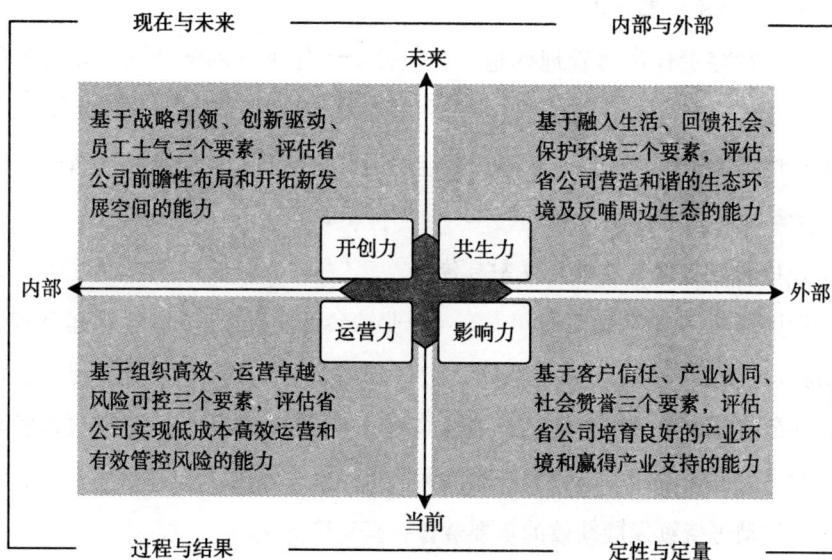

图 1-5　中国移动可持续发展指标体系

每年通过第三方调研和专业部门对省公司的 35 项可持续发展能力指标进行评估，帮助各省公司挖掘短板、明确改进重点，促进各省公司不断提升可持续发展能力。

3. 年度优秀 CSR 实践评选

为增强企业各单位企业社会责任管理成效，发掘企业社会责任先进典型，推广企业社会责任标杆做法，提升企业社会责任工作的积极性，自2008 年起，中国移动每年在全集团范围内发掘和选拔 CSR 优秀实践，邀请来自政府主管部门、非政府组织、权威媒体的专家代表与公司内部专家共同评审。2011 年评选首次引入公众投票，广泛吸引公众参与，2012 年评选增设"中国移动年度公益之星"奖项，除了表彰 CSR 优秀实践案例外，还表彰具有突出贡献的企业员工个人。

截至目前，中国移动已成功举办 5 届 CSR 优秀实践评选，收到实践成果 350 项，其中 81 项实践成果获奖。评选活动已成为中国移动年度关键相关方沟通的重要活动之一。

（四）CSR 沟通管理

企业社会责任沟通管理就是以企业社会责任报告的定期编制发布为核心，建立相关方沟通平台，及时响应利益相关方诉求，形成公司与利益相关方的良性互动机制，在提升管理透明度的同时，不断扩大企业社会责任影响力，带动负责任的经营行为。

1. CSR 可持续发展报告编制与传播

中国移动自 2007 年起逐年发布《企业社会责任报告》（2010 年起更名为《可持续发展报告》），分别以集团、上市公司为主体发布中、英文报告，定期、规范披露企业非财务信息。中国移动每年定期举办可持续发展报告发布会，邀请关键利益相关方代表开展沟通交流。报告已成为利益相关方全面了解中国移动可持续发展绩效的重要载体，赢得广泛关注。

《中国移动可持续发展报告》遵循 GRI、全球契约、ISO26000、CASS-

CSR2.0 等国内外通行规范，同时突出企业与行业特色。2012 年，报告首次引入普华永道会计师事务所对关键数据提供独立鉴证，进一步提升客观性与公信力。报告先后获得联合国全球契约·中国企业社会责任典范报告"特色风格奖"和"金蜜蜂"优秀企业社会责任报告·领袖型企业奖。

目前，中国移动黑龙江、上海、浙江、江西、山东、广东、四川、江苏等公司均已发布本省（市）的社会责任分报告，形成了以集团公司企业社会责任报告为主体，各省公司企业社会责任分报告为补充的利益相关方报告沟通体系。

2. CSR 相关方参与

中国移动的利益相关方由六类群体构成，分别是员工、股东与投资者、政府与监管机构、客户、价值链伙伴、社区及环境。为确保利益相关方沟通的有效性和实质性，中国移动明确了"学习—分享—合作"的利益相关方参与模式，形成了常态化的利益相关方沟通机制。

在日常沟通方面，制定下发《利益相关方沟通工作手册》，不断丰富相关方意见的收集渠道，建立起企业社会责任外部信息跟踪机制，深入了解相关方诉求并围绕关注的热点开展了针对性的沟通活动。在专项沟通方面，与国际知名学术机构、社会责任国际组织进行了广泛的交流与对话，建立社会责任全球对话沟通机制和学习分享渠道。中国移动与剑桥大学联合开展了"移动医疗"课题研究，全面参与新一代可持续发展报告指南——G4 标准草案的制定讨论。

履责成效

中国移动实施战略性企业社会责任管理，并不仅仅是一种管理理念和思想的创新，更重要的是一种管理方法和工具的创新。中国移动通过逐步推进创新性的管理举措，对国际化的企业社会责任理念和标准，进行了本土化和企业化，将其与中国移动的经营和管理实践有机结合起来，建立了行之有效的企业社会责任管理组织体系、闭环流程、评估工具和沟通机制，使企业社会责任在企业内部从一种观念和信仰转化为具体行动，创新了国内企业的社会责任管理和践行模式，显著提升了企业的社会责任绩效水平。

一、为公司战略目标有效达成提供了坚实保障

中国移动战略性企业社会责任管理自2006年开始启动，有效搭建了系统全面的企业社会责任组织架构和制度流程体系，并把企业社会责任理念贯穿于企业运营的各个方面，企业社会责任管理工作取得了显著的成效。企业社会责任管理水平不断提升，确保了公司战略目标的实现。

二、社会责任实践取得良好成效，为社会与环境的可持续发展做出了积极贡献

在保障责任通信方面，2012年实现应急通信保障5167次，动用人员33万人次。在减小数字鸿沟方面，中国移动积极参与"村村通工程"，已累计为11.1万个村庄开通了移动电话。在应对气候变化方面，中国移动深入实施"绿色行动计划"，2012年单位业务流量耗电量较2011年下降了14.6%，较2005年下降了62%，相当于节电232亿千瓦时。在促进信息惠民方面，中国移动大力推进物联网和"无线城市"发展布局，无线城市建设已覆盖336个城市，年度累计有7000万客户，享受到上万种无线城市应用。在投身社会公益方面，中国移动累计救助1012名贫困先天性心脏病儿童，为15236名贫困儿童进行了先天性心脏病免费筛查，帮扶超过1.5万名艾滋病致孤和特困儿童，为中西部地区捐建爱心图书馆1694个，捐赠图书389.7万余册，捐建多媒体教室674个。同时，通过"影子培训"和远程培训两种方式，累计培训中西部校长48205名。累计吸纳超过90000名员工志愿者，累计提供志愿服务超过1000万小时。连续5年荣获慈善领域最高政府奖项——"中华慈善奖"。

三、社会责任管理水平不断提升，社会责任影响力不断扩展

随着战略性企业社会责任管理的实施，中国移动社会责任管理体系不断完善，社会责任影响力和企业软实力不断凸显。

中国移动的"战略性企业社会责任管理"、"绿色行动计划"、"新农合信息系统"等实践入选中央企业优秀社会责任实践。在国资委举办的中央企业管理提升活动中，被选为企业社会责任管理提升标杆单位。

中国移动连续五年作为内地唯一入选道·琼斯可持续发展指数的企业，连续三年入选恒生可持续发展指数。中国移动"农村工程"、"绿色行动计划"、"新农合信息系统"分别入选哈佛商学院、密歇根大学、克兰菲尔德商学院案例，成为商业价值与社会价值双赢的范例。

结　语

一、战略性企业社会责任管理实施体会

自中国移动 2006 年实施战略性企业社会责任管理以来，中国移动逐步建立了企业社会责任闭环管理体系，实现了企业社会责任与公司生产运营的全面融入，企业社会责任管理水平不断提升，在企业社会责任实践方面也取得了丰硕的成果。总结几年来的企业社会责任工作开展经验，中国移动的感受是：坚持推进企业社会责任管理有利于企业自身管理水平的提升；必须将企业社会责任与公司的日常运营紧密结合，实现全面融入；必须加强企业社会责任理念的内部沟通宣贯，达成管理共识；必须坚持广泛开展业界交流合作，不断加强相关标准规范学习，实现企业社会责任管理的不断规范化和精细化；必须建立全面的利益相关方沟通和参与机制，提高企业社会责任工作的有效性。

二、未来的工作设想

面向未来，中国移动将继续深化和完善战略性企业社会责任管理，着力

做好以下三个方面的工作：

（一）深入推进企业社会责任管理融合，实现企业社会责任管理从管理提升工具向价值创造工具的转变

进一步加强企业社会责任管理与公司生产运营的相关性和渗透性，着重突出企业社会责任管理与公司价值创造最相关的环节，实现企业社会责任管理从公司的管理提升工具向价值创造工具的转变，体现企业社会责任管理对公司价值创造的贡献。

（二）持续开展企业社会责任内部宣贯，实现企业社会责任管理从管理约束到主动行为的转变

继续开展企业社会责任内部宣贯，推动企业社会责任理念在企业各层级员工的推广落实，加速公司各层级员工的企业社会责任思想转变，把企业社会责任管理从对公司各层级员工的管理约束转变为公司各层级员工的思想观念和主动行为，鼓励企业各层级员工积极参与企业社会责任实践，并充分发挥主观能动性，创新企业社会责任实践形式，形成企业社会责任广泛参与、全面开花的局面。

（三）全面提升社会责任实践实效，实现企业社会责任实践从项目管理到全面管理的转变

继续发挥自身的专业特长，推动企业社会责任实践的广泛开展。着重加强企业社会责任实践在资源利用效率、对利益相关方的成效评估等方面的工作，构筑企业社会责任实践全面管理体系，实现企业社会责任实践从项目管理到全面管理的转变，以使企业社会责任实践达到更高的效率和更好的效果。

让全面社会责任管理根深叶茂

国家电网公司①

摘　要：对于特大型企业而言，如何将全面社会责任管理根植于基层企业是一个非常巨大的挑战。国家电网公司启动了省、市、县三级试点，通过把江苏省无锡市供电公司作为试点企业，创造性地提出了"点亮品质生活"的责任根植宣言、独具特色的责任工作观：$\sum$（业务 + 改进)^{Re} = 工作 $\cup$ 价值以及"领导表率、专业融合、班组建设"的推进模式，使得国家电网公司社会责任管理能力显著提高，责任央企品牌形象显著提升，责任根植基层取得了显著成效。

关键词：全面社会责任管理　责任根植宣言　责任工作观　推进模式

---

①　国家电网公司成立于 2002 年 12 月，是经国务院同意进行国家授权投资的机构和国家控股公司的试点单位，以建设和运营电网为核心业务，承担着保障更安全、更经济、更清洁、可持续的电力供应的基本使命，经营区域覆盖全国 26 个省（自治区、直辖市），覆盖国土面积的 88%，供电人口超过 11 亿，公司用工总量超过 186 万人。公司在菲律宾、巴西、葡萄牙、澳大利亚等国家和地区开展业务。2012 年，公司名列《财富》世界企业 500 强第 7 位，是全球最大的公用事业企业。

背 景

对于一家经营区域覆盖国土面积的 88%、服务人口超过 10 亿、管理员工超过 150 万人的特大型企业，国家电网公司如何将"全员参与、全过程融合、全方位覆盖"的企业全面社会责任管理理念和全面社会责任管理模式根植于所属的 26 个省级电力公司、310 个地市级电力公司和 1002 个县级供电企业（不含代管），对国家电网而言是一个巨大的挑战。为让社会责任在基层和一线枝繁叶茂，国家电网公司积极探索"试点先行、提炼模式、逐步扩大"的"责任根植基层"的有效路径。

国家电网公司启动了省、市、县三级试点：2008 年在天津市电力公司启动了省公司全面社会责任管理试点，2009 年在江苏省无锡市供电公司启动了地市级全面社会责任管理试点，2009 年在浙江省嘉兴市嘉善县供电局启动了县级供电企业全面社会责任管理试点。通过试点工作，国家电网公司初步检验了企业全面社会责任管理模式，总结提炼了基层供电企业推进全面社会责任管理的实践经验。下面，以国家电网公司在江苏省无锡市供电公司开展的试点为例，介绍国家电网公司"责任根植基层"的实践。

责任行动

江苏省无锡市供电公司（以下简称无锡公司）是国家电网公司地市级供电企业的排头兵之一，管理基础良好，并且身处经济发达地区，承担着加快转变发展方式，推动地方经济社会发展转型升级的时代重任。

国家电网公司要求试点单位努力提升三方面的责任管理绩效：①以"保障更安全、更经济、更清洁、可持续的能源供应"为核心，全面提升企业创造经济、社会和环境的综合价值的能力与水平。②以"以促进和谐创建创造良好发展环境"为核心,全面营造和谐的利益相关方关系。③以"建设一个可靠、可信赖的人民电网企业"为核心,全面塑造卓越的责任央企品牌。

无锡公司认真宣贯《国家电网公司履行社会责任指南》,按照国家电网和江苏省电力公司的部署,深入开展管理现状调研,制定了《无锡供电公司全面社会责任管理工作规划》,从而确定了"领导表率、专业融合、班组建设"的推进模式,如图1-6所示。

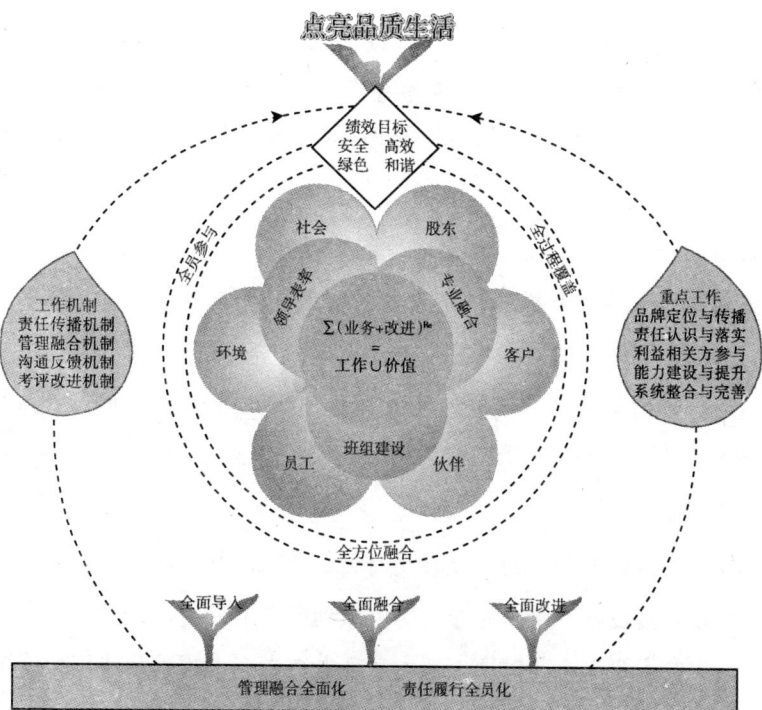

图1-6 无锡公司社会责任推进模式

具体的责任行动包括:

一、提出"点亮品质生活"的责任根植宣言

国家电网公司要求各试点单位推进全面社会责任管理,坚持思想先导,形成既符合公司社会责任认识又能反映本单位和所在地区实际的责任根植观，全面认识本单位在推动地方经济社会发展的地位、作用、价值、优劣势与核心任务，进而提出了三个要求。

（1）导入社会责任理念，主要是积极响应公司建设"责任表率央企"倡导，树立强烈的履责意愿，全面认识企业的社会功能，坚持与利益相关方、自然环境的和谐发展、绿色发展、可持续发展，追求经济、社会和环境的综合价值最大化。

（2）拓展价值创造视野，主要是充分理解地方经济社会发展和社会各界对供电企业的期望和要求，深入认识自身的责任使命以及面临的挑战与困难，重新定位供电企业的发展战略和思路。

（3）形成责任根植认识，大力推进"五个转变"，明确打造"责任央企"的核心任务。

无锡公司按照试点工作部署，立足本地区和本单位实际，深入剖析无锡经济社会发展转型升级对供电企业的要求，围绕"以保障更安全、更经济、更清洁、可持续的能源供应为核心，打造责任央企，追求经济、社会、环境的综合价值最大化"的根本目标，提出了"点亮品质生活"的责任根植宣言。

● **更安全**

无锡公司将在服务无锡发展转型升级，全面提升无锡人民生活品质的过程中，将社会责任融入整个企业，努力做到更安全，通过保障电网安全稳定运行和员工的人身安全与健康，努力实现电力生产、输送和使用价值链的全过程安全。

● **更经济**

充分发挥电网功能，促进能源资源的优化配置，加强管理和推动技术进步，提升配置电力资源的效率，实现电网运营高效。

● **更清洁**

推动电力作为清洁的二次能源的广泛使用，提升电力在终端能源消费的比重，在建设和运行电网的全过程始终坚持环境良好。

- **可持续**

立足提升内部工作水平和供电品质，统筹考虑利益相关方期望和可持续发展要求，促进人与人的和谐、人与自然的和谐。

通过以上责任行动全面推进"五个转变"：①从单纯注重保障电力需求的供电保障单位，向成为推动无锡经济社会转型升级的绿色动力转变。②从单纯注重通过提高自身效率提升供电品质和服务水平，向充分发挥全网、全集团优势提升服务无锡发展的能力和水平转变。③从单纯注重配置企业内部资源，向全面配置内部资源、利益相关方资源和社会资源，充分发挥各方合作创造综合价值的潜力与优势转变。④从单纯注重遵守环境保护法规和环保要求，向全面建设"资源节约型、环境友好型"企业，促进社会生态文明建设转变。⑤从满足于考核指标在国家电网公司地市供电企业名列前茅，向全面建设"世界一流城市配网、国际一流供电单位"比齐。

二、积极探索责任工作观

国家电网公司认为，将社会责任融入整个企业，对企业而言是推行新的管理模式，对员工而言是实践新的工作方式，通过新的管理模式和新的工作方式，催生企业新的运营方式和行为表现。探索新的管理模式：核心是统一追求综合价值最大化的管理目标；部署贯彻"安全、高效、绿色、和谐"履责要求，有效管理企业运营对社会和环境的影响，实现综合价值最大化的发展战略；落实"全员参与、全过程覆盖、全方位融合"的管理模式变革要求；建立社会责任组织管理体系、社会责任日常管理体系、社会责任能力建设体系、社会责任业绩考核体系、利益相关方参与机制、社会责任信息披露机制、社会责任指标体系等保障机制。实践新的工作方式：核心是坚持责任工作观，自觉贯彻"守法合规、诚实守信、以人为本、透明开放、风险预防、持续改进、永续发展、价值创造"八项履责原则和"安全、高效、绿色、和谐"四项履责要求；转变工作理念，将日常工作视为与利益相关方有效沟通、合作创造综合价值的机会与方式，按照综合价值最大化和营造和谐环境的要求，持续改进工作方式。催生企业新的行为表现：核心是将社会责任融入每个专业、每个层级和每个岗位，重新审视和全面优化每项业务、每个流程、每个制度，以对社会负责任的方式开展日常运营。

按照国家电网和江苏省电力公司的整体部署和具体指导，无锡公司成立了全面社会责任管理领导小组和工作办公室，组建了工作网络，并与专业咨询机构合作，在充分调研的基础上，编制形成《无锡供电公司全面社会责任管理现状分析报告》，进而采取"试点先行、以点带面"的工作方法，选择5 个部室、3 个单位和 5 个班组开展内部试点，集中力量予以重点辅导、寻求突破，探索"全员参与、全过程覆盖、全方位融合"的全面社会责任管理模式落地的有效路径。

无锡公司积极将全面责任管理理念融入"制度管人、流程管事、文化治企"的企业管理思路，全面优化公司的管理目标、发展战略、日常运营。编制完成《全面社会责任管理手册》，根据"必尽、应尽、愿尽"的责任分析法从全面责任管理的视角新增、修订和完善管理标准和工作流程。试点开展以来，无锡公司新增管理标准 39 个、修订 79 个、废除 1 个，新增技术标准14 个，积极探索将全面责任管理理念融入每项业务、每个流程和每个岗位的有效方式，把责任溶解于管理标准、技术标准和工作标准。

社会责任融入整个企业，关键在于改变每一个人的思维方式和工作方法。无锡公司在国家电网试点工作小组的帮助下，创造性地提出了独具特色的责任工作观：[①] $\sum$（业务+改进）^{Re} = 工作 $\cup$ 价值。要求每一名员工都要用社会责任理念重新审视每一项业务、每一项改进；要将业务理解为"价值"，业务的意义不是每个人的工作任务，而是服务无锡人民为之创造经济、社

---

① "∑"指全部，即每一项业务和每一项改进；"Re"为社会责任（Responsibility）和重新思考（Rethink）的缩写；"∪"为逻辑运算符号，表示"并"的意思。

会、环境的综合价值；要将改进理解为"提升价值创造的能力和水平"，通过识别、理解和回应利益相关方的期望和要求，按照"内部工作外部化、外部期望内部化"的要求，全面提升每一名员工、每一项业务为社会创造综合价值的绩效；通过将社会责任理念导入广大员工的日常工作，实现、丰富和提升每一个岗位的价值，"实现"强调将工作转化为价值，"丰富"强调不仅创造财务绩效，而且创造经济、社会和环境的综合价值，"提升"强调提升每一个人创造综合价值的能力与水平。

三、创新实践和持续改进"领导表率、专业融合、班组建设"的全面责任管理推进模式

实现社会责任全员参与的关键和动力是"领导表率"。无锡公司的领导表率表现为三个层次：国家电网公司党组和分管部门的高度重视和多次考察指导；江苏省电力公司的全力配合和大力支持；无锡公司党政主要领导的身先士卒和管理层的以身作则，向广大员工发出了坚定、清晰的建设责任央企的信心、决心和能力。

实现社会责任全过程覆盖的有效路径是"专业融合"。无锡公司积极推动全面社会责任管理与现有管理体系、专业工作和运行机制的全面融合。通过"责任理解、责任分解、责任溶解"的方法将社会责任化于各个专业之中，把责任管理标准和要求溶解于各专业的管理标准、技术标准、工作标准之中，把责任管理目标和任务溶解于各专业管理的目标、任务和重点工作之中。

实现社会责任全方位融合的基本载体是"班组建设"。班组是基层供电企业最广泛、最基础的生产服务管理单元，是将社会责任融入广大员工的行为中，实现责任根植的关键组织。无锡公司持续组织班组长全面社会责任管理培训，提升整个班组对社会责任的认识；开展班组试点工作，通过内部试点，以点带面，推动全面社会责任管理落实到各班组、各岗位。

履责成效

经过试点，无锡公司广大员工社会责任意识显著增强，社会责任管理能力显著提高，责任央企品牌形象显著提升，责任根植基层取得了显著成效。

一、无锡公司的综合价值创造绩效显著提升

在服务地方经济社会发展方面，向无锡市政府主动提交无锡市电力电量的周报、月报和专报，被无锡市领导誉为市长办公室的"电参谋"；在服务电力客户方面，有效落实首问负责制、一次申告查实待岗和限时办结等制度，不断提升服务水平，被社会媒体誉为客户的"电保姆"；在促进社会和谐发展方面，编制出台《社会公益事业管理标准》，提升公司公益活动的针对性、系统性和战略性，成为促进社会和谐发展的"电先锋"；在推动员工发展方面，组织"企业社会责任大家谈"等活动，征集实践案例85个、履责小故事61个和员工责任感言1000余条。公司内质、外形建设整体迈上了一个新台阶，并为企业未来发展营造了良好的社会环境。

二、示范基地和展示窗口的作用初步显现

无锡公司在内部已经成为国家电网公司推进全面社会责任管理的重要示范基地，在无锡公司试点的基础上，国家电网公司正在组织各方力量系统总结提炼地市级供电企业推进全面社会责任管理的有效模式和成功做法；在外部已经初步成为中央企业和国家电网公司建设"责任央企"的重要展示窗口，众多媒体给予了深度报道，国资委领导认为，"无锡经验"将开启中央企业社会责任管理的创新之路。

结　语

国家电网"责任根植基层"的实践已经"对内成为公司全面社会责任管

理的示范基地，对外成为责任央企品牌建设的展示窗口"，同时在实践中总结形成了一个"思想先导，管理支撑，行为变革，绩效提升，品牌卓越"的"责任根植基层"模式，如图1-7所示。

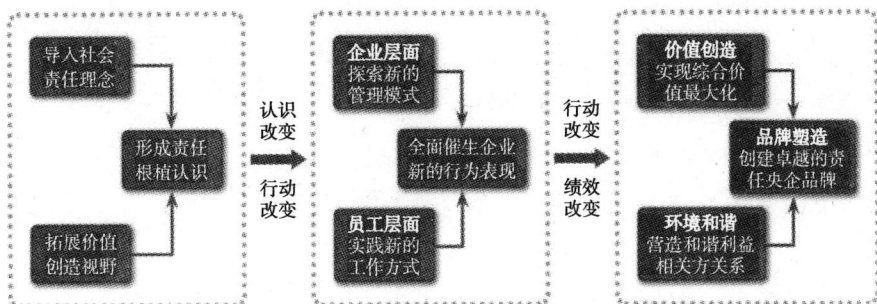

图1-7　国家电网公司的"责任根植基层"模式

国家电网根植于基层的全面社会责任管理使得各级企业发生了转变：管理目标由单纯追求财务价值向追求综合价值最大化转变；发展思维由重在关注内部向"内部工作外部化，外部期望内部化"转变；运营要求由工作任务导向向价值创造导向转变；角色定位由单纯的保供电主体向承担多元社会功能的企业公民转变；责任实践由注重确认和灌输具体责任内容向建立确保责任内容能够有效落实的长效机制转变。

推进"每一滴油都是承诺"社会责任创新活动

中国石油化工集团公司[①]

摘　要：中国石油化工集团公司（以下简称中国石化）秉承"发展企业、贡献国家、回报股东、服务社会、造福员工"的企业宗旨，全面推进"每一滴油都是承诺"社会责任主题创新活动，通过口号征集、率先应用"六维一体"的企业社会责任管理框架、开展社会责任研究、发起社会责任报告评级、聘请社会监督员等方式，打造高度负责任、高度受尊敬的企业，社会责任管理与实践取得了新进展，有效地推进了公司与社会的和谐发展。

关键词：社会责任创新　社会责任口号征集　社会责任管理框架　社会监督员

[①]　中国石油化工集团公司是1998年7月在原中国石油化工总公司基础上重组成立的特大型石油石化企业集团。公司控股的中国石油化工股份有限公司先后于2000年10月和2001年8月在境外、境内发行H股和A股，并分别在中国香港、纽约、伦敦和上海上市。公司主营业务包括：实业投资及投资管理；石油、天然气的勘探、开采、储运（含管道运输）、销售和综合利用；煤炭生产、销售、储存、运输；石油炼制；成品油储存、运输、批发和零售；石油化工、天然气化工、煤化工及其他化工产品的生产、销售、储存、运输；新能源、地热等能源产品的生产、销售、储存、运输；石油石化工程的勘探、设计、咨询、施工、安装等。中国石化在《财富》2012年全球500强企业中排名第5位。

背　景

进入 21 世纪后，企业社会责任越来越成为世界石油石化业关注的重点，国际石油石化企业已把企业社会责任作为投资的新热点、技术进步的新领域、效益的新增长点、竞争力的新要素，由理念转为具体的行动，着力营造与环境、社会和谐发展的"绿色企业"。一些国际石油石化企业积极践行企业社会责任，在树立企业社会责任理念、制定社会责任战略、建立社会责任管理体系、推进社会责任实践等方面做出了表率。

中国石化作为跨国经营的企业，在成长发展中践行社会责任，在战略、运营和文化中融入责任理念，历史的积淀与当前的实践凝聚为责任承诺的深厚基础，在全球和中国企业社会责任运动的呼唤中，郑重提出"每一滴油都是承诺"的社会责任口号，并基于此开展了一系列的社会责任管理创新活动。

责任行动

一、向全社会征集社会责任口号

中国石化于 2010 年 2 月初开展了向全系统百万干部职工和国内主流媒体征集中国石化企业社会责任口号的活动，历时一个半月。

为做好口号征集活动，中国石化各部门、各企事业单位高度重视，广大干部职工踊跃参加，且受到社会各界人士的关注。截至 2010 年 3 月 10 日，评审小组共收到系统内 60 多家直属单位集体报送口号 3000 多条，个人（包括公司职工和众多社会人士）报送口号 2000 余条。活动期间，在公司网站开辟了专题网页进行宣传，《中国石化报》开辟专栏陆续刊登了 100 个优秀口号，同时还在国资委网站、新浪网等媒体进行转载，取得了较好的传播效果。

2010年3月11日，中国石化办公厅、政工部、石化报社、销售事业部、油田企业管理部安排专人并邀请中国社会科学院社会责任研究中心专家成立社会责任口号评审小组，对征集的口号进行初审，经过评审小组仔细筛选后，本着"结合传统文化、贴近民生、具备行业特色、社会责任意识明确"等原则，选出了15个生动简洁的入围口号上报中国石化党组。

中国石化党组对口号的征集活动高度重视，党组领导亲自撰写社会责任口号，2010年4月29日，中国石化党组会研究决定将"每一滴油都是承诺"作为中国石化社会责任口号。

2010年8月18日，在中国石化质量工作会议上，中国石化向全社会宣告"每一滴油都是承诺"的企业社会责任口号。2011年8月26日，中国石化面向社会公众和广大客户公开"五项承诺"：①落实"每一滴油都是承诺"的企业社会责任口号，继续严格数量、质量、价格管理，保证数量准确、质量合格、价格合规。②积极推进节能减排，发展低碳经济，提供安全、健康、环保的产品和服务环境。③不断加强教育引导，强化员工考核监督，提供高效服务、温馨服务、规范服务。④大力实施"为客户创造价值"工程，实现供需双方合作双赢。⑤逐步强化多方位监督评价，持续整改提高，努力提升社会公众和广大客户的满意度。

中国石化同时对广大员工公开"六项承诺"：①进一步提升员工主人翁地位。②逐步完善员工基本薪酬正常增长机制。③不断改善员工工作生活环境。④认真落实困难员工帮扶制度。⑤不断提高员工综合素质。⑥有效促进员工实现自我价值。

二、率先应用"六维一体"企业社会责任管理框架

根据国资委对中央企业社会责任管理要求，企业社会责任管理体系包括"责任战略、责任治理、责任融合、责任绩效、责任沟通和责任研究"六大维度，每一维度由2~4项责任管理工作构成，如图1-8所示。在此基础上，中国石化研究提出"每一滴油都是承诺"的企业社会责任管理模型，推进公司的社会责任管理工作。

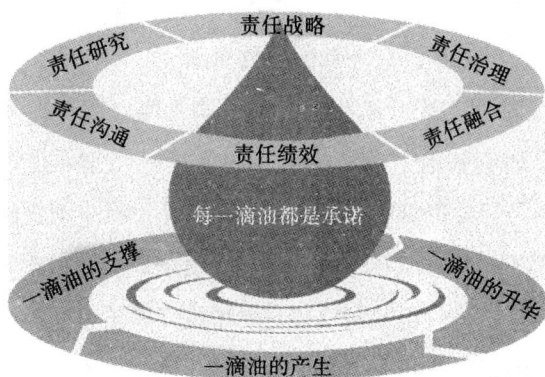

图 1-8　"每一滴油都是承诺"中国石化企业社会责任管理模型

一滴油管理模型以"每一滴油都是承诺"责任理念为核心，以责任管理六维框架为基础，以"一滴油的产生"、"一滴油的支撑"以及"一滴油的升华"为责任内容。

博大精深的石油文化赋予了"一滴油"丰富的内涵，"一滴油"不仅是指经销的油品，还包括中国石化经营的所有产品和服务；承诺的不仅是质量，还包括数量、安全、环保等各个方面。"一滴油"涵盖了中国石化各主要业务板块。一滴油可以是一滴原油、一方天然气、一滴炼厂装置中的油、一滴作为化工原料的油，更可以指加油站出售的每一滴油，"一滴油"代表着中国石化完整的产品链。从象征意义上来讲，"一滴油"可理解为所有中国石化人的劳动、奉献和服务，"每一滴油都是贡献"。

管理模型建立后，中国石化逐步推进建立全面、系统的社会责任管理体系，从战略、治理、融合、绩效、沟通和研究六个维度入手，周而复始、闭环改进，将"每一滴油都是承诺"的责任理念融入公司战略与日常经营，引导每一滴油的产生、支撑和升华。

三、建立了中国企业社会责任研究基地

为做好社会责任研究工作，中国石化与中国社会科学院经济学部联合建立了"中国企业社会责任研究基地"。研究基地以"服务基地企业、引领所属行业、推动中国 CSR"为宗旨，服务基地企业社会责任工作，研究行业重大社会责任议题，推动中国企业社会责任发展。

2010 年研究基地主要开展、推进了四项工作：①中国石化社会责任报告编写和发布。研究基地为中国石化 2009 年度社会责任报告提出诊断意见和改进建议，并为报告出具专家点评意见书。②举行中国企业社会责任研究基地揭牌仪式。③开展中国石化社会责任专项培训。组织相关领导、国内专家对中国石化集团领导、相关部门和直属单位开展了为期两天的社会责任专项培训。④组织中国石化社会责任案例调研。将中国石化列入《中央企业社会责任推进机制研究》课题调研对象，邀请国资委、其他中央企业、国内专家调研考察中国石化集团的社会责任工作，相关成果纳入课题成果——《中央企业社会责任推进机制研究》（专著）。

四、研究编写《每一滴油都是承诺——中国石化社会责任理论与实践》和《边学边练——企业社会责任法律法规》

中国石化结合企业情况，按照国资委的社会责任管理要求，研究编写《每一滴油都是承诺——中国石化社会责任理论与实践》。同时由中国石化法制宣传教育领导小组办公室组织编写出版《边学边练——企业社会责任法律法规》，将企业社会责任的内涵通过法律条文的规定进行具体阐释，切实提升广大干部职工履行企业社会责任的自觉性。

《每一滴油都是承诺——中国石化社会责任理论与实践》系统归纳总结了中国石化 28 年来的社会责任之路，提炼形成了中国石化履行社会责任的思想、指导方针、制度、措施等，建立健全了中国石化集团社会责任的理论体系和实践框架。专著的目的是对内提升集团公司部门、分子公司和全体员工的责任意识，推动中国石化社会责任工作，对外创新引领石油石化行业社会责任发展。

2010 年 10 月，中国石化启动"每一滴油都是承诺"专著的撰写工作，经过工作部署、材料收集、提纲研究、分工撰写、专家讨论等各个环节，2011 年 8 月书稿形成。下一步，公司将分层次组织开展学习培训，使全体干部职工深刻理解公司社会责任工作的理论要点和实践框架。

《边学边练——企业社会责任法律法规》一书认真选编"每一滴油都是承诺"涉及的 21 部法律法规，部分选取国资委《关于中央企业履行社会责任的指导意见》相关条文供读者学习，同时设计插页对"企业社会责任的产生与发展"进行介绍，拓宽读者知识面，还设计员工练习题，边学边练，提升学习效果。

书籍编写完成后共印制 20 万册，发放中国石化集团公司下属 120 余家企事业单位及各总部机关使用，范围几乎覆盖全系统百余万员工。各企业收到书籍后，纷纷下发文件、制订计划，保证书本进基层、进车间、进班组，将学习与练习落到实处。

中国石化上海石油分公司以学习该书为契机，把"每一滴油都是承诺"社会责任口号落实为比质量、强管理、创一流的实际行动，要求公司员工结合该书撰写小论文、小调研、小案例、小建议、小故事"五小"文章，共收到文章 228 篇，在公司形成了重承诺、担责任的良好风气。

中国石化安庆石化向各单位、各部门、各科室、各装置、各班组发放 1500 余册，受众 6000 余人，以科室、装置、班组为单位，组织干部职工开展以书本所介绍的知识为主要内容的试卷答题活动，检阅各阶段学习效果，提高干部员工的企业社会责任意识，营造企业"心齐、气顺、劲足、家和"的良好氛围。

中国石化广西石油分公司下发《关于开展企业社会责任法律法规学习的通知》（石化股份桂法〔2011〕13 号），详细规定了该书七部分内容的学习时间和各时间段的完成进度要求，做到学习督促考核"有计划、有落实、有检查、有考评"，切实增强学习效果。

书籍受到了广大员工的好评，在员工之间营造了"比、学、赶、帮、超"的浓厚氛围，有效提高了大家对"每一滴油都是承诺"的直观认识，提升了打造高度负责任、高度受尊敬企业的自觉性。

五、发起中国企业社会责任报告评级

为支持中国本土企业社会责任体系，推动中国企业社会责任报告评级工作，中国石化与中国社会科学院合作，发起了中国企业社会责任报告评级工作。

中国石化集团公司是评级报告的发起企业，中国石化股份公司是首个应用报告评级的企业。2010年3月，中国石化向中国社会科学院经济学部企业社会责任研究中心提出了《中国石化2009年可持续发展报告》的评级建议，经过详细论证和认真准备，由中国社会科学院经济学部企业社会责任研究中心邀请国资委、人力资源和社会保障部、国家标准化管理委员会、北京大学、中国人民大学、上海证券交易所、深圳证券交易所等机构专家，共同组成"中国企业社会责任报告评级专家委员会"，并于2010年4月23日向社会发布了《中国企业社会责任报告评级标准》。

目前，"评级报告"先后成功应用于中国石油化工股份有限公司、中国华电集团、中国石油化工集团、中国南方电网、鞍钢集团、中国中钢集团、中国华能集团、中国大唐集团、中国民生银行、马钢集团等大型企业。中国石化推动中国企业社会责任报告评级，对于探索我国企业社会责任发展路径、丰富我国企业社会责任理论与实践、推动我国企业社会责任的发展做出了重要的贡献。

六、聘请社会监督员

为创新在当前复杂多变舆论环境下与利益相关方的沟通方式，进一步做好新形势下的企业社会责任工作，中国石化向社会公布了《中国石化集团公司关于欢迎社会各界监督的有关决定》，畅通监督渠道、创新监督方式。之后中国石化讨论研究决定聘请社会监督员对公司予以有效监督。经认真研究、制定《社会监督员工作条例》，积极沟通，公开选聘，首批聘请了12名

来自高校、媒体、能源行业、财经界和消费者的人士担任社会监督员，以创新的、更加开放的方式自觉接受社会监督。此次创新性地建立社会监督员机制，在中央企业是首次，公司此举的目的就是为了内力外力有机结合，更好地改进自身工作，体现中国石化真诚接受社会监督、全心回报社会、造福百姓的信心和决心。

2011 年 5 月 31 日，中国石化在直属企业燕山石化召开"走进中国石化——社会责任报告发布会暨公众开放日活动"，首创社会监督员机制，邀请 80 多名境内外媒体记者和 8 名社会监督员到现场参观炼油厂、展览馆、污水净化装置及职工生活社区。活动增进了媒体、社会监督员等利益相关方对公司的了解和理解，传播了公司企业社会责任的实践成果，树立了开放、透明、负责任的公司形象。

中国石化给予社会监督员多项授权：有权反映在监督过程中发现的公司总部、各企事业单位的各种违法违纪和不规范行为；有权收集社会公众、各类组织机构对中国石化各方面的意见和建议；有权及时、准确、客观、公正地向中国石化反映公司工作中和行业内存在的问题，并提出改进意见和建议，同时协助公司调查、核实所反映的问题；有权就事关国计民生的专项课题在公司系统内开展调查研究。社会监督员一年一聘，连任不得超过四年。

中国石化是国有企业，要时刻接受公众监督，并要求公司有关部门认真梳理监督员提出的意见和建议，不断改进工作中的缺点，提高服务社会和服务消费者的水平。同时，要定期向社会监督员通报公司运营情况和行业状况，完善双方沟通机制，将监督员机制的作用切实发挥出来，助推企业又好又快发展。

履责成效

"每一滴油都是承诺"社会责任创新活动，在全系统、全社会宣贯了中

国石化社会责任理念，传播了社会责任意识，创新了社会责任工作，提升了
公司的社会责任管理水平，有力地推进了企业和谐发展，为打造具有高度社
会责任感、高度受人尊敬的企业奠定了基础。

"每一滴油都是承诺"社会责任创新活动，通过理论研究、管理推进、
强化培训、有效宣传、积极沟通等方法，全面推进社会责任工作，取得了
"六大创新"：①举行社会责任理念征集活动，面向全公司、全社会征集
5000余条口号，确定"每一滴油都是承诺"为中国石化社会责任口号。②率
先应用"六维一体"企业社会责任管理框架，将社会责任融入战略和运营。
③建立了中国企业社会责任研究基地，形成院企合作研究机制。④编写
《每一滴油都是承诺——中国石化社会责任理论与实践》和《边学边练——
企业社会责任法律法规》，探索中国石化社会责任的理论与实践。⑤发起中
国企业社会责任报告评级，支持中国本土社会责任评价体系。⑥首创社会监
督员机制，创新了和利益相关方的沟通方式，体现中国石化真诚接受社会监
督、全心回报社会、造福百姓的信心和决心。

结　语

中国石化深入贯彻落实科学发展观，不断完善社会责任管理体系，从多
角度创新性地开展和加强企业社会责任工作，完善了中国石化集团公司企业
社会责任工作领导体系；率先与中国社会科学院合作建立第一批院企合作
"中国企业社会责任研究基地"；在《中国石化社会责任报告》编写中采用中
国企业社会责任标准，在国内发起和应用中国企业社会责任报告评级。

"每一滴油都是承诺"社会责任实践活动传播了社会责任理念，创新了
社会责任工作，是中国石化推进企业社会责任工作的重要里程碑，也是引领
中国企业社会责任工作的重大创新。

固责任之本 行科学管理

中国电子科技集团公司 ①

摘 要：作为军工电子国家队和国民经济信息化建设的主力军，中国电子科技集团公司结合企业使命和自身特点，构建了维护国家安全、确保经济发展、促进社会和谐、推动环境保护、全面融入责任管理为一体的企业社会责任模型，以"树理念、建体系、打基础、作策划、抓实践"为出发点，全面、系统地推进社会责任工作。不断优化的社会责任管理对中国电科企业经营、企业形象等多方面发挥了积极作用。

关键词：社会责任工作模型 社会责任工作目标 社会责任组织工作 上下联动

背 景

近年来，随着经济社会的迅速发展和经济全球化的不断深入，企业社会

① 中国电子科技集团公司成立于 2002 年 3 月，是以原信息产业部直属研究院所和高科技企业为基础组建而成的国有大型企业集团，是中央直接管理的十大军工集团之一。主要从事国家重要军民用大型电子信息系统的工程建设，重大装备、通信与电子设备、软件和关键元器件的研制生产。所属二级成员单位 58 家、上市公司 6 家。

责任受到广泛关注和重视。中央领导多次强调企业要积极履行社会责任，国资委也多次下发指导性文件，明确提出了中央企业履行社会责任的具体要求。

中国电子科技集团公司（DETC，以下简称中国电科）深入贯彻科学发展观，积极响应党中央、国务院的号召，紧密结合企业改革发展实际和自身实际，牢记责任使命、统筹兼顾、积极实践，借鉴兄弟集团的先进经验，着眼集团公司社会责任战略、规划、重点、实践和管理，在不断摸索和实践中总结发展，积极策划具有中国电科特色的社会责任实践活动，逐步将社会责任理念融入企业经营、管理脉络。

责任行动

自国资委"中央企业社会责任工作会议"召开以来，中国电科领导高度重视企业社会责任工作，带头认真学习中央各级领导指示，贯彻国资委会议精神，深入研究、系统规划、积极部署，统筹集团公司社会责任体系建设。总经理熊群力、党组书记樊友山等领导要求集团上下将社会责任工作作为一件必须要做，而且必须做好的工作来抓，要健全集团公司社会责任体系，全方位、多领域、系统深入地开展工作。为此，集团公司专门成立了质量安全与社会责任部，具体负责集团公司社会责任推进工作。

一、提高思想认识，树立电科特色社会责任理念

作为军工电子国家队和国民经济信息化建设的主力军，中国电科秉承"国家利益高于一切"的核心价值观，以"构建国家经络体系，共享平安智慧生活"为责任使命，以"创一流企业，担一流责任"为责任目标，始终将履行社会责任作为贯彻落实科学发展观、服务党和国家工作大局、服务和谐社会建设的具体实践。努力将社会责任理念全面融入企业经营理念、发展战略、企业文化、责任管理；努力构建企业与政府、投资者、用户、合作伙

伴，企业与员工、社区和自然环境的和谐关系，为利益相关方创造价值，实现企业和全社会可持续发展。以筑牢国家安全长城，夯实国家经济基础，引领电子信息科技创新，在国家重大活动中撑起共和国长子顶梁之责为己任，努力成为履行社会责任的表率。鲜明的社会责任理念为中国电科全系统上下、全面履行社会责任提供了思想基础和行动指引，有力地促进了责任履行与企业发展的融合与统一。

二、明确责任核心，形成电科社会责任工作模型

中国电科结合企业使命和自身特点，深入研究、系统规划，明确责任核心与工作重点，构建了维护国家安全、确保经济发展、促进社会和谐、推动环境保护、全面融入责任管理为一体的企业社会责任模型，明确了四大板块的工作目标和核心议题，为企业全面履行社会责任确立了工作重点和努力方向，如图1-9所示。

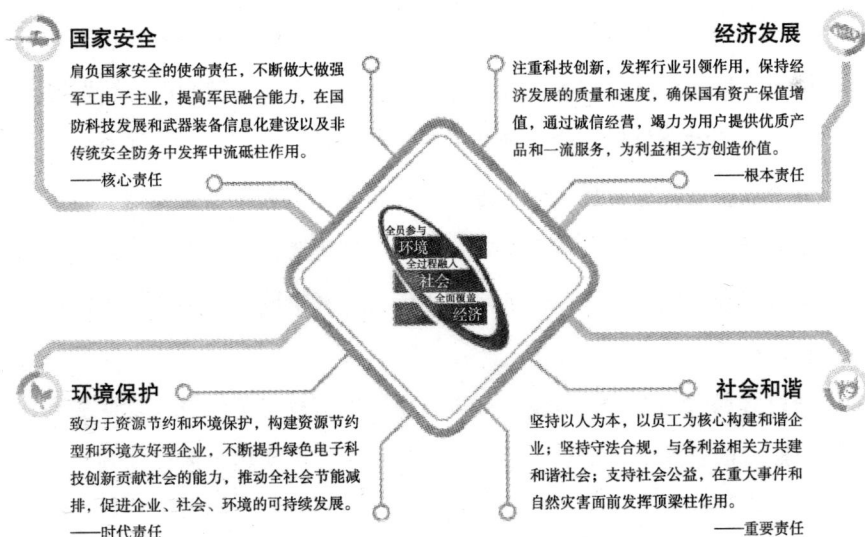

国家安全
肩负国家安全的使命责任，不断做大做强军工电子主业，提高军民融合能力，在国防科技发展和武器装备信息化建设以及非传统安全防务中发挥中流砥柱作用。
——核心责任

经济发展
注重科技创新，发挥行业引领作用，保持经济发展的质量和速度，确保国有资产保值增值，通过诚信经营，竭力为用户提供优质产品和一流服务，为利益相关方创造价值。
——根本责任

环境保护
致力于资源节约和环境保护，构建资源节约型和环境友好型企业，不断提升绿色电子科技创新贡献社会的能力，推动全社会节能减排，促进企业、社会、环境的可持续发展。
——时代责任

社会和谐
坚持以人为本，以员工为核心构建和谐企业；坚守守法合规，与各利益相关方共建和谐社会；支持社会公益，在重大事件和自然灾害面前发挥顶梁柱作用。
——重要责任

图1-9 中国电科社会责任模型

（1）以维护国家安全这一核心责任为重心，不断做强军工电子主业，引领国防军事电子科技发展，提高军民融合能力，推动军事电子信息技术应用于和平发展，在推动国防科技发展和武器信息化建设以及非传统安全防务中发挥中流砥柱作用。

（2）以促进经济发展这一根本责任为基础，完善现代企业运行机制，注重科技创新，发挥行业引领作用，积极参与国际合作与竞争，提高价值创造能力，保持经济发展的质量和速度，确保国有资产保值增值，通过诚信经营，竭力为用户提供优质产品和一流服务，促进行业、地方、伙伴和用户共同发展，为利益相关方创造价值。

（3）以构建社会和谐这一重要责任为目标，坚持以人为本，以员工为核心构建和谐企业，坚持守法合规，彰显央企道德风范，与各利益相关方携手共建和谐社会，支持社会公益，在重大事件和自然灾害面前发挥顶梁柱作用。

（4）以推动环境保护这一时代责任为关键，致力于资源节约和环境保护，构建资源节约型和环境友好型企业，不断提升绿色电子科技创新贡献社会的能力，推动全社会节能减排，促进企业、社会、环境的可持续发展。

三、不断融合创新，确立社会责任工作目标

在全面推进社会责任工作过程中，在集团党组和班子的领导下，中国电科开拓创新，深入研究，精心谋划，形成了"理念引入—健全体系—全面实践—深入融合—持续改进"的各阶段工作目标和措施，并不断扩展内涵，丰富工作目标内容。

通过规划和制度体系建设，中国电科努力将社会责任融入企业战略，在企业长期发展宏图中，明确了社会责任的重要支撑作用，体现社会责任的目标与要求；将社会责任融入经营理念，在企业经营效益中考虑与利益相关方的关系以及经济、环境和社会的综合价值；将社会责任融入企业文化，在企业内部建立良好的责任文化氛围；将社会责任融入日常管理，将质量、安全、环保、风险等多方面整合为有机整体，形成可持续发展管理体系。

同时，明确"全员参与、全面覆盖、全过程融入"的社会责任推进思路，要求各级管理人员、广大员工及利益相关方形成共识，凝聚社会责任管理的主客体合力，自觉将社会责任融入企业发展的运营、管理、生产、营销、服务等各个层面，在企业运营管理过程中贯彻落实履责要求，并通过形成"明确机构、明确职责、明确工作"的良好管理格局，使各项工作得以有效落实，如图1-10所示。

图1-10 中国电科社会责任推进思路

四、健全管理体系，落实社会责任组织和工作责任

为全面推进社会责任管理的不断深入，中国电科从责任战略、责任治理、责任融合和责任绩效入手，深入研究、加强沟通，突出体系建设和特色实践，层层推动、持续改进。集团在社会责任工作委员会领导下，组建了质量安全与社会责任部，具体负责集团公司社会责任管理推进工作。各职能部门根据职责要求，形成生产研发、资本运营、沟通合作、环境保护、质量安全、纪检审计等具体工作类别，确保了中国电科社会责任重点工程与公司业务发展有机整合，有效发挥了公司的业务和规模优势。同时，根据工作类别需要，设立了应急管理领导小组、人才工作领导小组、质量标准领导小组、节能减排领导小组、扶贫济困领导小组等11个专项治理工作机构，负责社会责任工作核心议题的综合治理。各成员单位把社会责任工作作为单位建设和发展的重要内容，全面系统地开展工作，迅速建立起院所负责人亲自挂帅、组织落实、责任明确的社会责任管理队伍，开展一系列落实部署工作。最终形成集团公司责任部门牵头，各部门分工配合，专项机构专项治理，成

员单位系统建设的上下一体的社会责任管理组织体系，如图 1-11 所示。

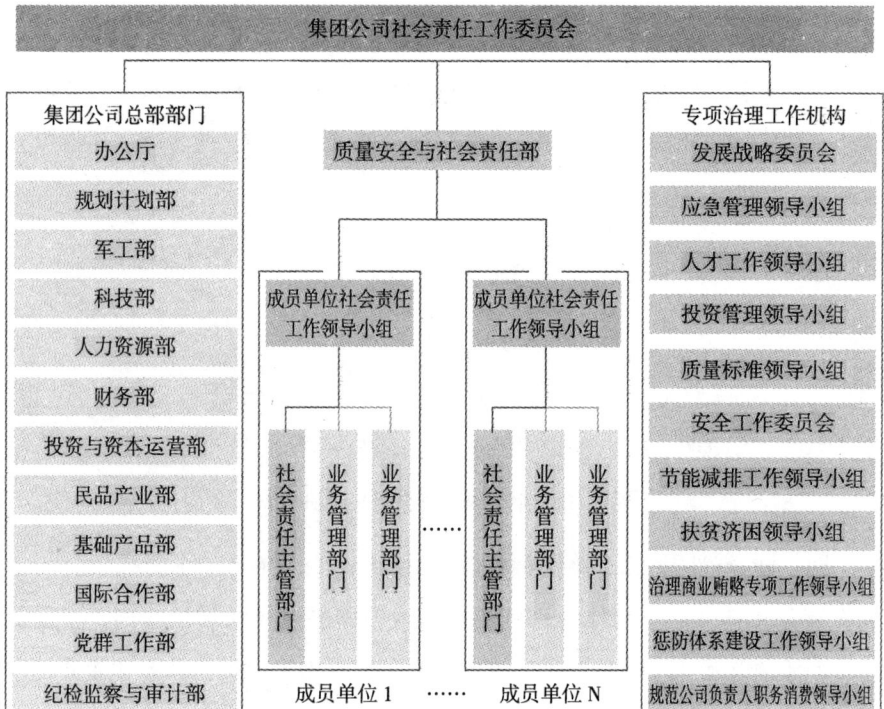

图 1-11　中国电科社会责任管理组织体系

五、集团上下联动，打开社会责任工作良好局面

按照国资委的总体要求，在集团公司统一部署下，中国电科以"树理念、建体系、打基础、作策划、抓实践"为出发点，全面、系统地推进社会责任工作。

结合国内外标准和集团公司特点，初步构建了中国电科自身的企业社会责任指标体系，推进社会责任制度建设，将主要责任议题指标纳入集团公司经营业绩考核体系；加强内部、外部宣传与交流，召开"社会责任工作会议"、"社会责任专题研讨会"，向总部所有处室推荐社会责任书籍与影片，定期发布"质量安全与社会责任简报"，在集团内外部网站分别设立了社会责任专栏，编制发布首份社会责任报告，全面披露社会责任绩效指标，开展用户、合作方走访、座谈等各类交流活动促进与利益相关方的沟通与参与；集合自身特点，积极开展重大保障、"平安"、"智慧"城市建设，对口支援等具有电科特色的社会责任实践，策划"社会责任教育示范基地"建设；积极参加国资委和中国社会科学院组织的社会责任课题研究，学习经验，开展集团公司内部社会责任工作调研，在全集团内开展"社会责任优秀实践征集"活动，注重经验的积累、总结和交流，不断将社会责任工作推向深入。

在中国电科集团总部大力倡导下，按照总体部署规划，依照"全员参与、全面覆盖、全过程融入"的要求，全系统不断深入推进社会责任管理实践。各成员单位结合自身特点，积极响应，主动参与，创新实践，采取各具特色的推进措施，并在实践过程中，形成了带头示范，"比、学、赶、帮、超"的良好氛围，开辟了集团公司社会责任工作的良好开端。

"尽责担道义 承诺促跨跃"，中国电科第二十七研究所根据集团公司各项宣传、推进、部署工作，结合自身实际情况，研究探索，凝练形成了"诚信为基、创新为本、至诚奉献、勇担道义"的责任理念；将"推动信息技术发展，服务人类和平幸福"确立为企业核心使命；形成了"社会目标、企业目标、个人目标相统一，社会责任、企业责任、个人责任相统一，社会利益、企业利益、个人利益相统一"实现"经济、社会、环境的综合价值最大化"的一整套相对完整的社会责任工作理念体系框架。成立了社会责任领导小组、社会责任工作办公室以及由业务部门组成的五个专项工作组，确保从组织、绩效、文化、培训等多个角度推动责任工作与第二十七所使命、战略、运营和文化的全方位融合。

第二十七研究所不断细化工作目标，将社会责任融入每一个环节，开展了一系列如签订社会责任履行承诺书，建立社会责任工作考核管理办法，落实社会责任月报制度，开展社会责任工作主题宣传月活动，"双增双减"节

突出一条主线	以人为本，全面履行社会责任；转变方式，实现可持续发展			
落实两个阶段	第一阶段：立足于履行社会责任基本准则、立足主业、强基固本，全面、扎实、有效地开展工作，确保无缺失、有重点		第二阶段：着眼于高标准反馈社会，突出特色实践，出精品，上台阶，努力成为履行社会责任的表率	
坚持"三全"原则	全员参与	全面覆盖		全面提高
把握四个要素	主业	环境	员工	社会

划分五个板块	综合管理组 综合协调 动态管理 全程考核	企业发展组 经济责任、形成可持续发展态势、实现核心社会功能	节能减排组 环境责任、加强资源节约和环境保护、关爱员工生命、安全生产	人才管理组 坚持人才兴企战略、保障职工合法权益、促进和谐发展	社会形象组 坚持成果普惠、提高员工幸福指数、支持公益事业、打造良好社会形象

确保六项保障	组织体系	制度体系	实践体系	考核体系	宣传体系	信息体系

图1-12　中国电科第二十七研究所社会责任工作方针

能减排活动、"结对帮扶、慈善感恩"公德公益活动等特色实践内容，开展评优评先活动等具体的社会责任工作，并取得了良好效果。

"忠诚　责任　奉献"，中国电子科技集团第二十八研究所按照集团公司《关于做好社会责任工作的通知》要求，积极推进社会责任管理工作，开展理念宣传和管理培训，融入企业文化建设，成立工作组织机构，积极开展实践活动，并率先制定发布《关于加强社会责任管理的实施办法》，结合本所实际，将"国家安全、经济效益、社会和谐和绿色环保"四大方面的社会责任细分成十一项具体工作，即"优质高效完成竣工任务、保守国家秘密和维护国家安全、注重诚信守法经营、推进自主创新和技术进步、发展军民结合高技术产业、确保安全生产、保障员工合法权益、坚持人才强所战略、提高产品质量和售后服务水平、支持社会公益事业、加强节能减排和环境保护"，真正将社会责任管理工作融入科研生产、经营管理等各项工作中，并根据部门职责，明确十一项工作具体牵头和责任部门，做到分工明确、责任清晰，确保社会责任工作落到实处。

其他成员单位也在长期的发展和积累过程中，形成了符合自身特色的社会责任工作格局，并将社会责任引入实际工作，如第十研究所等单位按照责任报告的框架率先发布了本单位"2010年度发展报告"，电科国际在海外实践中系统推进海外履责管理和实践，各项工作的开展，将社会责任工作与企业营业融合落到实处，为中国电科更好地履行社会责任贡献出自己的力量。

履责成效

不断优化的社会责任管理对中国电科企业经营、企业形象等多方面发挥了积极的作用。

一、管理绩效

自2009年正式启动社会责任工作以来，中国电科所形成的涵盖责任理念、责任战略、责任体系与治理、责任实践与责任融合、责任沟通、责任绩效、责任研究等内容的管理方法与体系，为优化企业内部管理、塑造企业内部文化、树立企业品牌形象等方面发挥了巨大的现实作用。

（1）优化企业内部管理。通过运行一整套系统性强、实效性高的管理体系，明确了组织机构与岗位职责，理顺了工作流程，强化了工作保障与考评绩效，使社会责任管理全面闭环，不仅极大地提高了工作效率，同时为开展定点扶贫等其他工作提供了参考与借鉴。

（2）塑造企业内部文化。通过系列特色工程、特色实践的组织开展以及社会责任理念的持续宣贯，使社会责任元素得到企业内部的广泛认同，更深刻地感受到军工人应肩负的神圣使命，更深切体会到自身工作与国家、民族兴盛的联系，更积极主动地投入到企业发展与社会建设中，从而在全系统内部凝聚形成良好的责任文化氛围。

（3）树立企业品牌形象。2009年以来，在社会责任工作领域取得了诸多成绩，得到了上级机关及社会的一致认可和广泛赞誉。2011年，2010年度社会责任报告被评为四星级报告，并在688家评级企业中名列第12名。选送的两个社会责任实践案例入选国资委"中央企业2011优秀社会责任实践案例"，成为入选数量最多的中央企业。2012年，2011年度社会责任报告被评为四星半级报告，进入国内报告领先行列。在《中央企业社会责任调研报告》中，社会责任综合管理指数在117家中央企业中名列第5、军工企业位居第1。9个案例入选工业和信息化部中电标协社责委组织评选的《中国电子行业社会责任典型实践案例集》。同时，2012年，熊群力总经理接受人民网专访时，向大众深度解读了企业自身乃至军工企业的社会责任；《证券时报》社会责任特刊报道中国电科绿色环保实践等。以上一系列成果使社会责任成为CETC品牌的显著标识，为提高CETC品牌的社会认知度与美誉度发挥了突出作用，为加强社会沟通力与行业带动力发挥了显著作用。

二、社会绩效

社会责任工作不仅进一步优化了企业自身管理，收获了来自社会各界的广泛赞誉，更为推进全社会可持续发展做出了积极贡献。

（1）促进国家应急保障事业发展。中国电科社会责任理念与内容要求企业在自然灾害、突发事件及重大活动保障中发挥顶梁柱作用。在这一理念的指引下，电科人在应对国家各类突发自然灾害和重大活动应急保障中，利用自身科技优势，发挥了突出作用。不仅如此，更为国家应急保障事业的顶层设计，从技术与设备等硬件，指挥、监控等软件各方面提供了参考依据，推动了这一事业的整体发展与我国应急救援水平的飞速提升。

（2）助力国家扶贫事业发展。扶贫工作是社会责任工作的重要组成部分。中国电科一方面下大力气推进国家级定点扶贫开展工作。其中，"造血为主，输血为辅；优势互补，合作共赢；长远脱贫，健康发展"的基本思路，人才帮扶、科技帮扶、教育扶贫、物品捐赠等的扶贫内容对央企扶贫工作具有普遍借鉴意义。另一方面也积极响应地方政府号召，下属成员单位扎实落实地方政府安排的各项定点扶贫工作。2012 年，12 家成员单位分别在七县五镇六村开展扶贫工作，组织支持了"金秋助学"、"大地之爱母亲水窖"等各类扶贫项目 25 个，帮扶资金达 141.02 万元。全系统全年捐赠总额近 500 万元，受益人数近万。

（3）推动社会环保事业发展。中国电科立足自身优势，利用电子信息技术促进全社会节能减排和环保事业的发展。大力发展光伏、绿色照明、节能服务等绿色环保产业，为我国的环保能源事业添砖加瓦。同时，通过对社会提供环保检测与环境认证服务为社会进步和生态文明做出了积极的贡献。

结　语

固责任之本，行科学管理。中国电科将继续从责任培训、体系建设、重大研究等方面，切实提升公司履行社会责任的水平和整体能力，在理论研究与实践探索中实现持续改进，与利益相关方在沟通交流中迸发创新活力，以公司的持续健康发展，服务和促进社会的可持续发展，最大限度地实现公司的经济、社会和环境的综合价值，发挥中央企业履行社会责任的表率作用。

第二章 | **做优主业促和谐**

减少客户停电时间　提高优质服务水平

中国南方电网有限责任公司①

摘　要：现代社会，一刻也离不开电。中国南方电网有限责任公司作为关系国计民生的公用事业企业，把减少客户停电时间作为企业的核心竞争力来建设。减少客户停电时间这一目标体现了公司"万家灯火、南网情深"的核心价值观，实质是让客户享受到高质量的电力供应服务，诠释了南网人为社会带来光明和幸福的不懈追求。减少客户停电时间的工作不仅给社会带来了巨大的经济效益，同时也提升了优质服务水平，得到了客户的高度认可，客户满意度不断提升。

关键词：客户停电时间　供电可靠率　国际对标　优质服务

我们的责任体现在每一秒钟、每一瞬间。

——中国南方电网有限责任公司党组书记、董事长　赵建国

---

① 中国南方电网有限责任公司成立于2002年12月，属中央管理，由国务院国资委履行出资人职责。经营范围为广东、广西、云南、贵州和海南等省区，负责投资、建设和经营管理南方区域电网。

背　景

客户停电时间是国际上通用的评价电力系统对客户持续供电能力的指标，它直接反映了电力系统的运行、管理质量和水平，是电力企业服务理念和服务目标的最终落脚点，是衡量电力系统，特别是电网企业服务能力和水平的重要标准之一。[①] 2012 年，印度、古巴、巴西、美国等国家相继发生了大面积停电事故，给当地经济、社会造成了严重的影响。其中，印度 7 月 31 日 13：00 损失负荷 48000 兆瓦，影响 6.7 亿人，占总人口的 55%，是世界历史上影响人口最多的停电事故，停电 20 多小时后负荷才逐步恢复。根据不完全统计，印度大面积停电导致的经济损失达到数十亿美元。印度大停电深刻地说明了停电是现代社会不能承受之重。

近年来，中国南方电网有限责任公司（以下简称南方电网公司）明确将创建"服务好、管理好、形象好的国际先进电网企业"作为战略目标，这一战略目标在南方电网简称为创先。创先的初衷是通过一代南网人的努力，以"十年磨一剑"的精神，砥砺前行，让南方电网公司深化可持续发展，成为中国在世界上叫得响的电力企业之一。创先的过程中，南网人学会了用通行的"国际语言"与国际先进电力企业对话，逐渐认识到电力企业的根本任务应当是以客户为中心，在任何条件下都要最大限度地为用户提供不间断、安全、可靠的电力供应，找到提高供电可靠率这条电网企业的科学发展之路，各项工作都围绕"减少客户停电时间"来展开。

南方电网公司对减少客户停电时间的重视，源于公司领导和全体员工对

---

① 电力专业术语中用供电可靠率指标来体现：供电可靠率=（1－用户平均停电时间/统计期间时间）×100%，与客户停电时间是相互对应的指标。客户停电时间指标更多地强调客户体验和从客户角度看问题。

电网企业社会属性的深刻认识、对公用事业企业服务型定位的深刻认识，从而形成了"万家灯火、南网情深"的核心价值观。这些从理念到行为准则的变化，促使南方电网公司从传统电力企业"关注电网安全、关注设备运行"到"关注客户，为客户提供安全、优质、清洁的能源服务"的转变，从本质上解决了电网企业生产运行为了谁的问题。

责任行动

一、国际对标找差距

公司广泛对标世界知名电网企业，① 如日本东京电力公司、法国电力公司、德国 EON 公司、新加坡新能源电网公司等，收集了国际大都市的客户停电时间指标进行研究，发现国际先进水平电网企业供电的大都市客户全年停电时间一般控制在 67 分钟以内，能够控制在 18 分钟以内的可视为国际领先水平。而在 2006 年，广州、深圳供电局的客户停电时间分别高达 23.8 小时和 26.5 小时，与国际先进电网企业相比差距非常显著，如图 2-1 所示。

广州供电局将该局 2006 年客户停电时间进行详细分解，发现 80% 以上的停电时间可以通过各类管理措施加以避免，如图 2-2 所示。

客户停电的时间差距背后折射出最大的差距来源于理念。传统上，电力企业一度更多地关注电网安全、电网建设、设备管理，对客户关注得很不够。遇到电网建设需要或是设备故障，很自然以安全施工为由、将线路停电作为前提措施，"以设备为中心"，不大顾及客户受到的停电影响，没有做到"以客户为中心"。而在先进电网企业供电范围内，如巴黎，当电网设备出现

① 我国可靠性管理体系依据国际电机工程师协会（IEEE）可靠性定义建立，与北美国家可靠性管理体系基本一致。根据国际供电会议有关供电质量报告（19th International Conference on Electricity Distribution Vienna，21~24 May 2007）的分析，各国对可靠性的定义和统计方法不同，可靠性指标数据的比较存在一定难度。国际先进水平的客户停电时间由南方电网公司供电可靠率专业综合分析而得。

(分钟/户)

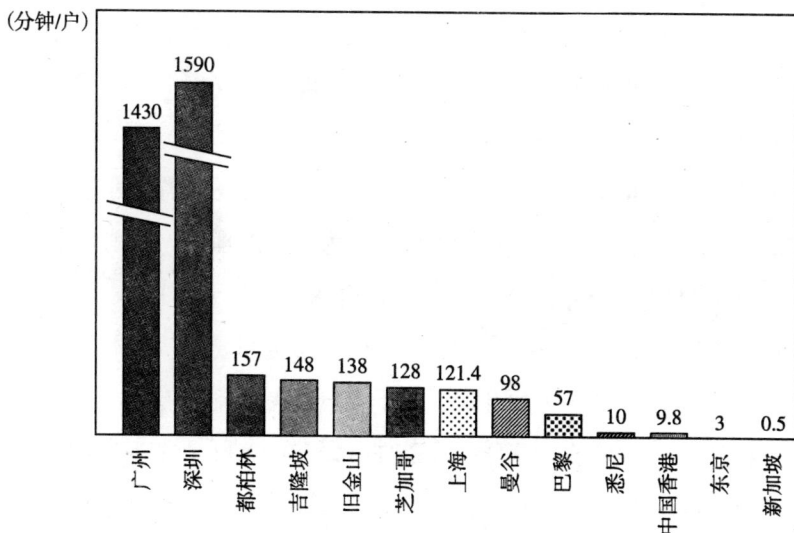

图 2-1 2006 年广州、深圳与国际主要城市客户平均停电时间比较

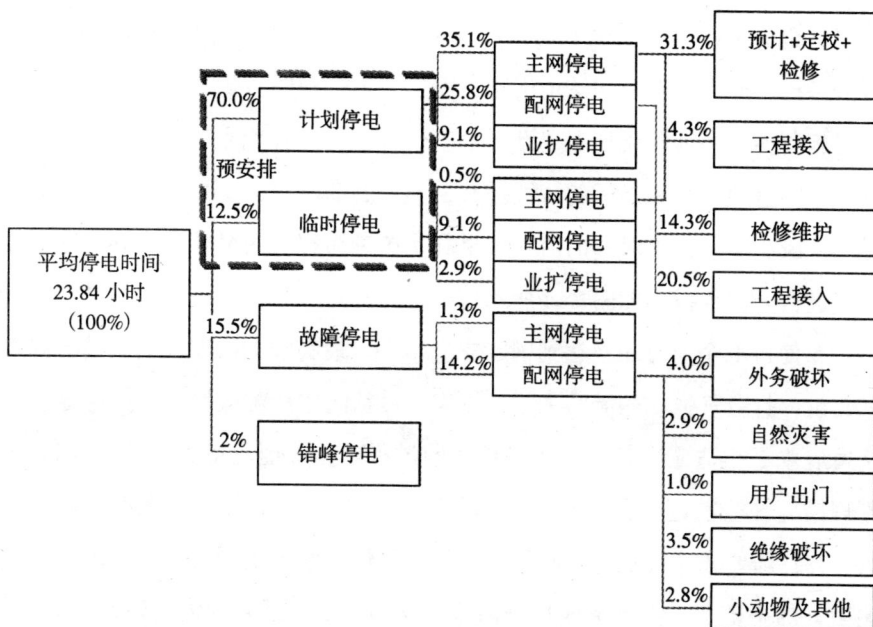

图 2-2 2006 年广州供电局客户停电时间分析

故障时，电力公司的第一反应不是抢修设备，而是想方设法以最快的速度恢复客户供电。工作的出发点不同，管理程序和业务流程也不同，工作的结果就大相径庭，最终体现在供电可靠率指标上。

关注客户停电时间后，南方电网公司最大的变化是坚持"万家灯火、南网情深"的核心价值观，全面树立了以客户为中心的理念。注重换位思考和客户体验成为全网干部职工的自觉选择，电网建设、生产技术、安全运行、电力供应、优质服务各个环节都从客户角度来思考问题，从技术、管理、文化、体制、机制、服务等方面开展了基于客户体验的流程再造。公司不断提升内部精细化管理，在多约束的边界条件下提升供电可靠性、大幅度缩短客户停电时间方面取得了显著成效。

二、系统梳理定对策

通过深入分析公司供电可靠性现状及影响供电可靠性进一步提升的主要因素，南方电网公司从电网结构、管理措施和技术手段等方面制定了 25 项提升举措，着力推进电网结构优化，重点突出管理精益化水平提升，狠抓技术措施落实，持续深化规划建设、生产运行、客户服务环节的协同机制，实现可靠性管理水平和指标的持续提升，如图 2-3 所示。

从减少客户停电时间的潜在效果和实施难易程度两个维度，对上述主要措施进行分类，得到如图 2-4 所示的综合评价。

要使供电企业可靠性达到国际先进水平，最有效的措施是通过科学规划和建设，打造坚强、一流的主网，可靠、灵活的中压配电网，但应与地区经济发展水平相适应，是一个相对长期的过程。在管理还相对薄弱的情况下，管理措施往往能起到立竿见影的效果；技术措施与电网和技术水平紧密相关，往往需要较大投资，实施效果具有延时性。南方电网公司在梳理各类影响因素的基础上，提炼形成具有南方电网特色的，涵盖规划、建设、生产、技术、服务、信息全过程管理的提高供电可靠性管理体系，采取了"两手抓"策略——一手抓"硬件"，即电网建设；一手抓"软件"，包括一系列

```
                              ┌─ 1. 加强全员可靠性理念培养
                              ├─ 2. 强化可靠性工作协同联动和责任传递机制
                              ├─ 3. 规范可靠性管理工作
                    基础管理 ──┼─ 4. 加强岗位技能培训
                              ├─ 5. 加强可靠性数据分析与应用
                              ├─ 6. 提高信息系统支持度
                              └─ 7. 推进终端用户可靠性管理
                              ┌─ 8. 提升电网规划精益化水平
                    电网规划 ──┼─ 9. 优化电网结构
                              └─ 10. 提高电网抵御自然灾害的能力
                              ┌─ 11. 加快电网建设、确保工程质量
                    电网建设 ──┤
                              └─ 12. 加强物资管理
                              ┌─ 13. 强化综合停电管理
供                           ├─ 14. 加强转供电管理
电                           ├─ 15. 加强停电时间定额管理
可                 运行管理 ──┼─ 16. 提升电网运行风险预控能力
靠                           ├─ 17. 加强设备运维精益化管理
性                           ├─ 18. 推进配网故障快速复电工作
提                           └─ 19. 降低外力破坏影响
高                           ┌─ 20. 加强用户设备管理
措                 供电服务 ──┼─ 21. 加强需求侧管理
施                           └─ 22. 做好应急电源管理
                              ┌─ 23. 推进配网带电作业技术应用
                    技术创新 ──┼─ 24. 推进配网设备状态监测与状态检修
                              └─ 25. 提高配电网自动化水平
```

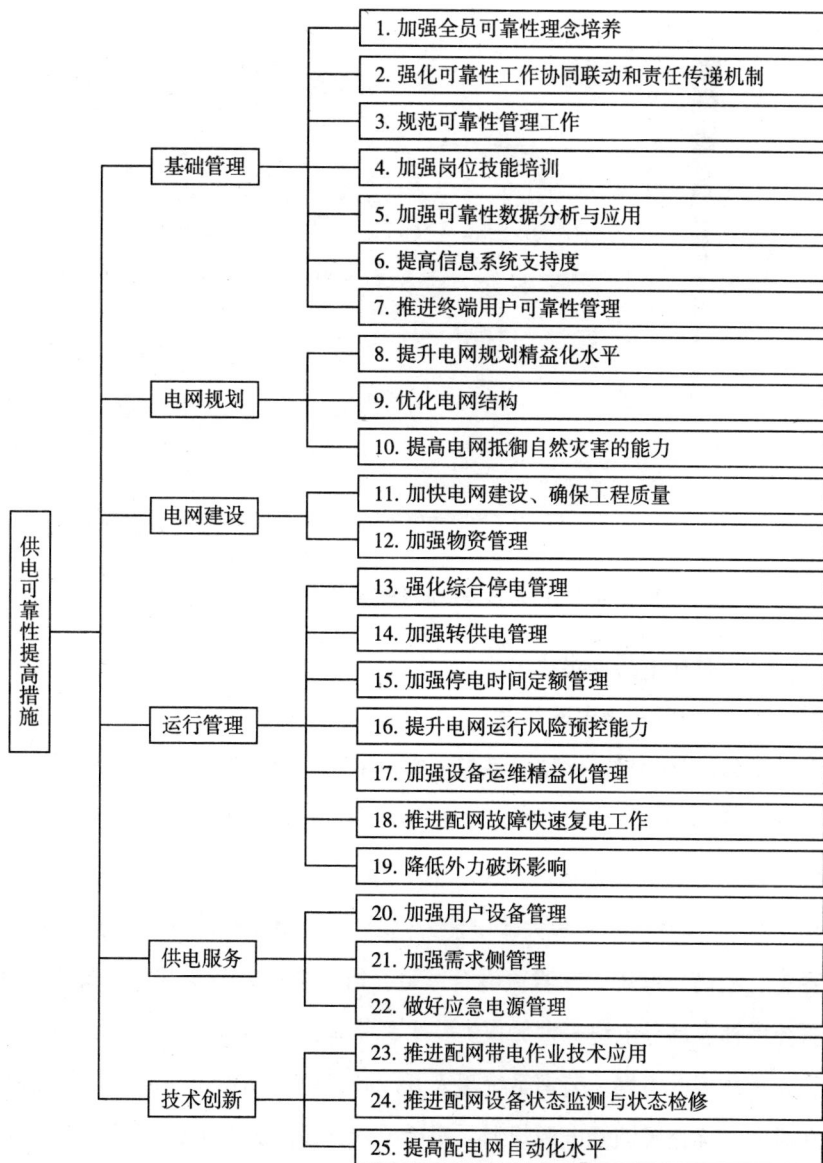

图 2-3 南方电网公司减少客户停电时间的提升举措

针对性的管理措施、技术措施和保障措施等。

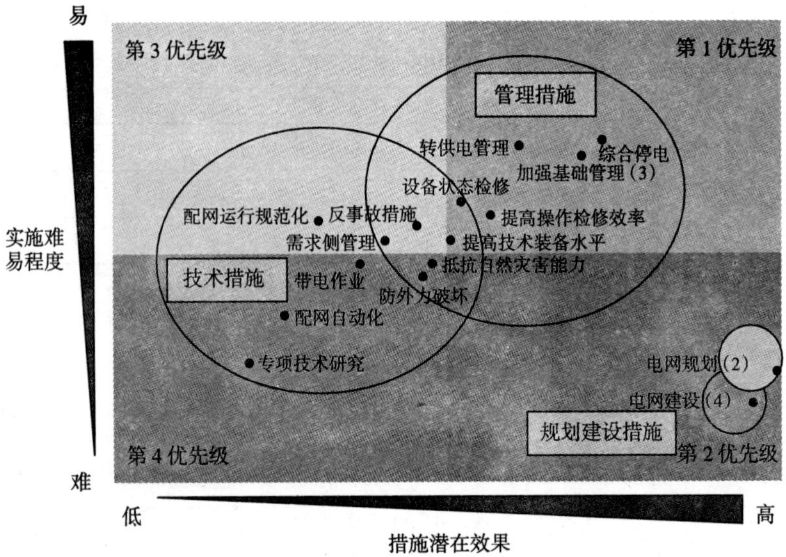

图 2-4 减少客户停电时间的各类措施效能的综合评价

三、对症下药求实效

（一）加强各级电网建设

坚实可靠的供电网架，是保证客户不停电的前提条件。南方电网东西跨度近 2000 公里，网内拥有水、煤、核、抽水蓄能、油、气、风力等多种电源，西电东送已经形成"八交六直"14 条 500 千伏及以上大通道，每条都在 1000 公里及以上，最大输电能力达到 2470 万千瓦。南方电网远距离、大容量、超高压输电，交直流混合运行，既有电触发直流技术，又有光触发、可控串补、超导电缆等世界顶尖技术，是国内结构最复杂、联系最紧密、科技含量最高的电网。公司系统深入开展各级电网规划，开展了新能源发展规划研究，优化了调峰电源规划，明确电网建设方案和目标。深入开展电网提高综合防灾能力专题研究，针对国务院 599 号令，组织制定了《"十二五"南方电网网架完善实施计划与保障措施》，从规划源头提高了电网安全水平。公司在加快各层级主网架建设的同时，更加注重城乡配网建设，中低压电网建设投资占电网建设总投资的比例逐年增大。通过规范配网接线方式，提高配网可转供电率、标准化接线率，使接线简单、清晰，并具有较高的可靠性和灵活的运行方式，有利于转供电操作。"十一五"期间，南方电网 110 千伏及以下配网完成投资 1498.29 亿元，累计完成农网建设投资 691 亿元。2011 年 10 千伏配网联络率为 60.3%，可转供电率为 50.8%，较 2007 年提高 29% 和 30%，配网网架结构得到了大幅优化。同时，控制 10 千伏线路供电半径、负荷及所接客户数，对线路进行合理分段。在 10 千伏主干线路加装分段开关、环网开关或环网开关柜，合理分配客户，缩小线路停电检修、改造、事故处理造成的停电范围。通过调整过载线路负荷，使线路负荷趋于平衡、合理，减小线路设备运行压力。电网保障能力、运行水平明显提升。

（二）加强基础管理

基础管理是减少客户停电时间之本。公司健全完善责任传递机制，要求省、地两级制定《供电可靠性工作管理规定》和《供电可靠性管理考核办法》，将提高供电可靠性的各项工作任务逐层量化分解到基层运行单位，转变为常态工作，通过科学、严谨的过程控制，强化指标管理，将供电可靠率指标纳入绩效考核，做到责任到人，考核到位。完善科学系统的分析与监督机制，按照可靠性管理工作标准要求，公司每季度定期完成供电可靠性分析，对供电可靠性指标进行分类统计分析并形成统计分析报告。组织专家开展供电可靠性专项检查工作，协同相关部门组织各省公司通过加强专业培训、完善管理制度、理顺管理流程、提高专业人员综合素质等多个方面落实整改，对检查中发现的薄弱环节，检查督促各省公司责任部门逐项落实整改。公司建立推进评价和改进机制，承接国家电监会金牌企业评价工作，公司制定了地、市供电企业供电可靠性工作评价标准并开展了评价工作，从工作体系建设、规章制度执行、计划管理、过程管控、统计分析与评价、数据准确性、指标先进性等多个方面分析查找供电可靠性工作存在的薄弱环节，制定改善供电可靠性的针对性措施，以评促管提高供电可靠性管理水平。

2008 年以来，公司先后组织制定了《高中压用户供电可靠性管理标准》、《供电企业提高供电可靠性工作标准》、《客户停电管理规定》、《客户停电时间统计标准》、《客户停电时间统计工作规划（2009~2015年)》、《客户停电时间统计达标评价标准》和《客户停电考核管理办法》等制度，明确客户停电管理的职责、主要评价指标、管理要求、统计基本原理、基础资料管理以及考评等内容。完善网、省、地、县四级统计工作体系，对优化综合停电计划，提高故障抢修反应速度，加强停电作业过程监督检查，完善停电告知方式起到了重要作用，减少了迂回检修、重复停电、超时停电和临时停电的现象。坚持不懈抓可靠性管理队伍建设，设立可靠性管理中心，各分子公司及地市供电企业在生产技术、电网规划建设、系统运行、市场营销及主配网运行等部门（单位）设置可靠性管理专、兼职岗位，形成工作网。通过组织对国家及公司可靠性相关规程、规定进行宣贯，以及数据管理规范等业务技能培训，公司系统各级可靠性管理人员专业技能水平显著提升。2003 年至今，公司已累计培训各级可靠性管理人员 1.8 万人次，可靠性管理人员持证上岗率达 100%。

（三）加强预安排停电的管理[①]

为提高各类计划停电工作效率，减少计划停电对客户的影响，提高供电可靠性，公司组织各单位制定了主配网基建、检修、试验、业扩等主要计划工作停电时间定额标准，具体规定了各种现场作业、操作的标准时间，促使各单位优化施工方案、提高检修效率，严格执行"每个客户每年预安排停电不超过 3 次，累计不超过 24 小时"的规定，统筹安排变电、线路、配网等各项工作，做到了"一家停电，多家干活"，公司系统各单位计划停电时间大幅下降。2011 年 1~6 月，广东电网公司 10 千伏线路重复停电率、临时停

---

① 预安排停电即计划性停电，是指因维修线路、错峰用电、拉闸限电等原因进行计划停电，提前对预停电场所进行的停电前安排，避免突然断电造成不必要的损失。

电率、延时停送电率分别为 0、0.61%、0.57%；可转供电率 100%，客户平均停电时间 3.93 小时/户，同比减少 24%。共实施 10 千伏转供电 2429 次，其中实施 10 千伏合环转电 1307 次。注重对影响客户的停电做好优质服务，对列入停电计划的重要客户、大客户、专变客户及大型居民住宅区做到 100%通知到位。深圳局通过颁布一系列作业时间定额标准，新装配电设备接火停电时间平均减少 45%，技改检修作业时间平均减少 28%，输网设备检修时间平均减少 10%。

（四）加强故障停电管理

完善客户故障停电抢修机制。按照"优先复电，快速抢修"的原则，对有条件的故障线路实施转供电操作，优先复电，事后快速抢修。对于无法实施转供电操作而故障又无法在短时间内排除的情况，根据实际情况需要提供应急发电车、发电机等临时供电措施，为客户提供用电保障。严格兑现"城区范围 45 分钟内、农村地区 90 分钟内抢修人员到位"的服务承诺，2010 年广州城区抢修平均到达现场时间 19.23 分钟，同比下降 9.8%。

（五）加强各类技术措施

（1）加强配网自动化、营配一体化建设。公司采用自动化手段和先进的信息系统，将数以万计的配网设备和百万计的营销客户关联起来，实现真正意义上的"客户"停电管理。做到了"四管齐下"：①应用独立全网统一的客户停电时间统计软件，实现基础数据人工记录、停电指标自动统计。②理清并在营销管理信息系统中录入客户与配网设备的关联关系，实现停电客户数自动统计，解决停电客户数量依靠手工录入问题，确保停电客户数的快速、精确统计。③营销、生产、配网等系统间实现数据共享，自动记录停电事件，如实反映停电事件。④自动读取营销自动化终端，数据采集与监视控制系统的停、复电时间，实现低压客户停电时间的全自动统计。

（2）大力开展状态检修。公司变革技术监督管理模式，学习借鉴国外先进电力企业的有效做法，完善设备管理，积极开展状态检修，推进 110 千伏及以上设备带电监测和在线监测，开展 10 千伏设备带电状态监测，减少设备定期预防性试验停电对客户的影响。投入专项资金开展技术改造，提高设备技术水平和健康水平，实现全网较大及以上设备事故保持零发生。2010 年，对 12890 台变电设备开展状态评价，安装 1168 套主变油色谱在线监测系统及全封闭式气体绝缘开关局部放电在线监测系统，一般设备事故同比减少 24 起，全面提升了设备安全运行水平，做到了电网运行安全可控、在控。

（3）积极开展带电作业。① 带电作业是减少计划停电影响的有效技术措施。公司按照"安全、稳妥"的工作原则，专业化管理的模式，详细规划，由易到难，分阶段安全、稳步推进变电站、输电线路及配网带电作业在全网范围内的全面、有序推广。主网方面，通过开展带电水冲洗，降低了设备非计划停电的概率；配网方面，2011 年全网开展带电作业 19440 次，减少客户平均停电时间 0.469 小时。佛山供电局大力开展带电作业新项目研发，常规带电作业项目达到 65 项，率先达到国内领先水平，2011 年新装、更换户外开关工程全部采用带电作业技术。

履责成效

（1）通过不懈努力，公司客户停电时间大幅减少。2012 年，全网城市客户年平均停电时间 3.21 小时/户，同比减少 38.27%；农村客户年平均停电时间 7.99 小时/户，同比减少 33.75%。对应的城市供电可靠率为 99.9635%，农村供电可靠率为 99.909%。如图 2-5、图 2-6 所示。

---

① 带电作业是指在高压电工设备上不停电进行检修、测试的作业方法。电气设备在长期运行中需要经常测试、检查和维修。带电作业是避免检修停电，保证正常供电的有效措施。

(小时/户)

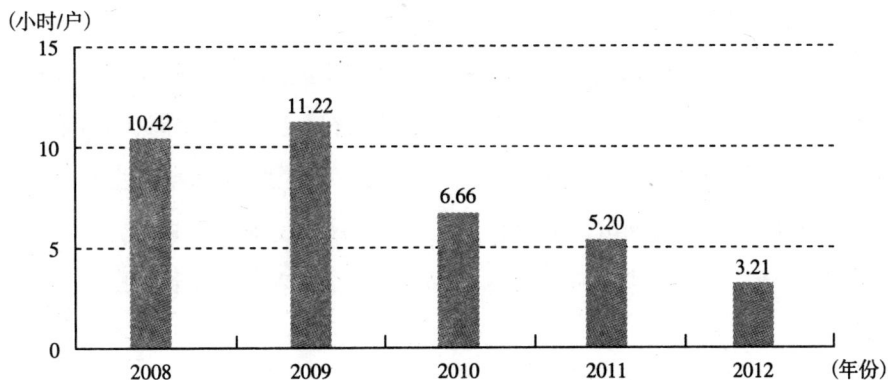

图 2-5　南方电网公司近年城市客户停电时间比较

(小时/户)

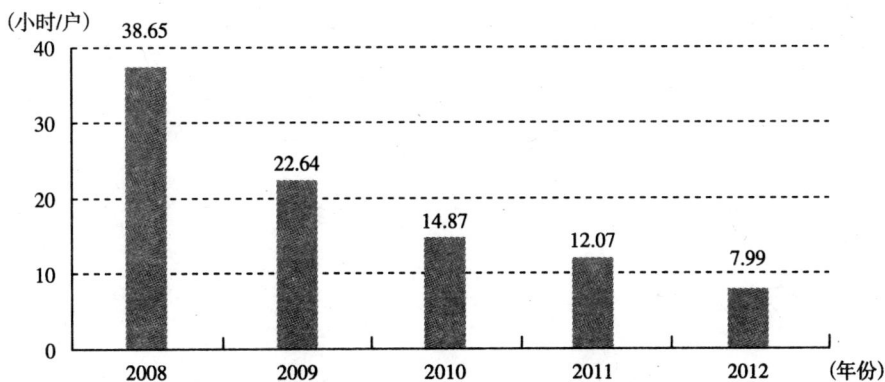

图 2-6　南方电网公司近年农村客户停电时间比较

注：2008 年客户停电时间主要受到历史罕见的南方冰冻雨雪灾害影响，2009 年客户停电时间计入了抵御国际金融危机、加大电网建设力度的影响。

2013 年 6 月 4 日，在国家电监会 2013 年度电力可靠性指标发布会上，表彰了 2012 年度全国 28 家供电可靠性金牌企业，这 28 家企业是在全国 390 多个地级市供电局按照客户停电时间排名形成的，南方电网公司有 8 家供电局入选，其中 5 家为 A 级，占全国 A 级金牌企业的一半，分别为佛山、广州、中山、东莞、江门供电局；3 家为 B 级，分别为珠海、惠州、湛江供电局。

（2）减少客户停电时间工作提升了客户优质服务水平，得到客户的高度认可，客户满意度不断提升。

南方电网公司主动邀请第三方评价机构盖洛普公司对客户服务情况进行评价。2012年公司全网客户满意率99.7%，客户投诉次数同比大幅下降79%。全网系统第三方客户满意度测评77分，已经跻身国际先进水平。广东、云南、贵州、海南电网公司在"背靠背"社情民意调查中，位列当地公共服务行业第一，其中广东电网公司供电服务连续7年蝉联十大服务行业满意度之首，广州供电局在《广州社会经济状况公众评价追踪调查》中，连续12年获得公众满意度第一。

（3）减少客户停电时间给社会带来了巨大的经济效益。目前，南方电网区域客户停电时间每减少1小时，相当于可以多供电0.8亿千瓦时，按照度电产值12元计，相当于支持五省区GDP增长9.6亿元。与2008年相比，2012年综合考虑城市和农村客户，若以客户平均停电时间减少10小时计（保守估计），可以支持五省区GDP增长96亿元，经济社会效益喜人。

结　语

一枚一枚的供电可靠性金牌非一日之功，管理提升是循序渐进的过程。作为交直流混合运行复杂大电网，客户停电时间持续提升对电网规划、电网建设、电网运行、设备维护、营销服务、快速抢修等提出了更高的要求，对于软硬件投入和设备全生命周期的管理提出了更高的要求。南方电网公司将协调好安全和可靠的关系，把更高的可靠性建立在坚强合理的网架结构、先进高效的设备管理和强大的需求侧管理基础上。在做好分子公司供电可靠性管理工作的同时，加强县级子公司供电可靠性管理，在电网建设、人员培训等方面加大支持力度，实现城农网可靠率同步提升。充分发挥各级科研机构的技术优势开展新技术新方法的应用研究，建立可靠性管理技术支持体系。通过供电质量在线监测系统建设提升可靠性管理的信息化支撑能力，实现电网安全风险在线评估和控制。通过试点探索低压客户供电可靠性统计和评价研究，提出由中压向终端客户延伸的供电可靠性管理阶段推进计划及方案，逐步与国际接轨，促进供电服务质量进一步提升。

"十二五"期间，南方电网公司将继续努力建设服务好、管理好、形象好的国际先进电网，制定了更艰巨的可靠性目标：公司范围城市客户年平均停电时间将减少到 5 小时，母公司农村客户年平均停电时间减少到 14 小时，年均下降不低于 12%；广州、深圳的客户年平均停电时间低于 1.5 小时，达到国际先进水平；13 个重要城市低于 4 小时，达到国内先进水平，其中深圳的客户停电时间要实现和中国香港接轨。南方电网公司将坚持"万家灯火、南网情深"的核心价值观，以客户为中心，不懈追求更高的供电可靠率、更少的客户停电时间，打造受国际同行尊敬的核心竞争力，为经济社会的平稳快速发展做出更大贡献！

破解信息化"瓶颈" 推进新农合服务

中国联合网络通信集团有限公司[①]

摘　要：作为通信企业，中国联通一贯将消除农村数字鸿沟视为自身的基础责任，并努力为实现农村信息化做出积极实践。在国家推行"新型农村合作医疗"（以下简称新农合）过程中，中国联合网络通信集团有限公司河南省分公司（以下简称河南联通）[②]整合企业优势资源，推进新型农村合作医疗信息化服务，提供了汇集村端报销、远程专家会诊、远程教学、药品配送等一揽子的信息化服务，提高了新农合成效，提升了农村医疗服务水平，受到了农民、农村医疗机构、管理部门的普遍欢迎。

关键词：新农村　合作医疗　信息化建设

---

① 中国联合网络通信集团有限公司于2009年1月6日在原中国网通和原中国联通的基础上合并组建而成，在国内31个省（自治区、直辖市）和境外多个国家和地区设有分支机构，是中国唯一一家在纽约、中国香港、上海三地同时上市的电信运营企业，连续多年入选"世界500强企业"。主要经营固定通信业务，移动通信业务，国内、国际通信设施服务业务，卫星国际专线业务、数据通信业务、网络接入业务和各类电信增值业务，与通信信息业务相关的系统集成业务等。

② 中国联合网络通信集团有限公司河南省分公司是中国联通在河南的分支机构，下辖18个市级分公司、113个县级分公司，向社会公众提供移动、固话、宽带、增值和综合方案等通信及信息化服务。

背　景

当前，我国农村医疗条件相对落后，信息化水平普遍不高。首先，农村医疗信息资源不均衡。农村医疗机构基础设施差、基本医疗信息资源不共享，造成医疗服务水平不高，稍微复杂的病症都需去城市就医，加重了农民就医负担。其次，农民看病结算信息化手段缺乏。参保农民看病、住院、报销等环节手续烦琐，有时需要往返跑数次，等待数月。再次，农村医疗机构信息化基础薄弱。村医记录病情、管理药品等完全靠手工，不仅影响工作效率，而且容易出现差错。最后，管理部门对村端信息化监管手段不足。手工病历缺乏实时监管，有的定点医疗机构存在开大药方、多开药、开贵药的现象，增加了新农合支出和农民负担。针对这种情况，河南联通积极担负起信息化建设主力军的使命，将推进新农合信息化建设作为履行社会责任、造福民生的一项重要任务。

责任行动

河南联通通过开展广泛的社会调查，深入分析农村医疗市场的实际需求和关键症结，发挥自身技术和资源优势，并借助与产业链相关企业的合作，推出新农合信息化项目。通过提升农村医疗信息化能力、改善农村医疗服务水平，缓解农民及时就医问题。

一、搭建新农村合作医疗信息平台

（一）建设覆盖全省医疗机构的通信网络

河南联通依托自身通达各行政村的网络资源，基于 WCDMA 和光传输网络，融合固定通信、移动通信、互联网技术，将宽带网络延伸至村医疗机构，并依托骨干传输网络实现全省村医疗机构之间的互联互通，从而搭建起了一张覆盖全省县、乡、村医疗服务机构的信息承载网络，使各地乡村医疗机构均可接入到网络中来，享受信息化带来的方便和实惠。

（二）构建先进便捷的信息化应用系统

河南联通本着不增加农民和农村医疗机构负担的宗旨，通过整合设备供应商、软件开发商等产业链各方力量，开发建设信息化应用系统，确保快速接入、便捷实用。

农村医疗信息化应用平台是核心，由管理服务器、应用服务器、数据服务器、接入服务器组成，采用先进的数据库技术和并发处理能力，能够快速响应用户请求；医疗信息化应用平台与上游的新农合平台、医疗资源等平台，通过互联网实现一点接入，资源共享；村、乡级医疗机构和县（区）医疗管理部门与农村医疗信息化应用平台之间，采用最广泛的宽带接入方式（ADSL 或 3G），有效解决农村医疗卫生信息化最后一公里问题，实现快速接入，如图 2-7 所示。

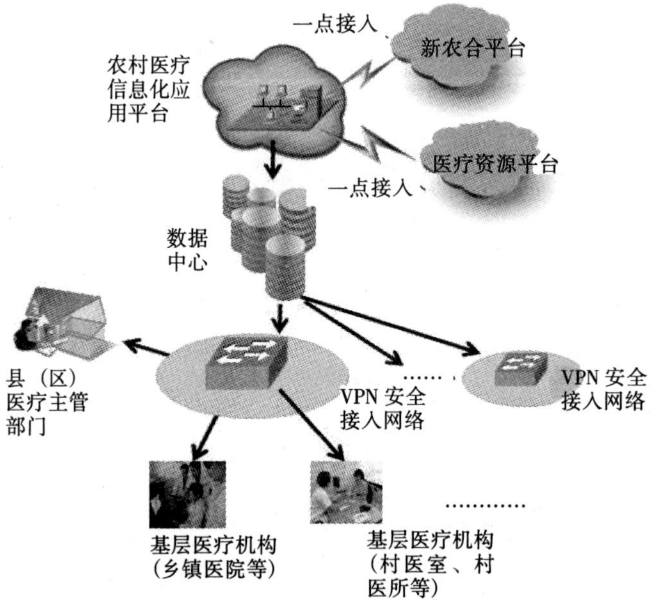

图 2-7　新农合信息化网络拓扑图

农村医疗信息化应用平台形成了统一平台、统一数据库，实现一点接入、全面查询等功能，进而实现足不出户、门诊统筹到村。此外，新农合各环节以电子流程的方式串联并加以展现，满足了医疗服务、药品管理、行政监管等多个领域的信息化需要。

（三）开发丰富强大的信息系统功能

河南联通立足于信息化平台的实用性和广泛性，结合新农合实际应用需求进行系统功能开发，尽可能涵盖新农合的各个方面，满足参合农民、农村医疗机构、政府监管机构等的不同需要。

新农合信息化系统除了包含村端补偿子系统、健康档案子系统、慢性病管理子系统等基础服务软件子系统外，还进一步拓展设计了远程专家、远程教学、物流配送等延伸服务软件子系统，通过参合管理模块、补偿管理模块、基金管理模块、统计报表模块四大主要功能模块，实现了"病人就医记录"、"病人健康档案"、"全科医生电子处方"、"村医门诊查询"、"村医门诊补偿"等22项应用。同时，还提供生日祝贺、疾病复查短信提醒等许多实用辅助应用。

（四）提供全方位的网络安全保障

为保障新农合信息化系统安全稳定运行，保护参合农民切身利益，河南联通利用自身的技术专长对网络安全的风险点进行逐一分析，实施了一系列应对措施，包括：采用先进的数据库技术和并发处理能力，保证实现快速响应用户请求；采用热备份措施，避免系统的单点脆弱性；采用全方位智能监控预警系统，实现远程管理；采用无线安全传输层（WTLS）协议保证数据传输的完整性、保密性和真实性；采用安全套接层（SSL）安全通道、专用安全隔离机保证网络安全；采用安全措施（如加密等），保证客户信息进入医疗专网的过程安全。

二、开展新农村合作医疗信息化服务

（一）为农民提供就医流程信息化服务

就医流程信息化服务为农民提供了刷卡付款方式，减少了签字、按指印等程序。同时，通过在系统内设置异地医疗审核和转诊流程，实现医疗报销全省、全国直补。农民在中国人民解放军总医院、省市医院看病只需支付自付款，报销部分由农合办直接划付给医院，不必筹集所有医药费，降低了农民的看病门槛，减轻了看病负担。

（二）为农村医疗机构提供诊疗统筹信息化服务

（1）门诊信息化服务。门诊期间，村医只需配置电脑（或手机）、打印机等简单信息终端即可登录系统，进行电子处方的开据。系统存储的《处方管理办法》、医疗文书书写规范、仿真病历模板以及处方药品配伍禁忌，能够在村医开处方时智能提醒并纠正病历中出现的错误，帮助村医正确、规范地开据处方。平台提供的远程会诊、远程疾病治疗服务，可以使村医在遇到疑难杂症时，在线向全国各地专家求教，提高问诊的及时性和权威性。此外，系统还提供了在线学习功能。村医可以通过系统获取医疗新技术、新信息等科普知识，特别是远程在线病历研讨，让村医不出村就能享受到全国专家的指导。并且，网上学习系统还与郑州大学联合，在线修满一定学分的村医可获得郑州大学的学历证书。

（2）智能健康提醒服务。医疗机构通过在电子病历库中进行预先设定，实现系统自动为病人提供复查、回访、体检和疾病预防等贴身式的短信提醒服务，使患者享受到周到的医疗服务，进一步融洽医患关系。

（3）药品流转信息化服务。通过按照省卫生行政部门制定的基本用药目录设置药品采购、使用和管理信息化流程，系统可以在药品统一集中配送过程中，自动建立药品进销存台账，并提醒农村医疗机构定期清查库存，清除变质、过期、失效药品。保证医疗机构药品的充足、合格。

（4）统筹报销信息化服务。医疗机构工作人员可通过3G手机或电脑登

录"新农合"门户网站，在线开展门诊统筹、费用报销等工作，省去了工作人员往返农合办奔波的麻烦。同时，缴费补偿通过平台的一卡刷功能即可完成，省去了手工记录、对账的麻烦。提高了统筹报销的效率和准确度。

（三）为政府提供监督管理信息化服务

（1）网上审核结算服务。政府部门通过网上办理农民医疗报销审核、结算业务，大大提高了政务效率。以郑州市经济技术开发区农合办为例，以前设 6 个工作人员，每天农民排队到门外；现在只设 2 个工作人员，农民即来即报，年终结转也从原来的 3~6 个月缩减为几分钟。

（2）报销清单在线调阅服务。政府部门通过在线调阅报销费用清单，能够随时监控药品报销过程是否合法、合规，防止乱用、套用、骗取新农合基金，监管能力大大增强。

（3）参合补偿数据分析服务。政府部门不但可以随时调取平台记录的农民参合、补偿等基本情况和数据，以实时掌控辖区内的医疗卫生资源状况和健康疾病分布状况，而且可以通过平台提供的数据分析服务，在制定公共卫生政策时得到第一手分析数据的支持。

履责成效

2009 年 6 月，"新农合"项目首先在河南省安阳市试点启动，至 2012 年 8 月 30 日已有注册医生 159574 人，县、市医院 2862 家。目前，该工作已在河南省推广，首批培育了 35 个信息化示范县，取得了积极成效，为农村医疗卫生信息化建设探索出了一条新路。

新农合信息化项目顺应了党和国家的政策要求，满足了广大农民的迫切需求，提高了为广大农民服务的能力，调动了农村医疗机构的积极性，推动了新农合的实施和医疗服务信息化水平的提升，在社会上引起了强烈反响和广泛赞誉。《大河报》、《河南商报》、《河南通信报》、《商都网》、《安阳日报》、安阳市电视台等各大媒体纷纷对这一信息惠农工程进行了跟踪报道。

结　语

中国联通以推动农村信息化发展、提高农民生活水平为己任，依托自身的通信专业特长和网络资源优势，积极响应广大农民朋友最迫切的需求，不断创新信息化应用，为农民朋友提供优质便捷的信息化服务。河南联通新农合信息化应用平台的搭建，是中国联通努力消除农村数字鸿沟的具体实践。

今后，中国联通将秉承推动全社会可持续发展的理念，继续将消除农村数字鸿沟作为公司未来的核心社会责任议题，以更加优质的服务和领先的业务应用，进一步拓宽信息化服务的范围、扩大和完善系统服务功能、提高系统服务能力，以满足农民不断增长的信息服务需求。同时，携手社会各界共同架设信息化桥梁，为提升农民信息生活水平、建设美丽新农村继续努力。

小果汁走出惠农富民路

国家开发投资公司[①]

摘　要：国投中鲁果汁股份有限公司（简称国投中鲁）[②]作为农产品深加工企业，立足农村，服务农村，在谋求自身发展的同时，始终把履行中央企业的社会责任作为工作的出发点和落脚点，以扶农、富农、助农、惠农和推动农业发展为使命，致力于实现利益相关各方的利益最大化。在与地方经济联手共赢的道路上，逐步开辟出一条"投资扶贫、开发扶贫"的惠农富民之路。

关键词：服务"三农"　投资扶贫　开发扶贫　科技惠民

[①] 国家开发投资公司（以下简称国投）成立于1995年5月5日，是国务院批准设立的国家投资控股公司和中央直接管理的国有重要骨干企业之一。国投成立以来，不断完善发展战略，优化资产结构，逐步构建国内实业、金融及服务业、国际业务"三足鼎立"的业务框架。国内实业重点投向电力、煤炭、港航、化肥等基础性、资源性产业及高科技产业；金融及服务业重点发展金融、资产管理、工程服务、咨询等；国际业务以国际贸易、国际合作、境外直接投资的业务组合，推进国际化进程。国投在国民经济发展和国有经济布局结构调整中发挥着投资控股公司的独特作用。2012年国投实现经营收入891亿元，利润112亿元。

[②] 国投中鲁果汁股份有限公司成立于2001年3月，是在原山东中鲁果汁有限公司的基础上整体改制而成。国投中鲁作为国家开发投资公司控股的农业产业化重点龙头企业，主要从事以浓缩苹果汁为主导的浓缩果蔬汁、饮料的生产和销售，是国内第一家生产浓缩果汁的企业，也是行业内首家A股上市公司。

背　景

"三农"问题始终是关系国家发展的全局性和根本性问题，农业丰则基础强，农民富则国家盛，农村稳则社会安。浓缩果汁业属于农业资源加工行业，在促进农民增收、多渠道转移农民就业，壮大县域经济，推进农业产业化的进程中发挥着重要作用。

中国拥有丰富的苹果资源，2010 年苹果种植总面积 2139.9 千公顷（约3209 万亩），产量 3326 万吨，约占世界苹果总产量的一半，是世界苹果第一种植大国。而浓缩苹果汁是加工果蔬汁饮料的原料产品，是仅次于橙汁的世界第二大果汁消费品。但是，在浓缩果汁加工兴起前，苹果种植基本供应于鲜食市场，市场容量有限，大量积压的水果以及受气候、技术、管理等原因造成的商品果之外的等外果品（俗称"加工果"）根本无人问津，只能眼睁睁地看它坏在田间地头，让果农们"望果兴叹"、"卖果发愁"。

在这样的背景下，国投中鲁成立并发展起来，逐渐成为推进农业产业发展、改善农民生活大军中一股坚定的力量，肩负起"服务'三农'"的重任。

责任行动

根据我国的苹果资源分布和政策引导，国投中鲁审时度势，生产基地从东部的胶东半岛逐步向西部贫困地区集中，并向西南少数民族地区延伸落户扎根，先后在山东、山西、陕西、辽宁、河北、云南和江苏等省份投资设立十几家工厂，均坐落于县城及乡镇以下地域。

一、以投资扶贫、开发扶贫为使命，架起落后地区人民的致富桥梁

20 世纪 90 年代后期，西部农村集中出现"卖果难"问题，得到了政府的高度重视，国务院领导为此还做出重要批示。而当时东西部投资环境差异

巨大，为了支持西部发展，国投中鲁积极进行西部资源的调研论证，并于1996年投资1500万元成立了山西芮城国投中鲁。2000年，西部大开发提上了日程，国投中鲁又在陕西韩城成立国投中鲁，国投中鲁利用先进的生产线和强大的加工能力，"消化"了大量的滞销苹果，截至2012年，韩城国投中鲁累计收购加工苹果近90万吨，支付农户果款6亿多元，有效解决了当地农民卖果难的问题，增加了农民收入，促进了当地果品业及相关产业的发展，所创造产值占韩城地方轻工业总产值的50%以上，为韩城市的经济发展贡献了力量。随后，国投中鲁又陆续在山西万荣县、陕西的富平县设厂，并对原有工厂进行大幅度扩建，西部工厂的落户及发展，缓解了当地农民卖果难，鼓起了果农的钱袋子，促进了苹果产业的发展。

携手当地经济，"投资扶贫、开发扶贫"的共赢发展道路越走越宽，坚定了国投中鲁的使命感和责任心，国投中鲁决定进一步深入无人关注的西南少数民族地区进行投资。云南昭通地区，平均海拔近2000米，强烈的紫外线让这里的多数人带着"高原红"；村落中依然有大量的土坯房，当地大多数人仍保持着"日出而作、日落而息"的生活习惯。虽然昭通地区苹果种植面积16万亩，产量约17万吨，其苹果的生长环境、口感和口味好，是国内难得的有机果园。但是，昭通的苹果市场仍然惨淡，价格普遍偏低，甚至一度出现因果农丧失种植信心砍伐果树的情况。漫山遍野的苹果丛中，是果农重锁的眉头，当地政府迫切需要发展苹果深加工产业引入资金盘活企业，带动地方经济增长。国投中鲁经过审慎调研论证，于2007年在当地投资建厂。

商品果之外的果品原料在昭通原本是无市无价，大多被当作垃圾处理，只有少量的等外果品直接作为家畜饲料。为改变果农的观念，国投中鲁深入每乡、每村、每个种植户，有序开展加工果收购工作。国投中鲁不断加大宣传和引导工作，早在果树坐花期间就组织力量，走乡串户，进行原料调查宣传。向果农讲述等外果的用途及国投中鲁对加工果的收购政策，散发宣传资料5000余份，以提升果农对残次苹果价值的认识，做好加工果的收储工作，有序的进行出售。仅2007年投资当年，云南国投中鲁就收购加工果近3万吨，平均价格高达800元/吨，当地果农当年累计增收约2400万元。2008年，在经济低迷的环境下，国投中鲁为进一步促进地方经济发展，继续加大了二期投资。

在开拓成品果销售市场的道路上，国投中鲁多次派人上山下乡进行摸底，力争把昭通苹果做成品牌，拓展市场，提升售价。国投中鲁促成市、区、乡多级政府部门成立了市场调研与拓展小组，携带昭通优质苹果到经济发达、消费水平较高的广州、四川、重庆地区的农贸市场、鲜果市场等进行市场考察、宣传，请当地人品尝，获得了极高的评价。送果商试卖也取得了很好的成效，相当一部分商贩当场签单、交付定金。此举初步树立了昭通苹果的品牌，吸引了不少的商贩到昭通对鲜果市场进行考察，并竞相提高价格采购鲜果，苹果的价格也由当初的0.3~0.5元/千克一路攀升，最高时多达4~5元/千克。国投中鲁投资扶贫不仅拉动了昭通地区的苹果销售，也给当地的旅游业带来了更多的商机。

近年来，随着国投中鲁加工能力的迅速扩大和知名度的提高，跨区送料上门的果农逐年增加，每到生产旺季，国投中鲁日收购量在1.5万吨以上，按照2007年苹果大约1500元/吨的收购价格来算，每天需要的果款高达2000多万元，这使企业收购资金的及时兑付面临着严峻的挑战。对此，国投中鲁坚持"企业再难也不能难为果农"的原则，每年在原料收购旺季到来之前，就千方百计筹措资金，保证对基地农户实行当场结算、当日结算，坚决不向果农"打白条"，最大限度地保护农民种植苹果的积极性。

二、以技术下乡、发展种植基地为手段，将"科技惠民"活动常态化

过去苹果种植基本处于粗放管理的状态，国际上对进口浓缩果汁的农残标准一直在提高。过量的施用化肥和不当的灌溉不仅威胁消费者的食品安全，也对土壤结构造成破坏，加速次生盐渍化，使土壤产能逐年下降。为提高果农的生产无公害苹果技术，国投中鲁各分公司每年都要聘请农业高校的科研人员和当地农技专家，深入苹果种植区域，联合乡、村举开展"送技术下乡"活动。在原料收购区域内免费对果农进行农药使用及果园管理培训，普及苹果修剪、施肥、施药等科学管理技术，同时发放苹果园病虫害防治手册及农药使用宣传海报。通过集中培训、定点试验、案例分析、先进技术推广等形式，让专家将技术手把手地教授给果农，逐步提高了农民合理使用农药及苹果生产管理技术。几年来，国投中鲁组织技术下乡开展果农培训320次，发放苹果病虫害防治宣传单页20万份，培训果农8万人次。送技术下乡的高效开展，不仅重树了果农对种植苹果可以发家致富的信心，更引导果农走向科学化、规范化管理的轨道。

为进一步提高农民收入，从源头上控制果品原料质量，国投中鲁不断创新支持农业发展的渠道。我国的苹果鲜食果比重很大，加工用苹果仅占苹果总量的25%左右。在国际市场上，浓缩苹果汁酸度越高，售价也越高。要提高苹果浓缩汁的酸度，就要使用高酸苹果作为加工原料，而我国高酸苹果资源严重匮乏，使企业在市场竞争中处于不利地位。

针对因缺乏高酸苹果对浓缩苹果汁加工业造成的困扰，结合果农的实际情况，国投中鲁在主要苹果产区引导广大果农适时转变观念，根据市场需求发展种植高酸苹果。2001年，国投中鲁从国外引进澳洲青苹、法国瑞林和瑞丹等高酸苹果良种，按照适宜连片开发，适度规模经营的原则，采取企业、政府、果农三方合作的方式，企业出资金、政府给政策、果农换良种，建设高酸苹果种植基地。现已在山东乳山、山西芮城分别建起了1万亩和3万亩的高酸苹果基地，国投中鲁免费为果农提供高酸苹果苗木，提供农药、化肥及相关技术指导。在未来发展中，国投中鲁将在山西、陕西等地引导规划良种种植基地。此举不仅可大幅度提高企业果汁的"含金量"，而且能有效化解果农卖果难难题，促进农业产业化经营，带动农村经济的发展，而且从源头上保证食品安全，实现了环境保护与企业发展的和谐统一，帮助农民致富。

三、以行业利益、创新发展为核心，最大限度地保障农民利益

浓缩果汁行业经过 20 年左右的发展，取得了卓有成效的成绩，但其发展并非一帆风顺。1999 年 10 月 10 日，美国 8 家果汁生产企业联手向美国商务部递交申请，要求对来自中国的浓缩苹果汁征收 91.84% 的反倾销税。浓缩果汁反倾销官司，从应诉到上诉又到胜诉，仅律师费就需要近 3000 万元。就在同行企业犹豫打这场官司到底值不值时，国投中鲁对国际市场供需走势进行了预测，对诉讼的经济效益和社会效益做出了明确判断，牵头应对反倾销诉讼。此案历经 4 年多的艰难对弈，最终以我方 6 家企业被确认为"零税率"而胜诉。最终的胜利不仅维护了行业的利益，更为果农增收起到保障作用。

市场的发展印证了国投中鲁的预期：2003 年，中国出口到美国的浓缩苹果汁达到了 10 万吨，按榨季计算（2003 年 8 月至 2004 年 8 月）达到 15 万吨（按合同签章计算），取消税率后，每吨比欧洲平均高出 100 美元，10 万吨就是 1000 万美元，折合人民币 8260 万元；按 15 万吨计算，高出 1500 万美元，折合人民币 1.24 亿元。与此同时，美国市场扩大后，降低了我国对欧洲市场的依赖度，增加了国投中鲁的谈判力，欧洲价格因而每吨增了 80 美元。另外，随着中国苹果汁在全球贸易中价格的提高，原料价格也大幅增加，2003 年全行业仅苹果原料大幅提价一项，比 2002 年每吨上涨按最低 120 元计算，就可以使农民增收 4.2 亿元。此外，按照美国法律，五年内不能再次提出反倾销，这就争取了有利的国际发展空间，为整个行业的持续健康发展打下了基础。

建设新农村，产业是支撑，科技是关键。近年来国际上食品安全事件频发，出口食品的技术指标和要求日趋严格。保持技术的创新与进步是企业立于不败之地的根本，只有保持中国果汁业在全球市场的地位，跟进国际市场的需求，才能保证原料收购价格和数量的稳定，从而保护广大果农的根本利益。

从 2002 年起，国投中鲁一直是北京市科学技术委员会认定的高新技术

企业，是国内第一家通过 ISO 9002 质量管理体系认证的浓缩果汁企业；首批通过美国 FDA 的验证和危害分析与关键控制点（HACCP）体系、SGF 以及犹太食品清洁证明（KOSHER）的认证。国投中鲁开发的"浓缩山楂清汁"荣获全国星火计划成果展销洽谈会金奖；"浓缩苹果清汁、浓缩山楂清汁"获优秀新产品称号；"浓缩苹果清汁"荣获国家科技成就证书；国投中鲁开发的"浓缩红薯清汁"和"浓缩黄瓜汁"已获得国家专利。

经过 18 年的发展，国投中鲁已经从一家名不见经传的小果汁厂，成长为基地遍布 7 个省份、年产果汁 15 万吨，并成为可口可乐、雀巢等国际高端饮料的长期供应商，"国投中鲁"品牌连续被评为"中国名牌"和"最具市场竞争力品牌"。

"农"字号加工企业的根基在农业和农村，国投中鲁立足农村，服务农村，贡献社会，在依靠农业与反哺农业的互促中求得快速发展。国投中鲁大部分生产一线的员工来自广大农村，很多人在国投中鲁员工职业发展体系的培养下走上了管理岗位或技术岗位。此外，苹果的采摘、收购、运输、销售已经形成了一条产业链，工厂已经不需要到田间地头去收购苹果，都是由果品经纪人收购后送到工厂，这就推动了第三产业的发展。因此，国投中鲁在县域甚至是乡镇投资设厂，在促进当地经济发展的同时，也间接缓解了就业压力，为社会安定、和谐做出了贡献。

履责成效

国投中鲁始终站在保护果业生产、实现利益"双赢"的高度，通过自身优势多渠道帮助果农化解困难，尽量避免给果农造成大的损失。仅仅在 2001~2012 年国投中鲁就从各个地区收购苹果 640 多万吨，增加农民收入 75.37 亿元。目前，国投中鲁产能达到每小时加工苹果 555 吨，年产各类浓缩苹果汁 15 万余吨，按照 1:7 的果耗来粗略计算，国投中鲁每榨季（一般为8~12月）需要消耗苹果原料 105 万吨，辐射影响农户数超过 600 万户。

国投中鲁下属子公司大多数坐落在县域以下，因此国投中鲁在拉动当地经济发展的同时，在解决农村劳动力就近就业、培养农村人才、提高农民工福利等方面发挥了重要作用。截至 2012 年末，国投中鲁共有 1300 余名农村劳动力在职，其中主管以上岗位 52 人，有 1 人走上了国投中鲁高管的岗位，就近提供的大量工作岗位为解决农村留守儿童等社会问题发挥了一定的作用。

2010 年 6 月，《WTO 经济导刊》主办的"2009 金蜜蜂企业社会责任·中国榜"发布，国投中鲁以扶农、富农的责任实践脱颖而出，荣获"金蜜蜂企业"责任采购奖。

结　语

在积极履行社会责任的实践中，国投中鲁不断成长为一个成熟的企业公民。在未来的投资和发展中，国投中鲁将一如既往地秉承国家开发投资国投中鲁的"为出资人、为社会、为员工"的企业宗旨，作为"蜜蜂型"企业持续改进，把造血式扶贫模式不断推行，不断强化农业产业调整的先锋作用，积极履行企业社会责任，努力实现企业效益与社会效益的"双赢"。

普及碘盐　持续消除碘缺乏病

中国盐业总公司 [①]

摘　要：中国盐业总公司是盐行业唯一的中央企业，是全国食盐专营的经营主体。自1994年以来，中国盐业总公司不辱中央企业使命，引领行业企业认真履行食盐专营职责，以持续消除碘缺乏病为目标，以普及全国合格碘盐供应为己任，积极组织推进普及碘盐供应，建立起了规范的食盐生产销售网络体系，为中国持续消除碘缺乏病事业做出了重要贡献。

关键词：碘缺乏病　食盐加碘　普及碘盐　保障食盐安全

背　景

碘缺乏病是由于自然环境中的水、土壤缺乏碘造成植物、粮食中碘含量偏低，使机体碘的摄入不足而导致的一系列损害。主要症状是地方性甲状腺肿大，地方性克汀病和地方性亚克汀病；造成孕妇流产、死胎、胎儿畸形、

[①] 中国盐业总公司（简称史盐）是国务院国资委监管的国有大型企业。公司成立于1950年，原名中国盐业公司，直属中央贸易部。2000年，中盐与国家轻工业局脱钩，开始向市场化企业转型。目前，中盐是全国食盐专营的生产经营主体，全国盐行业龙头企业和唯一中央企业，亚洲最大、世界第二盐业企业和国内重要的盐化工企业，位列中国500强企业和中国制造业200强企业。

早产等损害；尤其严重的是碘缺乏影响胎儿、婴幼儿大脑正常发育，造成不可逆转的智力低下。

碘缺乏病是世界性疾病，全球有 110 个国家共 16 亿人生活在缺碘地区，每年因缺碘造成 3 万死胎，新生儿智力和身体发育障碍 12 万人，地方性甲状腺肿 5.66 亿人，克汀病人 600 万以上，脑功能受损病人高达 3 亿。我国是世界上碘缺乏危害最严重的国家之一，原病区人口达 4.25 亿，约占世界病区人口的 40%，占亚洲病区人口的 60%。碘缺乏病是目前已知的导致人类智力损害的最主要原因，它关系到人口素质提高、民族繁荣和国家昌盛。碘缺乏危害已经被作为一个重要公共卫生问题来对待，引起了国际社会的广泛关注。

1993 年，国务院召开了"中国 2000 年实现消除碘缺乏病目标动员大会"，正式启动了《中国 2000 年消除碘缺乏病规划纲要》，全面推行以食盐加碘为主的综合防治措施。国务院于 1994 年决定对食盐实行专营，并先后颁布了《食盐加碘消除碘缺乏危害管理条例》和《食盐专营办法》，开始在全民中大力普及加碘食盐。

中国盐业总公司是盐行业唯一的中央企业，是全国食盐专营的经营主体。自 1994 年以来，中国盐业总公司不辱中央企业使命，引领行业企业认真履行食盐专营职责，以持续消除碘缺乏病为目标，以普及全国合格碘盐供应为己任，践行食品企业道德承诺，积极参与社会公益事业，为中国持续消除碘缺乏病事业做出了重要贡献。

责任行动

在国务院和各级政府的关怀重视下，中国盐业总公司与行业企业一道，认真履行社会责任，对提高合格碘盐的普及供应做了大量工作。

一、成功实施了加碘盐工程，为全国普及食用加碘盐奠定了生产基础

1996 年国家颁布了《食盐专营办法》，全国普及食用加碘盐，当时全国食盐总需求量约为 800 万吨，而在 1994 年，全国食盐加碘生产能力仅为 340 万吨，且工艺落后、设备陈旧，急需更新改造。为在 1996 年能在全国如期实现食盐全部加碘，中国盐业总公司在国家有关部委的领导支持下，于 1995 年组织盐行业启动实施了 800 万吨加碘盐项目，项目总投资为 10 亿元，由世界银行和国家开发银行提供贷款，中国盐业总公司承担统贷统还责任。加碘盐项目于 1995 年开始启动，2002 年通过国家验收。加碘盐项目的实施使我国的碘盐生产加工能力由 1994 年的 340 万吨提高到 2013 年的 1000 万吨以上，确保了全国加碘盐需求；通过技改、设备更新，提高了加碘盐产品质量，同时有力地推动了盐业科技进步，为全民普及碘盐供应发挥了重要作用。

二、建立健全了覆盖全国城乡的碘盐供应网络，碘盐普及率逐年提高

通过十几年的不懈努力，目前全国已经形成了从中盐总公司到各省、市（地）、县盐业公司的食盐专营经营体系。近几年来，中国盐业总公司组织行业认真贯彻国家发改委食盐流通现代化文件精神，建立了覆盖全国城乡的碘盐供应网络，致力于推进实现"分装集中化、销售网络化、流通配送化、经营连锁化、管理信息化"工作目标，全面提高碘盐普及率，保障合格碘盐的稳定供给。全国加碘食盐普及率逐年提高，由 1994 年的 345.68 万吨提高到 2008 年的 868.97 万吨。

三、建立质量保证体系，保证食盐质量安全

加碘食盐不同于普通调味品，关系到大众的健康和民族素质的提高，国家领导人曾做过多次批示。江泽民同志曾批示"像这类食品应予严加控制，因为它危及人民大众健康"，李岚清同志曾批示"卖缺碘盐应视同卖假药性质问题来处理"。

中国盐业总公司作为行业龙头企业，对盐行业的质量管理工作一直非常重视。一是加强行业内控体系建设，全国建立了国家、省级和企业三级碘盐

质量检测体系，从生产、批发到销售全过程严把质量关，设在中盐制盐工程研究院的全国盐产品检测中心定期对全国食盐进行抽样检测，保证市场供应的碘盐的安全放心。二是充分发挥中盐总公司全国盐业标准化技术委员会工作职能，组织制定国家标准和行业标准，引领行业健康稳定发展。三是践行食品企业道德承诺，主动接受社会监督。2009年6月2日，中国盐业总公司举行了"百家食品企业践行道德承诺网上行"活动，中盐总公司茆庆国总经理向社会承诺：中国盐业总公司作为盐行业唯一的中央企业，始终把保障食盐安全、奉献营养健康食盐作为对社会、对百姓最基本的责任和承诺。同时将自觉接受包括网民在内的消费者和全社会的监督，一定做到有诺必践，为推动企业道德建设和全社会的诚信建设，为保障国家食品安全做出应有的贡献。

四、加强对食用碘盐的宣传引导，增强大众的健康消费意识

食盐是国家专营产品，实行国家计划及价格管理。食盐产品的定价机制中不包含宣传推广费用，食盐这种专营产品的特殊运营机制决定了盐业企业不可能像其他市场化产品一样，在主要媒体花巨资进行宣传推广。十几年来，利用"5·15"碘缺乏病宣传活动日，中国盐业总公司组织盐业企业开展了形式多样、卓有成效的宣传推广活动，包括媒体宣传、社区宣传、学校课堂教育、在碘盐的包装袋上印刷宣传信息等，向大众传播碘盐健康方面的知识。2005年5月15日，中国盐业总公司与卫生部等十部委及西藏自治区人民政府共同主办了西藏会场碘缺乏病宣传活动，组织了一台大型公益活动文艺晚会，宣传碘缺乏病危害。2006年5月15日碘缺乏病宣传日，中国盐业总公司向海南、西藏、新疆、青海、甘肃五省（区）捐赠了带有碘缺乏病防治信息的小学生用作业本30多万册，让碘盐健康知识走进学校，走向千家万户。现在我们欣喜地看到，在多年的宣传下，食用合格碘盐已经成为绝大多数消费者的自觉行为。

五、积极应对各种突发事件，履行中央企业社会责任

食盐是组成生命的基本元素，而且是一种极其特殊的商品。自然界没有可替代品，人又不可一日无盐。这是其他商品所不具备的特征。正是食盐这种特殊性，使其成为民众十分关注的商品，成为直接影响民心安定、社会稳定的敏感性商品。历史证明，无论是时局动荡还是自然灾害，都可能引发食盐抢购风潮。

2003年"非典"期间，全国曾发生了大范围食盐抢购风潮，传播快、涉及面广，历史罕见。2008年的南方雨雪冰冻灾害、汶川特大地震期间，同样发生了食盐供应紧张的状况。2009年6月，浙江、福建地区因谣传爆发了食盐抢购风潮，引起了国务院领导的高度重视。每当遇到紧急和突发事件时，中国盐业总公司都充分发挥食盐专营体系优势，以保供应为第一要务，积极组织调度，不计企业得失，确保市场稳定。自实行食盐专营以来，中国盐业总公司负责组织落实国家食盐计划，在全国自然灾害及突发事件频发的情况下，全国未发生食盐脱销事件，为应急救灾、稳定市场做出了积极贡献。

六、积极参与社会公益事业，为社会奉献爱心

中国盐业总公司作为独立的经济实体，一方面，努力加快企业发展，不断提高企业综合实力；另一方面，围绕普及碘盐供应的社会责任，多次组织行业企业帮助并支援碘缺乏病地区以及受灾地区，为社会奉献爱心。

西藏自治区是碘盐普及的重点和难点地区，西藏因地广人稀，交通不便，碘盐运输成本高，碘盐配送网络建设不健全，以及贫困人口众多、廉价土盐资源丰富，公众对碘缺乏病的认识不足等因素，至今仍是我国受碘缺乏危害最严重的地区之一，碘盐普及工作一直处于全国末位。基于西藏的特殊状况，西藏自治区盐业公司靠经营盐的业务根本无法生存，常年依赖政府补贴。中国盐业总公司多次组织国际组织及盐业企业支援西藏，西藏碘盐普及工作逐渐走上了良性发展的轨道。一是多次向联合国儿童基金会申请对口支援西藏项目，提供运输车辆、加碘机械等相关支持，为企业业务开展打下了基础；二是组织行业企业提供资金支持及对口人员培训。2005年，组织全国33个盐业单位捐助了316万元支持西藏地区的碘盐网络建设；2006年，为西藏争取国家碘盐营销网络项目及牧民补贴资金3993万元，为西藏盐业建立健全碘盐供应体系提供了保障；2009年6月，组织北京、上海、天津等6省市为西藏盐业开展人员培训，为西藏盐业发展提供人才支持。

履责成效

中国盐业总公司长期以来一直致力于推动盐行业持续、稳定、健康发展。20世纪90年代以来，公司协助国家有关部门落实食盐专营，积极组织推进普及碘盐供应，建立起了规范的食盐生产销售网络体系，为我国实现消除碘缺乏病的目标，为中国盐业的发展做出了重要贡献。据统计，目前我国居民户碘盐覆盖率达到97.5%，远高于70%左右的全球平均水平。同时，我国碘缺乏病得到了有效控制，儿童甲状腺肿大发病率由1995年的20.8%下降至目前的5%以下，全国儿童智商平均水平也达到103.5，比实行食盐专营制度前提高了10多个智商点。我国在食盐加碘、消除碘缺乏病上的努力和成就，得到了有关国际组织的高度评价，被称为"世界的典范"、"里程碑性的成就"。中国盐业总公司也荣获了联合国"全球儿童事业贡献奖"，联合国儿童基金会、原外经贸部"1996~2000年技术合作项目贡献奖"。

结　语

作为中国食盐专营的经营主体，中国盐业总公司一直把"保证碘盐供应，消除碘缺乏病"作为企业的神圣职责。公司将秉持"情系万家，中盐如盐"的社会责任理念，时刻牢记作为关系国计民生的中央企业的政治使命和社会责任，认真贯彻落实科学发展观，勤勉履职，加快发展，回报社会，造福大众。

保市场供应　促物价稳定

中国华孚贸易发展集团公司 [①]

摘　要：做好储备管理工作是储备管理型中央企业的本质责任。华孚集团作为中央储备肉和储备糖的操作和日常管理单位，"十一五"期间，较好完成了中央储备肉和储备糖在应急保供、稳定物价、促进和谐、维护稳定等国家调控政策的组织落实工作，充分体现了储备管理型中央企业的社会责任。

关键词：储备　保供　稳价　社会责任

背　景

肉类和食糖是关系国计民生的重要商品，直接关系到人民群众的基本生活以及社会的和谐稳定，党中央、国务院历来高度重视，早在 1961 年商业部就建立了食糖储备制度，我国在 1979 年和 1991 年分别建立了国家猪肉储备及国家食糖储备制度，储备规模不断扩大，并逐步建立和形成了以市场化公开操作为基本主体，收储与投放相结合、应急与维稳相结合、国内调控与

①　中国华孚贸易发展集团公司成立于 1999 年，是国务院国资委监管的大型商贸企业集团，注册资本 13.34 亿元，主要承担中央储备糖、中央储备肉的管理和具体操作实施等政策性业务，同时经营食糖、肉类、菜蔬、酒类等副食品的生产加工、批发、零售、进出口、物流、工程设计及承包、食品检测及研发、连锁商场、全国糖酒会、广告等。

进出口相结合的新的储备操作机制。

华孚集团作为中央储备肉糖的操作和日常管理单位，成立至今，一直以做好储备工作为重点，不断强化制度建设、规范操作程序、防范储备风险、加强直属库建设、完善直属库体系，积极建言献策，确保了中央储备在应对重大自然灾害或其他突发事件时能够保障特定地区市场供应；在价格暴涨暴跌时，通过"收储、投放、进口"等手段来稳定市场价格，达到平衡市场供需、维护消费者和农民利益、促进行业健康平稳发展的目的；实现"储得进、管得好、调得动、用得上"的储备总体目标。

责任行动

华孚集团在"十一五"期间全面履行了储备管理型中央企业的本质社会责任，保证肉、糖的市场供应和价格稳定。

一、中央储备肉、储备糖调控稳价

"十一五"期间，中央储备糖、储备肉调控效果明显，基本实现了国内食糖、肉类市场供求平衡和价格在可控范围内波动。

（一）抑制价格过快下跌，启动收储，保护养殖户、糖农及相关企业利益，维护民族、边疆地区和谐稳定

（1）收储国产白砂糖，保护糖农和相关企业利益。2007~2009年，国内食糖市场出现阶段性供大于求，糖价大幅度下跌，经国务院及相关部委批准，华孚集团及时分批启动共计190万吨国产糖收储计划，实际成交收储入库112.34万吨。据估算，本轮国产糖收储使全国蔗农和制糖业累计增加收入超过90亿元，其中蔗农累计增加收入超过54亿元。到2011年，全国制糖业已连续12年盈利。

（2）收储国产冻猪肉，保护养殖户利益。2009年初，受生猪生产周期和金融危机影响以及甲型H1N1流感助推，我国生猪和猪肉价格连续大幅下

跌。至 5 月 27 日，全国生猪平均价格为 9.75 元/千克，至此，年内累计跌幅达 28.26%；猪粮比价降低到 5.87:1，并连续 4 周低于《防止生猪价格过度下跌调控预案（暂行）》设定的猪粮比价 6:1 的生产盈亏平衡预警点。养殖户普遍亏损，出现了大量宰杀母猪或恐慌性集中、大量出栏现象。华孚集团按立即行动，加班加点，确保首批 12 万吨国产冻猪肉收储计划于 6 月 13 日顺利完成，实际入库 11.4 万吨。通过收储，生猪价格在较短时间内得到稳定并逐步回升，保护和调动了农民的养猪积极性，增加了农民收入。8 月 21日，国家有关部门召开收储工作总结会议，各与会方一致认为，生猪价格较收储前一周平均价格上升了 20%。

据统计，中央储备肉 2009 年、2010 年累计启动收储国产冻猪肉计划 29万吨，实际入库 28.2 万吨。据测算，两年国产冻猪肉收储使全国养猪农户和企业累计增加收入超过 450 亿元，受到了广大生猪养殖户和企业的一致好评。

需要特别指出的是，我国糖料主产区和主要牛羊畜牧业、部分生猪养殖户分布在少数民族聚居的边疆地区、贫困地区，维持食糖、肉类价格在合理范围内波动，既有利于保护畜牧养殖户的正当利益，也有利于维护民族地区、边疆地区的和谐稳定，也是贯彻落实党中央、国务院有关"三农"政策的必然要求。

（二）抑制价格过快上涨，适时投放储备满足消费需求，维护广大消费者利益

（1）投放中央储备肉，维护广大消费者利益。人们一定不会忘记 2007年 5 月到 2008 年 5 月国内猪肉价格暴涨。2011 年，受 2010 年养猪亏损及疫病等因素的影响，我国猪肉价格再次出现大幅上涨并屡创新高，成为居民消费价格指数（CPI）上涨的主要推手，肉价高、吃肉难一时成为我国社会生活中的热点问题之一，一度"中国的物价，猪说了算"成为网络流行语。

据国家发改委公布的数据，2011 年 1 月 5 日，全国生猪平均出栏价格13.90 元/千克，猪粮比价 6.56:1，截至 2011 年 7 月 6 日，猪粮比价达到最高

的 8.53:1，累计涨幅达 30.03%；9 月 7 日，全国生猪平均出栏价格达到最高点 20.21 元/千克，累计涨幅达 45.4%。国家统计局发布公告，7 月 CPI 同比上涨 6.5%，创下 37 个月以来新高。其中，猪肉价格上涨了 56.7%，影响价格总水平上涨约 1.46 个百分点。

这一突出问题不仅百姓关心、经济学家热议，更是深深牵动了党中央、国务院领导的心，多次指示要保持肉类市场稳定，使广大群众特别是中低收入群众的生活不因物价变动而受到较大影响。

华孚集团按照国务院和国家有关部委的要求，以多种方式、多个批次及时组织投放中央储备冻猪肉，有效缓解了价格快速上涨势头，达到了预期的调控目标，对维护社会稳定，促进社会和谐发挥了积极作用。主要采取了以下措施：①对部分在库的储备肉及时进行轮换，为应对下半年猪肉价格高涨作准备。②加大投放力度。2012 年，全年分批向国内市场投放中央储备活畜合计 18 万吨；7~12 月分批向国内市场投放中央储备冻猪肉合计 11.5 万吨。③专项紧急进口冻猪肉补充中央储备，增加国内市场供应。

（2）适时投放中央储备糖，维护广大消费者利益。由于受生产周期性波动、气候和自然灾害等多种因素的影响，2009 年底、2010 年、2011 年，国内食糖市场供应偏紧、价格大幅上涨，按照国务院及相关部委要求，华孚集团连续 17 次组织投放中央储备糖共计 357 万吨，次数之多、数量之大前所未有，有效保证了居民吃糖不断档，工业用糖不断供，消除了可能因为价格过度上涨造成社会消费紧张乃至影响社会安定的因素，使国内食糖价格在 2011 年 8 月冲高后开始回落。

二、应对重大自然灾害，保障肉类供应和市场稳定

近年来，国内异常天气导致自然灾害增多，党中央、国务院以及相关部委多次安排部署投放中央储备肉专项用于应急救灾。由于中央储备肉品质好、价格合理，受到了广大灾区群众的热烈欢迎，有效缓解了当地肉品供应紧张的局面，为帮助受灾地区更快更好地恢复正常生产生活秩序发挥了积极作用。为按时、保质、保量完成中央储备肉出库、调运及投放任务，华孚集团在灾情发生后，积极配合政府有关部门密切关注灾区市场动态，积极建言献策，及时与受灾地区商务主管部门和财政部驻当地财政专员办事处以及相关企业进行沟通协调，对中央储备肉投放全过程加强监督指导以及服务，圆满完成了历次应急救灾投放任务。

2006 年 1 月，新疆阿勒泰、伊犁地区发生暴雪，紧急动用中央储备活畜 200 吨、冻牛肉 200 吨投放新疆市场。

2007 年 3 月，辽宁发生暴雪，紧急动用中央储备活畜 500 吨投放当地市场。

2007 年 7 月，湖北、江西地区发生洪水，紧急动用中央储备冻肉 700 吨。

2008 年 2 月，南方地区遭遇冰冻雨雪灾害，交通受阻，猪肉调运困难，供应紧张，价格上涨，紧急向江苏、云南、贵州、安徽等地投放 1280 吨中央储备活畜。

2008 年 6 月，四川汶川"5·12"特大地震，紧急投放中央储备冻猪肉 3223 吨。

2010 年 7 月，向青海地震灾区紧急投放 100 吨中央储备冻羊肉。

2011 年 1 月，向青海玉树灾区紧急投放 450 吨中央储备冻肉（猪肉 100 吨、胴体羊 200 吨、牦牛肉 150 吨）。

2010 年，云南、广西、贵州等少数民族地区相继出现大旱，根据国家相关部委要求，华孚集团及时启动猪肉定向收储计划。定向收储不仅稳定了物价，更有效保护了灾区养殖生猪的农民的利益。

三、应对突发事件，投放中央储备肉，保障肉类供应，促进民族团结和社会稳定

西藏拉萨 2008 年 3 月 14 日发生了打砸抢烧的非法事件，新疆乌鲁木齐 2009 年 7 月 5 日发生了打砸抢烧严重暴力犯罪事件，造成这些地区的部分商业设施受损，一些批发市场、农贸市场、商店一度停业，肉类市场供应紧张，致使牛羊肉市场价格出现暴涨，直接影响了当地居民的基本生活。为保证肉类市场供应，维护边疆地区社会安定，集团按照国家有关部门要求，立即动用储备冻牦牛肉 150 吨投放拉萨市场，储备冻牛羊肉 1300 吨投放乌鲁木齐市场。在事件发生地区社会秩序尚未完全稳定，商业网点尚未全面恢复营业时，国家储备肉各投放销售点悬挂横幅，开门营业，以略低于市场价的价格公开挂牌销售，不仅有效地增加了这些地区的肉类供应量，满足了民族地区的肉食需求，还为尽快恢复拉萨、乌鲁木齐地区的安定局面提供了有效的物质保障，为促进民族团结、社会稳定做出了积极的贡献。

四、保障节日和重大活动期间肉类供应和价格稳定

中央储备肉犹如"蓄水池"，在重大活动或节假日期间，如元旦、春节、中秋、国庆，每年的两会以及 2008 年北京奥运会、2010 年上海世博会，中央储备肉都及时出库投放市场，防止肉类供应脱销断档，保证了肉类市场的稳定。特别是在节日期间，会安排中央储备牛羊肉投放新疆等少数民族地区，以满足当地群众的肉类消费需求，促进民族团结和社会稳定。

履责成效

"十一五"期间，中央储备糖累计入库 353.34 万吨，其中国产糖 112.34 万吨，进口糖 241 万吨；向市场投放储备糖 23 次，累计 346.82 万吨，比"十五"期间增长 70%，占全国同期食糖总消费量的 5.45%。中央储备肉累计入库（栏）129.23 万吨，其中活畜储备 86.33 万吨，冻猪肉 40.2 万吨，冻牛羊肉 2.7 万吨；累计出库（栏）116.99 万吨，其中活畜 80.59 万吨，冻猪肉 34.5 万吨，冻牛羊肉 1.9 万吨。中央储备糖投放、国产糖和国产冻肉收储全部实现电子竞价交易，中央储备商品收储和投放更加公平、公开、公正、高效，增强了宏观调控的影响力和带动力，节约了财政开支。实现了账账相符、账实相符、质量合格、储存安全的目标，连年实现了"操作零风险"。

结　语

多年来，华孚集团按照部门的要求，通过具体组织实施中央储备肉和储备糖的调控和应急救灾工作，切实履行了储备管理型中央企业的社会责任。今后，将继续按照国务院及相关部委的要求，围绕储备开展工作，落实储备相关任务，夯实储备管理基础，防范储备管理风险，提高储备管理水平，发挥储备调节功能，实现储备既定目标，履行储备社会责任。

讲公德、守法规、重质量，拒绝"瘦身"钢筋

新兴际华集团有限公司[①]

摘　要：新兴际华集团有限公司的核心企业新兴铸管股份有限公司，[②]通过实施"质量兴企"战略，十数载磨一剑，打造出了在国内市场乃至国际市场驰名的"新兴"品牌。公司视质量为企业应承担的最基本、最直接的社会责任，面对全国瞩目的"瘦身"钢筋事件，公司坚决拒绝"瘦身"钢筋，不断增强员工的质量法制观念、落实质量责任制、夯实基础管理，从严要求，维护了客户权益，树立了负责任的品牌形象。

关键词："瘦身"钢筋　产品质量　品牌价值

---

① 新兴际华集团有限公司，前身为新兴铸管集团，由解放军总后勤部原生产部及所辖军需企事业单位整编重组脱钩而来，是集资产管理、资本运营和生产经营于一体的大型国有独资公司，世界 500 强企业。现有员工约 8 万人，资金规模近 700 亿元，资产负债率 50% 左右；员工总量、国资规模、营业收入和利润总额居中央企业阵营前 40~50 位。

② 新兴铸管股份有限公司是新兴际华集团有限公司的核心企业，由新兴际华集团有限公司（原新兴铸管集团有限公司）独家发起募集设立，前身为始建于 1971 年的三线军队钢铁厂，1997 年发行上市。现已发展成为年产 1000 万吨以上金属制品的综合加工企业，形成新兴铸管、新兴钢材、新兴特种钢管、新兴格板、新兴铸件、新兴复合吨钢格板的生产规模。其中离心球墨铸铁管生产、技术、质量居世界领先水平，产品生产规模居世界前茅。

背　景

2010 年 9 月，西安发生了全国瞩目的"瘦身"钢筋事件，引发了人们对建筑质量的担忧。建筑用钢筋是新兴铸管股份有限公司的主导产品之一，用于钢筋混凝土结构。在国家经济迅速发展的情况下钢筋的产量不断攀升，为钢筋生产企业带来了丰厚的利润，有力地促进了企业的发展和壮大。由于我国在社会主义市场经济发展过程中，存在企业的法制观念不强、法规不完善及监督不到位等问题，因而在生产、市场销售及建筑施工环节出现了一系列问题，"瘦身"钢筋即是较为典型的问题之一。事实上不仅存在钢筋拉细问题，也存在钢筋生产企业为追求利润而生产负偏差超国家标准的钢筋问题。回溯至 2001 年底，钢筋市场及建筑市场均处于低迷的状态，在这种情况下钢筋生产企业出于盈利压力开始迎合中间商的要求，对钢筋采取负偏差轧制。由于负偏差轧制、按理论重量销售的缘故为企业带来了可观的利润，远比企业通过内部挖潜降低成本容易得多，因此中小企业甚至个别大型企业不顾国家标准的要求，生产负偏差远超标准的钢筋，小规格钢筋的负偏差超标准甚至达 5%之多，全然不顾可能对建筑质量造成的隐患，无视社会公德、法规和企业应承担的社会责任。通过生产"瘦身"钢筋攫取高额利润，逐渐演变为行业的潜规则，造成的隐患极大。

责任行动

2001 年，新兴铸管股份有限公司上市仅仅四年时间，股东、员工都对企业盈利有着较高的期望。面对市场负公差轧制盛行带来的竞争压力，公司管理层必须做出抉择。销售部门根据市场调研情况，主张大负偏差轧制，并对利润增加情况进行了预测；质量监督部门坚持不能超标轧制；生产部门提出了稳定保持钢筋负偏差面临的困难。针对质量监督部门提出的国家质量监督部门抽查不合格的风险，有人甚至提出了将负偏差轧制增加的利润拿出一部分作为罚款准备金的建议。最后，时任公司副总经理的刘明忠拍板：我们要秉承新兴铸管"老老实实做人，认认真真做事"的作风，本着为用户负责任的原则，钢筋要负公差轧制但绝不允许超过国家标准，绝不能为眼前利益损坏了新兴铸管的品牌形象。

一、"严"字当头，相关标准和控制要求起点高

公司质量监督部制定、下发了《关于控制螺纹钢负公差轧制精度 满足顾客需求的通知》，明确了控制要求、措施和考核办法。主要内容是：①规定不接对负偏差要求过大、超标的订单。②规定了较高的负偏差目标，要求有较高的尺寸精度。③规定对负偏差超标的钢筋予以判废。当时为数不少的员工表示不理解，在这些终日与钢筋打交道的人们眼中，仅负偏差不合格但物理性能合格的钢筋是"好钢"，判为废品太可惜了。经过讨论，最终管理部门从"从严要求"的原则出发，坚持了负偏差超标即判废。该《通知》的发布，规范了生产、质检和销售等各部门的行为，有利于各司其职为客户提供质量优良的产品。通过十余年的实践，公司不断完善钢筋负公差控制相关文件，确保了为客户提供负偏差稳定合格的钢筋。

二、实施有效的工艺和管理措施

要实现由不对负偏差进行特别控制（符合标准即可）转变为生产负偏差稳定合格的钢筋，当时面临着不少困难。当时的工装设备及人员能力有限，特别是人员的意识和操作习惯都有待转变。为此，新兴铸管人发扬了"严实细精"的工作作风，采取了一系列的工艺和管理措施，主要有：轧钢部对各道次孔型进行了优化设计，加强了炉温控制并增加检查调整频次确保炉温稳定，主动和公司计量部门沟通改造磅称显示系统，使操作人员能及时掌握钢筋负偏差情况以利于调整，制定考核办法奖优罚劣。炼钢部优化了钢的成分控制，并强化精炼措施保证成分的均匀性。计量管理部门增加对钢筋工艺磅

称的校验频次确保准确性。

三、严格监督检查，奖优罚劣

为保证钢筋负偏差稳定合格，生产单位和质量管理部门严格监督检查，主要是：①测定和记录每批钢筋的钢负偏差量。②利用计算机辅助管理系统，统计分析每捆钢筋的负偏差量，给考核提供依据。③对入库的钢筋进行随机抽查，发现问题及时纠正。

履责成效

新兴铸管股份有限公司以承担社会责任为己任，坚决抵制"瘦身"钢筋的诱惑，十数年如一日，紧守道德底线，未生产、销售过一寸"瘦身"钢筋。据测算，若按增加2%的负公差的话，十年的时间至少可增收近数千万元。从少实现这么多利润来看好像很划不来，但是严格按标准生产使钢筋质量稳定、可靠，因而得到了顾客、政府有关机构等多方面的认可，培养了一大批忠诚客户，新兴铸管品牌的无形价值进一步提升，具体表现在以下几个方面：

（1）品牌价值进一步提升。新兴（铸管）以27.86亿元品牌价值，名列世界品牌实验室（第六届）"中国500最具价值品牌排行榜"第294位，在河北省入选企业中位列第四。公司"新兴"商标被认定为"中国驰名商标"。

（2）先后荣获国家免检产品、冶金产品实物质量金杯奖、全国用户满意产品、河北省名牌、河北省用户满意产品和冶金行业品质卓越产品称号等多项荣誉，产品质量得到了国家主管部门及行业协会的认可，更得到了市场与广大用户的认可。

（3）培育了一大批忠诚客户。在华北、华东及华中等公司产品的主要销售地区，建筑业主或主管部门普遍将新兴铸管钢筋确定为指定产品，非新兴铸管的钢筋不用。这些忠诚客户关心、爱护新兴铸管品牌，经常对如何维护新兴铸管品牌形象、提升品牌价值建言献策，这对新兴铸管股份有限公司来说无疑是一笔宝贵的财富，也更加激励着我们在以后的工作中积极履行自己的社会责任，为国家和客户做出更多的贡献。

结　语

在市场经济中，产品质量是企业赖以生存与发展的生命线，是企业核心竞争力的体现，同时也是履行社会责任的重要内涵。在多年的发展过程中，新兴铸管股份公司始终坚持以人为本，和谐发展，在追求企业经济效益的同时，始终践行质量是企业生命的理念，深知产品质量是百年大计，事关人民生命财产的安全与社会稳定，自觉地把履行社会责任的要求融入发展战略、生产经营活动中，讲公德、守法规、重质量，得到了广大员工的拥护和社会各界的一致肯定。

未来十年，是实现公司愿景规划目标的关键时期，新兴铸管股份有限公司将致力于服务中国的工业化发展和城市化进程，打造成世界一流的管业和制造用钢基地，成为最具影响力的管道和优特钢优质供应商。在持续发展的同时，新兴铸管股份有限公司将继续以承担社会责任为己任，"铸天地正气，管人间暖凉"，不断向社会各界奉献优质的产品和服务。

生态造梦　文化造城

华侨城集团公司 [①]

摘　要：旅游是华侨城集团最具社会影响力的主营业务。在新的形势下，华侨城创造性地打造了东部华侨城这一生态旅游项目，通过"生态造梦，文化造城"的方式，实现了生态可持续、经济可持续、社会可持续的生态之梦，实现了人与自然和谐共处，东方与西方相结合，现代和传统相结合，演出与景点相结合，旅游文化与佛教文化创新结合，从而实现了旅游产业一次成功的"转型升级"。

关键词：旅游产业　可持续发展　转型升级

背　景

落实科学发展观，建设资源节约型、环境友好型社会，是中共十七大对全党、全国人民提出的指导思想和中心任务，其基本要义是全面协调可持续发展。国家旅游局也提出"扩大产业规模，提升产业素质，发挥产业功能"

---

① 华侨城集团成立于1985年11月11日，拥有旅游及相关文化产业经营、房地产及酒店开发经营、电子及配套包装产品制造三项核心业务，包括康佳、锦绣中华、世界之窗、欢乐谷连锁、波托菲诺、茵特拉根小镇、华侨城大酒店、威尼斯酒店、城市客栈等著名品牌。2009年11月，华侨城主营业务实现整体上市。集团总资产近1000亿元，年销售收入过400亿元。

的总体要求和旅游业"转型升级"的发展战略。

东部华侨城，位于中国深圳大梅沙，占地近 9 平方公里，是华侨城集团斥资 35 亿元精心打造的国家生态旅游示范区和世界级度假旅游目的地。数年前，当深圳市政府把三洲田近 9 平方公里的开发权交给华侨城时，引来了无数关注的目光，目光里有期待也有疑虑。这块紧邻都市的稀罕宝地，是深圳天然的氧吧和原生态后花园。华侨城能否在保护与开发间的钢丝上跳出最美的舞蹈，为深圳山海休闲度假旅游闯出一条新路？

责任行动

东部华侨城集两个主题公园、三座旅游小镇、四家度假酒店、两座 18 洞山地球场、大华兴寺和天麓地产等项目于一体，打造"国家生态旅游示范区"之路可以概括为八个字：生态造梦，文化造城。

一、生态造梦

作为一个有强烈社会责任感的企业，东部华侨城秉承了华侨城 20 余年的发展理念，在生态保护方面交出了一份合格答卷。在开发建设过程中，前瞻性地将"在保护中开发，在利用中发展"的原则贯穿于规划、设计、建设和运营始终，去繁就简、因山就势、资源共享、集约用地，突出整体性、和谐性、前瞻性、包容性、权威性和可操作性，构建了一个完整的园区循环经济系统，实现了生态可持续、经济可持续、社会可持续的生态之梦。

东部华侨城在旅游产品创新的理论和实践上实现了一种战略性突破。这种创新理念和突破可概括为四大战略突破、三项基本原则和八大生态环保亮点。

（一）四大战略突破

开发理念上，从粗放式开发向可持续发展的突破。

产业形态上，从做单个旅游项目向打造旅游聚集区的突破。

旅游方式上，从单一的旅游方式向复合型旅游方式的突破。

文化创新上，从单元文化到多元文化集成的突破。

（二）三项基本原则

在项目规划时，尽量不扰动山、水、植被。

在开发建设时，加强对山、水、植被的保护。

在产品选择时，充分利用无污染、可循环的产品。

（三）八大生态环保亮点

亮点一：绿色能源利用系统。

采用了风能、太阳能和沼气等绿色能源利用项目。云中风车总发电功率2000千瓦，年可发电200多万千瓦时，采取10千伏电压并网，有效利用得天独厚的风力资源补充景区用电，成为国内首座近万平方米的旅游景观风力发电站群；利用太阳热能为景区监控系统每天24小时不间断供电，每年可节约用电量140万千瓦时；茶溪谷马场沼气池每年产气量约为7300千克，减少温室气体排放量6万立方米，云海谷沼气站预计年产沼气约6万立方米，相当于3万千克液化石油气。

亮点二：节能系统。

充分利用空调余热制热、空气热源泵等节能环保制热技术或设施，经系统高效集热处理后用于酒店、水疗等项目的热水热源，提高了系统的节能环保水平和集热效率；同时采用T系列荧光灯、节能灯、LVD灯等节能灯，总体能达到节能30%~50%的理想效果。

亮点三：节水系统。

打造了9个人工湖、10个分散式污水处理站，每日可进行3500立方米的污水处理量，分解后的水作为中水循环用于景区植物的灌溉，实现了水质的回收、再净化、再利用。茵特拉根酒店采用的节水型坐便器，全部冲洗过程不到5秒钟。每次冲洗用水量仅为4.2升，每年节水208.8万升。

亮点四：动态平衡的生态系统。

在建设中高度重视生态平衡，一方面使生物种类的组成和数量比例相对稳定、使非生物环境保持相对稳定，另一方面使新建的动态生态系统与原生态系统和谐一致。湿地花园已建设 11 万平方米集雨水净化、环境景观和科普教育三种功能于一体的人工湿地，采用国际最新的三级水质处理技术，具有强大的生态净化功能，能维护生态安全、保护生物多样性，成为中国最具景观效果的大型湿地。

亮点五：绿色经营管理系统。

东部华侨城正在全力建立环保化经营准入机制、个性节约化管理机制，打造了绿色交通系统，提供绿色巴士、电瓶车、老爷车、专用球车等内部交通工具，创意设计丛林缆车、森林小火车、云海索道等环保交通方式；绿色办公系统，所有办公用品均使用再生纸制成，垃圾实行分类收集和处理，生活垃圾通过加工变成生态肥料；绿色经营系统，外部景观与内部绿色酒店建筑相结合的大峡谷瀑布是一个绿色经营的典范，同时制定景区内的生态环保制度和行为规范，引导游客的环保行为，使景区进入资源节约型、环境友好型的良性运作循环。

亮点六：生态科普基地。

茶溪谷湿地花园就是一个以花海景观为载体、以大地艺术展示为特色，集观光、科普教育、户外游乐和特色运动于一体的湿地山野体验区，打造了湿地廊桥科普馆、四季植物馆、人工湿地等科普和示范站点；方圆 1 平方公里的茶山林海，空气中蕴涵大量的负离子；正在建设中的气象站和环境监测站也将成为一个科普站点。

亮点七：水土保持及边坡治理工程。

坚持水土保持设施与主体工程同时设计、同时施工、同时投产使用的原则，将水土保持与水源保护、植被保护相结合，把水土流失危害降到最低程度，这些措施大大降低了自然灾害的破坏力，维护了生态平衡。

亮点八：引领绿色生活新风尚。

东部华侨城倡导绿色生活方式，它是一种有利于环境保护的生活方式，也是生态文明最坚实的根基。东部华侨城致力于宣传环保理念，在食、住、行、游、购、娱等各个方面，引导可持续的绿色消费观。

二、文化造城

在文化强国之梦的大环境下，融入生态环境中的文化让东部华侨城拥有了无穷的魅力。从项目的整体规划，到每一个细节的具体实施，无不体现了东部华侨城独特的文化理念。

（一）人与自然和谐共处的生态文化

东部华侨城的每一处生态建筑，都有自己的文化内涵和使命；设计者的每一个文化理念，都有一个生态化的实施手段。"生态其外，文化其中"是东部华侨城所有景点的共同特色，充分体现了缔造者"生态资源合理循环利用，人与自然和谐共处"的设计理念。大峡谷生态、科普、娱乐创新结合的文化体验，茶溪谷绿的世界、花的世界、中西文化交融的世界、休闲度假的世界，云海谷休闲健身、生态探险、时尚运动的户外运动旅游文化，无不体现了人与自然和谐共处的生态文化。

（二）东方与西方相结合的集成文化

集成世界各地文化细节，是东部华侨城的一大特色，茶溪谷里有体现中国文化的茶翁古镇和纯欧洲风情的茵特拉根小镇。茶翁古镇是茶文化鉴赏区和中心服务区，也是环境幽雅的游客休憩区，游客可以品茶餐、尝茶点、吃土菜、观茶戏、饮茶酒，深入了解茶禅文化，还可以在茶艺坊、茶酒坊、陶艺坊亲身体验采茶、制茶、做陶的乐趣；茵特拉根小镇撷取欧洲瑞士茵特拉根的建筑、赛马特的花卉、谢菲尔德的彩绘等多种题材和元素，实现了中欧山地建筑风格与优美自然景观的完美结合。东方茶翁古镇和西方茵特拉根小镇的结合，丰富了游客的旅游体验，它们不仅是东西方建筑文化的结合，更是东西方生活方式的交流和融合。

（三）传统与现代相结合的旅游文化

东部华侨城的几百个景点之间，有着非常大的文化跨度。从表达远古图腾文化的巨石广场到代表现代时尚的户外运动，从古意盎然的采茶到激情漂流，从古朴的茶翁古镇到时尚的茵特拉根小镇，从体现茶禅文化的《天禅》晚会到精彩纷呈的《茵特拉根大巡游》，这种传统与现代的结合，成为东部华侨城的一条重要旅游线索。

（四）演出与景点相结合的演艺文化

在华侨城演艺文化的基础上，打造了一系列精彩纷呈的艺术表演，大型多媒体交响音画晚会《天禅》、亚洲首部海陆空跨界多媒体奇幻水秀《天机》、编钟奏响的天籁之音《天音》、飘荡在湖面的美丽声音《音乐之声》和音乐舞蹈诗《东方魂》，还有《岁月如歌》、《水上音乐厅》、《茵特拉根大巡游》等精品演出节目，为游客带来视觉震撼和艺术享受，完美演绎了东部华侨城演出与景点相结合的演艺文化，提高了旅游产品的市场竞争力。同时，东部华侨城还承办了中央电视台 2007 年春节歌舞晚会，2007 年首届亚洲青年艺术节，第三届、第四届文博会，2009 年 CCTV-6 元旦特别节目等大型文化活动以及作为电视剧《一起去看流星雨》、电影《乐火男孩》、《爱要向前冲》等的外景拍摄地。

（五）旅游文化与佛教文化的创新结合

"大华兴寺"是旅游文化与佛教文化结合的经典之作，巧妙地融合了以天禅为主题，自在自然的旅游项目开发理念及三洲田观音坐莲山的地方遗典，生动地表述了观世音菩萨现世的经典故事及东部华侨城的旅游主题精髓。涵盖了中国首座四面"四面观音"佛像、妙像禅境、逍遥集市等旅游观光景点，量身打造的佛教音乐精品——大型编钟歌舞剧《天音》，将让游客们在休闲旅游之地感悟修身养性的真谛。

"人与自然和谐共处，东方与西方相结合，现代和传统相结合，演出与景点相结合，旅游文化与佛教文化创新结合"深刻地揭示了东部华侨城的魅力密码，这也是贯穿景区规划过程和建设过程的线索。

履责成效

经过五年的规划建设，东部华侨城在发展生态旅游上走出了一条新路，被国家环境保护部和国家旅游局联合授予首个"国家生态旅游示范区"称号，并先后获得"深圳市循环经济标兵单位"、"首届亚洲青年艺术节金奖"、"中国最佳球场质量奖"、"全球酒店五星金钻奖"等多项荣誉。

国家旅游局邵琪伟局长在视察东部华侨城时说："东部华侨城无论在项目规划、产品创新，还是生态环境保护上都起到了非常好的示范作用，授予东部华侨城'国家生态旅游示范区'称号，实至名归。"

国家环境保护部吴晓青副部长赞誉："东部华侨城不仅是一个旅游项目，更是国家生态环境保护的示范项目。东部华侨城不仅为中国旅游业贡献了一个不可多得的精品，更为国家生态环保树立了一个全新的典范！"

时任国资委主任的李荣融称赞华侨城打破了主题公园基本由外国统治的局面，在主题公园领域拥有了自己的话语权，成功树立了中国特色与世界文化融合的典范。

结 语

源自精品意识的坚持和创新理念的突破，东部华侨城秉承"高起点规划、高水平建设"的宗旨，倾力打造一个"寓创新于规划，以细节求完美"的旅游精品。东部华侨城作为一种新的旅游产品结构的探索，一种新的度假生活体验的创造，在生态旅游的规划、建设和管理中，开创了一种开发与保护并重的模式，实践了一种生态管理机制，在发展生态旅游之路上仅仅迈出了第一步。今后，东部华侨城将进一步贯彻落实科学发展观，开发生态旅游新亮点，完善生态旅游管理标准和规范，不断开创生态旅游新局面。

第三章 | **以人为本筑平安**

"五自"管理帮助农民工成就"家国梦"

中国铁路工程总公司①

摘　要：中国中铁秉承以人为本的发展理念，不断加强农民工工作，在积极探索农民工与职工同管理、同学习、同劳动、同报酬、同生活的"五同"管理基础上，注重引导农民工向"自我民主管理、自我培训教育、自我竞赛争先、自我权益维护、自我生活娱乐"的"五自"方向发展，每年为180万农民工提供就业岗位，大力推进农民工向新型产业工人转变，在帮助农民工成长进步、成就梦想等方面进行了积极有益的探索。

关键词：农民工　"五自"管理　家国梦

中国中铁是我国特大型骨干建筑企业，是全球最大的建筑工程承包商，每年约有180多万农民工活跃在企业施工生产一线岗位，已经成为推动企业发展的有生力量。这些年来，我们与农民工的关系经历了三个阶段：开始农

---

① 中国铁路工程总公司（简称中国中铁）组建于1989年7月。2007年9月12日，中国铁路工程总公司独家发起设立中国中铁股份有限公司，并于2007年12月3日和12月7日，分别在上海证券交易所和香港联合交易所挂牌上市。中国中铁股份有限公司是中国铁路工程总公司经营业务的运营主体，是集勘察设计、施工安装、房地产开发、工业制造、科研咨询、工程监理、资本经营、金融信托和外经外贸于一体的多功能、特大型企业集团。2012年排名世界企业500强第112位，排名全球225家最大承包商第39位，在中国企业500强中排名第12位。

民工离不开我们，后来我们和农民工谁也离不开谁，现在我们离不开农民工。我们充分认识到，农民工工作关系国家建设、社会稳定、人民利益，更关系到企业发展和稳定。做好农民工工作既是中央企业履行社会责任的需要，也是推动企业全面协调可持续发展的需要，更是促进社会实现成功转型的需要。

——中国铁路工程总公司董事长　李长进

背　景

农民工是我国改革开放和工业化、城镇化进程中涌现的一支新型劳动大军，以其与现代化大生产相联系、以工资为主要生活来源这两大基本特征，已经成为当代工人阶级新的重要组成部分，成为全面建设小康社会、推进现代化建设的重要力量，对我国现代化建设做出了重大贡献。近年来，党中央、国务院高度重视农民工工作，专门颁布《国务院关于解决农民工问题的若干意见》（国发［2006］5号）等一系列重要文件，在促进农民工就业、加强农民工培训、维护农民工权益等多个方面提出明确要求。

2012年底全国农民工总量达到2.6亿。随着我国工业化、城镇化进程的不断加快，还将有数以亿计的农民继续快速加入这一群体。今后10年，是规模庞大的农民工群体实现向现代产业工人转化的不可逾越的关键转型期。然而，农民工与现代产业工人的要求相比，在理想信念、文化程度、集体主义意识、职业技能，特别是对现代产业工人身份的认同等方面，还存在着一定差距。因此，促进农民工转化为与社会化大生产相适应的有理想、有组织、有纪律、有文化、有技能的新型产业工人，从而朝着"最有觉悟、最有远见、最富有革命的彻底性、组织纪律性最强"的目标迈进，是一个重要而紧迫的社会问题。

责任行动

作为我国最大建筑企业的中国铁路工程总公司（以下简称中国中铁），每年雇用农民工超过180万人，几乎是正式职工的7倍。多年来，农民工与企业壮大相伴相生，同甘共苦。为了适应大规模高速铁路建设的需要，近年来中国中铁进一步加强和改进农民工工作，将推进社会主义核心价值体系建设、培育先进企业文化、营造和谐发展氛围，融入推进农民工与职工同管理、同学习、同劳动、同报酬、同生活的"五同"管理之中，以先进企业文化为纽带，推动农民工逐步实现由"企业附属型"向"有生力量型"、由"临时流动型"向"长期协作型"、由"干活挣钱型"向"爱岗敬业型"、由"体力劳动型"向"知识技能型"、由"单一劳务型"向"全面发展型"的转变。涌现出"全国农民工楷模"巨晓林等先进典型。

而中国中铁引导农民工实行"五自"管理的做法是在积极探索"五同"管理的基础上进行的。"五自"管理始于中铁四局，该企业是中国中铁的标杆企业，现有职工21000多人，主要从事建筑业及相关产业。随着生产经营规模的扩大，每年为10万多农民工提供就业岗位。2010年以来，中铁四局在探索"五同"管理的基础上，注重引导农民工向"自我民主管理、自我培训教育、自我竞赛争先、自我权益维护、自我生活娱乐"的"五自"方向发展，大力推进农民工向新型产业工人转变。同时也充分发挥了广大农民工在国家基本建设和企业发展中的生力军作用，促进了农民工与企业共同发展。

农民工"五自"管理的根本要求是：引导农民工自我民主管理、自我培训教育、自我竞赛争先、自我权益维护、自我生活娱乐；"五自"管理的工作方针是：一视同仁、平等对待、互利双赢、共同发展；"五自"管理的根本目标是：帮助农民工实现他们的主人梦、成才梦、致富梦、尊严梦和幸福梦。

一、引导农民工自我民主管理，帮助他们成就"主人梦"

维护农民工政治权利、组织和引导农民工参与企业民主管理，不断强化他们的主人翁责任感和对企业的归属感，是促进农民工融入企业、参与管理、成就"主人梦"的根本途径。近年来，中铁四局探索农民工与职工同管理，工作上平等对待、管理上一视同仁，特别是注重从组织上、制度上、活动上，不断强化农民工自我民主管理的意识，畅通农民工参与民主管理的渠道，推动农民工逐步由"企业附属型"向"有生力量型"转变。

建立自我管理的核心——农民工党支部。为加强农民工自我民主管理，中铁四局注重发挥农民工党支部在管理中的核心作用，在农民工队伍入场时，主动调查摸底，及时掌握农民工的政治面貌、技能水平和思想状况，及时确认农民工党员身份，指导建立农民工党支部或党小组，建立了农民工党员教育管理、"三会一课"、党员联系群众等制度，做好农民工的思想政治工作。在自我民主管理工作中，农民工党支部定期组织学习企业的文件制度，开展形势任务教育、"创岗建区"、"党员突击队"等主题活动，将农民工党员选派到安全、质量、队伍管理的重要岗位和关键工序，充分发挥模范带头作用。有 12 名农民工党员被评为中铁四局"优秀党员"，农民工李吉品还荣获中国中铁"优秀党员"称号。一公司合福梁场农民工党支部设立 3 个"党员先锋工程"、4 个"党员先锋岗"，有 3 名农民工党员被梁场评为"优秀党员"和"创先争优示范员工"，一批表现突出的农民工还被列为入党积极分子。农民工党支部书记丁培海得知农民工周志伟的小孩在河南老家被烫伤，专程赶去看望，并代表党支部送去 1000 元慰问金和一些慰问品。农民工党支部还针对农民工的思想、工作和生活情况，积极做好释疑解惑、化解矛盾、排忧解难的工作，凝聚了人心，团结了队伍，激发了广大农民工参与民主管理的积极性。

建立自我管理的组织——农民工工会。根据工会章程，中铁四局指导农民工队伍建立农民工工会组织、民主选举工会主席，农民工入会率达到

61.6%。并帮助建立了农民工权利保障、民主管理、民主监督等制度，推选农民工代表参加企业职工（代表）大会，与企业职工代表共同参与企业民主管理、审议各项决议、测评领导干部。农民工工会还经常召开农民工大会，组织农民工参加企业民主管理座谈会、生产交班会等各类会议，及时向企业反映涉及农民工切身利益的重要事项，为施工生产、农民工队伍管理建言献策；利用橱窗、公开栏等形式，公开农民工关心的重要事项和热点问题。一公司合福梁场农民工工会与企业建立了"联谊协商"制度，先后5次召开"联谊协商会"，提出各类建议20多条，共同完善规章制度条款4条，修改操作程序和流程4项，得到公司批准执行。还协调解决了农民工劳资纠纷3起，督促劳务队及时结算农民工工资7次，食堂伙食、生活卫生、权益维护、工资发放等30多个农民工反映的问题得到解决。

创新自我管理的形式——农民工六大员。为加强农民工日常思想政治工作，中铁四局不断探索农民工自我管理的有效形式，坚持向农民工队伍派驻"党代表"，指导农民工队伍设立"六大员"，即形势任务宣传员、思想工作指导员、施工生产督察员、群众安全监督员、制度执行保障员、后勤服务协理员，坚持做到"五必谈、四必访"，即队伍进场、思想波动、对规章不理解、矛盾纠纷、消极怠工必谈，生病住院、家庭困难、重大变故、重要节日必访，通过"零距离"工作，在企业与农民工之间架起了"连心桥"。为确保安全生产，全局选聘887名农民工担任"群众安全监督员"，每月发放岗位津贴，促进农民工自我安全质量管理。近年来，农民工"群安员"共发现和排查事故隐患5000多起。农民工"群安员"张启和将安全防护知识编成"安全卡片"和"安全歌谣"发给工友。农民工"群安员"袁卫兵在南京南站施工中，防止了接触网短路断电事故，被中国中铁评为优秀"群安员"，并获得奖励2万元。去年，还有22名农民工"群安员"受到局表彰。

二、引导农民工自我培训教育，帮助他们成就"成才梦"

实施"农民工大培训工程"，以提高综合素质为目标，充分发挥"农民工业余学校"的作用，引导农民工自我培训教育，不断提高职业技能和综合素质，是成就农民工"成才梦"的关键措施。近年来，中铁四局探索农民工与职工同学习，组织农民工和职工一道参加政治学习和业务技能培训，引导农民工自我学习、自我提高，推动农民工逐步由"体力打拼型"向"知识技能型"转变。

结合岗前培训，激发学习动力。为引导农民工树立"知识改变命运"的信念，中铁四局大力开展学习宣传"全国农民工楷模"巨晓林自学成才的先进事迹活动，制定了岗前培训、安全培训、技能培训、特殊工种持证上岗及农民工自学成才奖励制度。严格执行"先培训、后上岗"的规定，根据考核情况择优上岗、安排工作。在安徽桐城、枞阳、蒙城、庐江等农民工比较集中的县市建立了7个劳务基地，与当地劳动部门和培训机构合作，定向培训农民工16897人，使广大农民工在进场前就了解企业情况、掌握工作技能，激发了广大农民工参加学习培训的热情。

结合施工生产，创造学习条件。为引导农民工自我教育培训，中铁四局结合施工生产实际，投入1000多万元，配备了设备、师资和教材，在95%的工程项目部建立了"农民工业余学校"，根据农民普遍关注的权益维护、安全生产等学习需求和愿望，结合施工生产制订学习计划、编写培训教材，引导农民工利用业余时间进行集中培训和自主学习。各项目部普遍建立了教育活动室、网络室，并配备了相关书籍、报刊和电脑，为农民工学习提供条件。农民工队伍负责人唐保国亲自担任"农民工业余学校"副校长，定期为农民工讲授就业心理辅导等课程，用自己的亲身经历鼓励农民工自尊自强、岗位成才。年仅20岁的农民工刘洋洋通过学习，掌握了机械设备的操作技能，他自豪地说："父辈们'打工挣票子、回家盖房子、娶妻生孩子'，干的是苦累脏的活，我要珍惜四局提供的学习工作平台，尽快掌握高铁施工技术，成为有技术含量的新生代农民工。"农民工黄正文通过参加培训和自学，取得了铁道部质量检验员证、安徽省建设厅试验员证等6个专业证书，先后被公司聘任为合武铁路项目经理部试验室主任和项目副经理，从一名农民工成长为一名技术管理人才。

结合工作岗位，强化学习效果。中铁四局指导农民工队伍广泛开展"农民工师带徒"活动，组织农民工立足岗位"结对子"、"师带徒"、"岗位练兵"，重奖岗位成才人员，强化了岗位成才的效果。武广高铁二标项目部先后签订"师徒协议"508 份，300 多名农民工学成出师，150 多名无砟轨枕场的农民工熟练掌握了新技术。四公司梁场投入 4 万余元，广泛开展"青蓝工程"活动，对"师带徒"活动中涌现出的能工巧匠进行奖励。农民工徐露平先后革新改造施工工艺、工序、工具近 50 次，并设计制造了"钢绞线自动穿束机"，使制梁成本每片节约 700 元，创造经济效益 35 万元，被中国中铁评为"劳动模范"和"十大新型农民工"。五公司农民工李虎只有初中文化，通过刻苦学习钻研，掌握了管道工、钳工、电焊工、电工技术，先后攻克了施工技改难题 20 余个，创造效益数百万元，被安徽省评为"十大能工巧匠"和授予"五一劳动奖章"。

三、引导农民工自我竞赛争先，帮助他们成就"致富梦"

为农民工搭建展示作为的广阔平台，以激发农民工工作积极性和创造性为目标，引导农民工自我竞赛争先、岗位建功立业，用辛勤劳动创收增收，是成就农民工"致富梦"的有效载体。近年来，中铁四局探索农民工与职工同劳动，在作业层打破农民工与职工界限，结合重点工程建设，组织农民工广泛开展劳动竞赛，推动农民工逐步由"干活挣钱型"向"创业致富型"转变。

倡导自立自强人生态度。近年来，中铁四局在农民工队伍中广泛开展了共铸诚信、共创和谐、共同发展的"三共"主题教育，破除农民工是"打工仔"的思想、树立农民工是"工人阶级新成员"的理念。农民工队伍通过抓教育、树典型，不断强化农民工的责任意识、集体意识和团队精神，引导农民工自立自强，自觉遵守职业道德、规章制度和劳动纪律，促进农民工对企业的认同和与职工思想文化的融合，优质高效地完成各项任务。在合蚌客专施工中，农民工民主管理委员会深入开展了"建好合蚌客专、增誉中铁四局"的宣传教育，带领广大农民工树立"进了中铁四局门，就是中铁四局人"的理念，为国家重点工程建设做出了积极贡献。

开展立功争先劳动竞赛。为激发广大农民工的工作热情，中铁四局在农民工队伍中广泛开展了比安全、比质量、比进度、比技能、比干劲、比文明施工的"六比"劳动竞赛，坚持每年对农民工队伍进行信誉评价，评选表彰"优秀农民工队伍"，并根据安全质量和施工进度等指标给予奖励。二公司南京枢纽项目部坚持10天一战役、每月一评比，对优胜农民工队伍颁发"流动红旗"，对"优秀农民工"颁发证书，并分别给予奖励，激发了农民工自我竞赛争先的积极性和荣誉感。在德上高速施工中，五公司万基农民工队还自行组织开展了"一天一奖"劳动竞赛，自行发放奖金4万元。对这种自我竞赛争先的方式，四局项目部专门给予10万元奖励。

争当勤劳致富"工地之星"。中铁四局在所有工程项目部广泛开展了评比"工地之星"活动，并大力表彰奖励。一公司合福梁场每月组织农民工投票评选"工地之星"，并张贴"星光榜"、召开表彰会、颁发证书，每人奖励500元，使"工地之星"既有"面子"又有"票子"。安哥拉住房建设项目部每月评比奖励"十佳海外之星"，并把获奖信息通报给农民工家属。二公司农民工刘志祥，在宝中、京九、西康等铁路工程建设中做出突出贡献，被评为全国劳动模范、"全国十大杰出职工"，并破格转为全民所有制合同工。在劳动竞赛、"工地之星"评比过程中，广大农民工逐步树立了勤劳致富的劳动态度，立足岗位、建功立业，先后有近千名农民工被评为企业及省、部、全国各类先进。

四、引导农民工自我权益维护，帮助他们成就"尊严梦"

坚持同工同酬，以提高农民工的收入水平和社会地位为目标，引导农民工自我维护权益，体面地工作和生活，是成就农民工"尊严梦"的必要举措。近年来，中铁四局探索农民工与职工同报酬，确保农民工工资按时足额发放，并引导农民工不断提高维权意识和能力，帮助他们依法维护合法权益，推动农民工逐步由"临时打工型"向"合作双赢型"转变。

强化农民工依法维权意识。近年来，中铁四局采取多种形式认真组织农民工学习贯彻《劳动合同法》，指导农民工队伍依法用工、规范用工，在企业与农民工队伍签订劳务合同的同时，要求农民工队伍与农民工依法签订用工合同，明确农民工在安全生产、劳动保护、劳动报酬等方面的合法权益，使农民工全面了解自己的权利义务，增强依法维权的意识。农民工工会通过设立"农民工权益知识宣传栏"、"农民工法制咨询台"，不断加强对农民工的普法、维权教育。建筑公司、市政分公司等单位在公司网站开设了法律教育专栏、法律咨询平台，七公司设立了农民工普法宣传员，四公司还专门邀请法律专家为农民工开展"普法知识讲座"，发放安全知识和法律知识读本，现场进行"农民工法律咨询"，促进农民工的依法维权意识不断增强。

完善农民工自我维权机制。中铁四局普遍建立了以工会和劳资部门为主的农民工维权的接待、反馈和跟踪落实机制，把确保农民工工资按时足额发放作为维护农民工权益的首要任务，并在舟山金塘大桥工地召开农民工维权工作现场推进会，进一步完善农民工自我维权机制。各单位明确规定在项目各种费用支出中必须优先支付农民工工资，同时设立了局和子、分公司两级农民工工资保障基金，以调剂个别项目因业主资金不到位而形成的农民工工资支付缺口。企业财务部门为每个农民工办理银行卡，凭农民工队伍负责人提供的工资单，直接将农民工应得的劳务费用打进农民工个人账户，使农民工最关心、最根本的权益得到了制度的支持和机制的保障。

畅通农民工自我维权渠道。中铁四局法律部专门开设法律咨询电话45148（意为"事务要司法"），及时为农民工维权提供服务。各单位都设立了农民工维权电话，并在施工现场公示，接受农民工日常投诉和举报。给农民工发放了当地律师事务所便民服务卡、公布了律师事务所联系人和咨询电话，为农民工自我维权提供免费法律援助。各子分公司引导农民工选举产生了民主管理委员会，成立了"农民工之家"，并实行农民工代表分片负责制，各区域农民工遇到问题，及时向自己选举的农民工代表反映，由代表向农民工工会反映，并提出解决方案。在协调解决农民工食堂伙食、生活卫生、工资发放等热点难点问题中，农民工工会和"农民工之家"发挥了积极作用，通过合法途径，解决社会劳务派遣公司和民工队负责人克扣工费、拖欠工资、超时加班、单方面中止或变更劳动合同等问题，有效维护了农民工的合法权益。

五、引导农民工自我生活娱乐，帮助他们成就"幸福梦"

坚持以人为本，加强人文关怀，以提升农民工日常行为和生活文明程度为目标，引导农民工自我生活娱乐，养成科学文明、健康向上的行为方式，提高生活质量，是成就农民工"幸福梦"的重要保证。近年来，中铁四局探索农民工与职工同生活，大力推进"三工"建设，引导农民工自我生活娱乐，推动农民工逐步由"生活单调型"向"文明高雅型"转变。

培育健康生活理念。中铁四局把帮助农民工树立文明健康的生活理念作为提升农民工的物质生活、精神生活和文化生活水平的重要举措，在农民工队伍中广泛开展"八荣八耻"教育和"讲文明、树新风"、"争做文明人"等活动，教育引导农民工遵纪守法，自觉追求文明进步的生活方式，做到"六不"：不打架斗殴、不酗酒闹事、不偷盗抢劫、不行贿谋私、不违反计划生育政策、不参与黄赌毒。四公司包河梁场农民工人民主管理委员会建立了《农民工治安管理制度》，与派出所联系将劳务工人纳入当地流动人口统一管理，参与当地的精神文明创建活动。各工程项目部大力加强文明工地建设，在施工一线设立心理咨询室，定期举办健康讲座和心理疏导，广大农民工文明健康的生活理念逐步增强，自觉杜绝封建迷信、黄赌毒、酗酒斗殴等不良行为。合福铁路农民工党组织和工会建立了农民工"生活自治区"，制定了管理规定、行为规范，编写了文明守则、文明用语，并对生活秩序进行自我管理。

建立关心关爱制度。多年来，中铁四局建立了工地生活、工地文化、工地卫生"三工"建设的一系列制度，每年投入1000多万元，不断改善农民工的生产生活条件。在生活保障方面，实现了农民工与职工住宿、就餐、工装"三统一"，还专门为农民工设立了"夫妻房"、"探亲房"；在伙食管理方面，成立农民工伙委会，针对不同地区农民工的饮食习惯，每周制订食谱，改善农民工伙食；在健康保障方面，每年对农民工进行健康体检和疫苗预防接种，保障了农民工身心健康；在扶贫帮困方面，农民工工会还定期开展"冬送温暖、夏送清凉"和"两节"慰问活动，对困难农民工进行帮扶。为帮助海外项目部农民工克服思乡情绪，中铁四局还组织人员走访农民工亲属，拍摄制作了《家音》光盘，被农民工称为"一张光盘解乡思"。农民工卫永荣家境困难，女儿考上大学，儿子考上重点中学，难以承受1万余元的学费，项目部工会和农民工民主管理委员会组织项目部90名职工、200多名农民工捐款11290元，解了他的燃眉之急。

开展自娱自乐活动。为丰富农民工的精神文化生活，农民工工会经常开展文娱晚会、球类比赛、知识竞赛、书画摄影展等适合农民工特点的各类文体活动，图书阅览室、文体活动室、工地网吧等活动场所免费向农民工开放，使广大农民工业余时间有电视看、有书报读、能上网浏览，能与家人视频聊天。四公司包河梁场经常举办"同台文艺汇演"、"周末文化节"、"周五大片映"等活动，使农民工精神文化生活丰富多彩。各海外项目部还为农民工改善生活条件，购买卫星接收设备，保证农民工能看到国内电视，能与国内亲人通话，还在春节、中秋等传统节日，组织文化节、举办联欢会、共吃团圆饭，使海外农民工感受到祖国的温暖和企业的关怀。

履责成效

农民工工作的不断加强和"五同"、"五自"管理的积极探索，既惠及了180万名农民工及其家庭，也极大增强了企业的凝聚力、向心力和战斗力，促进了中国中铁的和谐发展。据不完全统计，中国中铁各单位所使用的农民工对企业的满意度均在90%以上。中国中铁不但发展成为全球最大的建筑企业之一，还被国家授予农民工工作先进集体、五一劳动奖状等多个奖项。

中国中铁探索"五同"、"五自"等加强农民工工作的经验做法，也得到了政府、行业协会、农民工、公众等利益相关方的好评。中宣部领导对中国中铁引导农民工实施"五自"管理的做法专门做出批示，要求全国党建思想政治研究会赴中铁四局开展调研，总结经验，进行推广。人民日报、新华社、中央电视台等中央新闻媒体、部分地方主流新闻媒体和门户网站先后对中国中铁帮助农民工成长成才、实现梦想的情况进行了宣传报道，中国中铁的相关做法得到了社会的广泛认可。

同时，引导农民工"五自"管理也促进了企业的发展。近年来，中国中铁完成了青藏铁路、京津城际、京沪高铁、京广高铁、哈大高铁、杭州湾跨海大桥、武汉长江隧道、北京南站、国家图书馆等一大批重点工程，被授予全国学习型组织标兵单位、全国创新型企业、全国五一劳动奖等荣誉称号。企业以年均30%的增幅实现跨越式发展，连续8年进入世界企业500强，2013年位居第102位，综合实力和国际影响力不断提升。

结　语

引导农民工实现"五自"管理是中国中铁在履行员工发展和促进就业、

维护稳定方面做出的创新性社会责任实践。在探索过程中，公司形成了以下几点经验：

带着感情做工作是前提。只有社会热爱农民工，农民工才能热爱社会；只有企业关心农民工，农民工才能关心企业；只有我们把农民工当亲人，农民工才能把我们当亲人。做好农民工思想政治工作，要把加强企业与农民工的民主协商作为落实以人为本的重要内容，建立交流平台，畅通沟通渠道，切实做到从精神上鼓励、人格上尊重、制度上保障、权益上维护、待遇上平等、生活上关心。

提高农民工素质是重点。不全面提高农民工的素质，就不能适应社会化大生产的需要，农民工向新型产业工人转化也就成为一句空话。加强农民工思想政治工作，必须按照中共十八大倡导的"爱国、敬业、诚信、友善"的要求，针对农民工群体的特点，切实加强对农民工的教育培训，引导农民工树立社会主义核心价值观，不断提升思想道德、理想信念、法制理念、科学文化、业务技能和综合素质。

深化"五自"管理是途径。帮助和引导农民工实行"自我民主管理、自我培训教育、自我竞赛争先、自我权益维护、自我生活娱乐"，是做好农民工思想政治工作的有效途径，是促进农民工成长成才的关键。只有做到观念上倡导"五自"、组织上重视"五自"、制度上保障"五自"、行动上体现"五自"、措施上落实"五自"，才能激励广大农民工自尊自信、自立自强。

完善体制机制是关键。加强农民工思想政治工作，关键是要努力营造全社会关爱关心农民工的浓厚氛围，健全和完善农民工管理的体制机制。只有全社会都高度重视农民工工作，抓好顶层设计，从法律和政策层面保障，进一步改革就业和用工制度，不断完善社会保障体系，农民工队伍才能真正融入城市、企业和工人阶级队伍之中。

构建和谐文化是保证。要把构建和谐文化作为加强农民工思想政治工作的重要内容，牢固树立农民工是工人阶级重要组成部分的理念，努力形成重视农民工、尊重农民工、依靠农民工的良好环境。要坚持以人为本，建立企业与农民工的对话协商机制，积极构建和谐劳动关系，切实维护农民工合法权益，确保农民工更加体面地劳动、更有尊严地生活，帮助农民工早日成就"家国梦"。

帮扶贫困职工家庭

武汉钢铁（集团）公司 ①

摘　要：为深入贯彻落实科学发展观，坚持以人为本，切实为困难职工办实事，让全体职工共享武钢改革发展的成果，武钢在"十一五"规划中明确提出了"基本消除武钢贫困职工家庭"的目标，通过建立武钢扶贫帮困基金、与基层单位签订帮扶目标责任书、与领导干部签订帮扶承诺书，分类制定帮扶措施、针对性地开展帮扶救助等措施，五年间，武钢建档的515户贫困职工家庭，于2010年11月全部实现脱贫，脱贫率达100%。

关键词：贫困家庭　扶贫帮困基金　签订"两书"　分类帮扶

---

① 武汉钢铁（集团）公司于1955年开始建设，1958年9月建成投产，拥有矿山采掘、炼焦、炼铁、炼钢、轧钢及配套公辅设施等一整套先进的钢铁生产工艺设备，是我国重要的优质板材生产基地，居世界钢铁行业第四位。现有三大主业，即钢铁制造业、高新技术产业和国际贸易。相关产业有焦炭、耐火材料、化工、粉末冶金制品、水渣、氧气、稀有气体、煤焦油、粗苯、硫酸铵等钢铁副产品，并对国内外承担工程设计建设、机械制造加工、交通运输、物流仓储、自动化技术、海外资源开发和投资融资等业务。

背 景

随着社会主义市场经济体制的建立，国有企业改制重组、减员增效、社会医疗、教育等多项制度改革的不断推进，包括武钢在内的国有企业的少数职工家庭出现了暂时性生活困难，主要反映为特殊困难家庭收入偏低、基本生活无保障，以及就医难、就学难、就业难等。

武钢作为新中国成立后建成投产的第一个特大型钢铁企业，一直以来在推进钢铁强国、促进就业、推动经济发展上发挥着重要作用，并且肩负着稳定一方、构建和谐社会的责任。为深入贯彻落实科学发展观，坚持以人为本，切实为困难职工办实事，让全体职工共享武钢改革发展的成果，武钢在"十一五"规划中明确提出了"基本消除武钢贫困职工家庭"的目标，要做到满足生活困难职工物质、精神和文化生活的基本需要，尽快帮助其实现脱贫。

责任行动

2006年武钢党委、行政联合制定下发《关于"十一五"期间基本消除贫困职工家庭工作的意见》，采取了"四个结合"的帮扶工作办法，即"个人自救和组织帮扶相结合，基层单位和公司帮扶相结合，武钢工会和相关部门帮扶相结合，送钱送物和送信息送岗位相结合"。武钢工会作为牵头负责部门，通过横向互动和上下联动，使帮扶措施切实落到实处，取得了显著成效。

为了明确帮扶救助的对象和范围，武钢依据《武汉市城市居民最低生活保障实施办法》关于"最低生活保障标准确定是在当地最低工资标准40%至55%幅度内拟定"的规定，将武钢职工贫困职工家庭标准确定为当地最低工资标准的60%。依照属地管理原则，2005年末，武钢贫困职工家庭标准为武汉城区家庭月人均收入280元以下（含280元），矿山地区家庭月人均收入220元以下（含220元）。随着地方政府最低工资标准的提高，贫困职工家庭标准也作相应调整。2010年，武钢贫困职工家庭标准调整为武汉城区家庭月人均收入320元以下（含320元），矿山地区家庭月人均收入260元以下（含260元）。武钢的主要做法为：

一、建立武钢扶贫帮困基金，为帮扶工作提供资金保障

为确保扶贫帮困工作落到实处，武钢行政和工会共同出资建立了2亿元的扶贫救助基金，每年直接可用于生活困难职工的各项救助费用达到1000万元。为规范基金运作与管理，公司下发了《职工扶贫救助基金管理办法》，对基金的来源与管理、救助对象、形式、标准及申报程序都做了明确的规定。2006年公司明确要求基金重点用于"十一五"消除贫困职工家庭。国务院监事会、国家审计署对基金专项账户专门进行了审计，均给予了充分肯定。

二、通过签订"两书"，确保实现脱贫目标

（1）坚持与基层单位签订帮扶目标责任书。武钢工会对每一户建档贫困家庭进行分析，根据家庭实际情况制定帮扶措施和脱贫时间，每年初武钢工会与有贫困家庭的直属单位签订《武钢工会落实公司"十一五"消除贫困职工家庭工作帮扶责任书》。责任书明确了双方的责任、义务和考核规定，帮扶目标完成情况每半年通报一次，完成好的单位每年度进行表彰。

（2）坚持与领导干部签订帮扶承诺书，深化领导干部结对帮扶活动。2006~2009年，武钢工会组织处级干部采取"一帮一"的形式，对贫困家庭开展帮扶工作，做到建档贫困家庭结对帮扶率达100%。2010年初，为确保完成公司"十一五"消除贫困职工家庭目标计划，武钢工会决定采取签订《武钢领导干部结对帮扶贫困职工家庭脱贫承诺书》的形式确保工作任务落到实处，对每一户贫困职工家庭由一位领导干部结对帮扶调整为两位领导干部共同与其结对帮扶。其主要方式为：一位是贫困职工所在单位的主要领导，另一位是集团公司机关部处室的主要领导，公司工会与每一位参加结对帮扶的领导干部签订帮扶脱贫承诺书。

三、分类制定帮扶措施，有针对性地开展帮扶救助

武钢对贫困职工家庭按照有、无自救能力，分别进行"造血"和"输血"帮扶救助。

对有自救能力的家庭帮扶重点放在五年内培育"造血"功能上，采取帮助待业成员就业五年内消除贫困，实施五大帮扶解困措施：一是帮助转变观念，鼓励自谋职业实现脱贫；二是开展技能培训，组织开办各种免费职业技能培训班，提高职业技能增强就业能力；三是积极推荐就业，利用劳务推介机构推荐待业成员参加应聘实现就业；四是逐步清退企业内部聘用的临时工岗位，安排待业成员上岗就业；五是帮助孤儿就业，为待业孤儿提供就业岗位。

对无自救能力的家庭和有自救能力的家庭在未脱贫的阶段内采用"输血"的救助措施，确保家庭基本生活，实施六大救助帮困措施：一是定期基本生活救助，每人每月按照贫困家庭标准补齐基本生活费，另外补助普通医疗费和煤气、生活水费各20元，物价补贴费22元；二是医疗救助，职工一年内住院自付医疗费1000元以上部分按70%救助，年最高救助金额8万元，直系亲属一年内住院医疗费1000元以上部分按50%救助，年最高救助金额5000元；三是教育费用救助，每年秋季开学前对读大学、中专、高中、初中及小学的贫困职工家庭子女分别救助5000元、3000元、2000元和1000元；四是房租和物业管理费救助，承租户的房租和物业管理费据实补助；五是干部结对救助，每户贫困职工家庭安排处级以上领导干部结对帮扶；六是节日慰问救助，每年元旦春节期间开展走访慰问，送发慰问金和物资。

履责成效

"十一五"期间，武钢为贫困职工家庭每季度发放基本生活救助费用，累计发放 2830 人次 165.3494 万元，推荐 164 名贫困家庭成员就业。同时，随着企业经济效益的不断增长，逐年提高职工的工资收入。五年间，武钢建档贫困职工家庭共计 515 户，于 2010 年 11 月全部实现脱贫，脱贫率达 100%。

武钢圆满实现了"十一五"基本消除贫困职工家庭的目标，提高了企业职工的整体收入水平和生活质量，职工队伍保持了稳定和谐，在推进国家经济社会发展，实现企业发展、职工受益、社会和谐稳定工作中做出了突出贡献。武钢先后荣获"全国模范劳动关系和谐企业"、"全国机械冶金建材系统劳动关系和谐企业"称号，被武汉市人民政府授予"武汉市首届十佳和谐企业"荣誉称号。

结　语

积极履行社会责任是落实科学发展观、服务构建和谐社会的必然要求，也是推动企业可持续发展的强大动力。为了继续做好扶贫帮困工作，武钢将坚决解放思想、转变观念，进一步加大帮扶工作力度，切实落实各项帮扶救助措施，不断创新帮扶工作品牌，积极履行社会责任，为构建社会主义和谐社会发挥更大作用。

蓝星夏令营——塑造 22 年的责任品牌

中国化工集团公司①

　　摘　要：蓝星夏令营是我国唯一一家由企业为其全球员工子女举办的夏令营，其活动宗旨和目标是"关心下一代的成长"、为打造"百年跨国企业"进行战略性人才储备。蓝星将"人的可持续"视为企业发展不可或缺的重要元素，注重员工工作与家庭责任的平衡，22 年来坚持为全球员工子女举办蓝星夏令营，这种由蓝星探索出的集员工关爱、青少年教育和文化融合于一体的独具特色的社会责任品牌，在落实企业文化、促进代际传承和中外文化融合方面发挥了重要的作用。

　　关键词：蓝星夏令营　社会责任品牌　文化传承　文化融合

---

　　①　中国化工集团公司组建于 2004 年 5 月，是世界 500 强企业，中国最大的基础化学的制造企业。主业为化工新材料及特种化学品、基础化学品、石油加工及炼化产品、农用化学品、橡胶制品、化工装备 6 个业务板块。中国化工在全球 140 个国家和地区拥有生产、研发基地，并有完善的营销网络体系。

背 景

中国蓝星（集团）股份有限公司所属的中国化工集团公司是一家以化工新材料及特种化学品为主导的化工企业。每年的 7 月 20 日，是蓝星系统 7~16 岁的职工子弟期盼的日子，因为每年的这一天是蓝星夏令营开营的日子，成千的孩子将在各个分营度过快乐的 20 天。1990 年，在蓝星诞生的第七个年头，举办了第一届夏令营。20 多年来，蓝星发生了巨变，但是不论怎么变化，夏令营作为蓝星的一项传统活动沿袭了下来。20 多年，整整一代人的时间，参加过蓝星夏令营的孩子累计有上万人次。第一届营员只有 11 人，以后发展到几十人、上百人，随着蓝星的发展，职工人数猛增，夏令营营员人数也随之增加到几百人、上千人，办营地点也由一地变为多地。

蓝星出资出力为职工子女办夏令营，坚持不懈地办了 20 多届，这样做是为什么？这体现了什么？蓝星认为，为职工子弟举办夏令营，小而言之是为家长分忧解难，大而言之就是为社会培养下一代出一臂之力，是关注下一代的务实之举。

蓝星将"人的可持续"视为企业发展不可或缺的重要元素，致力于为员工提供良好的工作环境和发展前景，注重员工工作与家庭责任的平衡。这是蓝星探索出的集员工关爱、青少年教育和文化融合于一体的独具特色的社会责任品牌。

责任行动

一、以解决员工子女暑期教育为初衷

1984 年 9 月，在中国西北的古城兰州，"化工部化工机械研究院化学清洗公司"（蓝星集团的前身）成立，时任化工部化工机械研究院团委书记的

任建新出任总经理，带领 6 名共青团员和 1 名兼职会计，从 1 万元贷款起家，开始了蓝星的创业。

到 1990 年，许多职工的子女已陆续进入适龄就读阶段，同时蓝星的工业清洗业务遍及全国各地，需要职工常年在外地工作。由此，如何更好地安排职工子女的暑期生活就成了蓝星的新课题。为解决职工的后顾之忧，使职工集中精力工作，同时又能够让蓝星的孩子们过一个有意义的暑期生活，任建新倡议并亲自主持策划了"第一届蓝星夏令营"。营员共 11 人，均为蓝星职工的子女，到兰州和甘南大草原集中学习、军训、参观 7 天，由此开启了蓝星夏令营的历史。随后，在第一届夏令营的成功举办后，夏令营活动时间由 7 天扩展到 20 天，并将夏令营的活动内容不断阔展丰富，使孩子们在活动期间培养和锻炼集体主义精神、独立生活能力，学习课外知识，加强身体锻炼，养成良好的学习和生活习惯，培养孩子们各种健康向上的文艺和体育兴趣。共成功举办 22 期，从蓝星扩展到子公司和集团总部。自 2009 年起，蓝星夏令营从国内扩展到海外企业，正式更名为蓝星国际夏令营，并确立"蓝星，我们共同的家"作为夏令营的永久主题。2011 年，来自全球 12 个国家的 1100 多个小朋友在全国 19 个城市参加了夏令营，包括从法国、挪威、英国、澳大利亚等 11 个国家远道而来的 53 位外籍营员。

二、打造系统性的可持续的社会责任工程

蓝星夏令营是一项有专门的组织保障、持续的资金支持、专业的人员参与和主题化运作的社会责任系统工程。20 多年间，蓝星在夏令营活动的累计投入经费达 7000 多万元，并聘请北京市教委基础教研室专门为蓝星夏令营设计活动方案，与北京市优秀中小学合作，聘请优秀教师担任夏令营的指导教师，从师范大学聘请大学生担任指导教师助理，从专业医院聘请医生担任夏令营医师。夏令营的组织形式逐步走向专业化。

"关心下一代的成长"、为打造"百年跨国企业"进行战略性人才储备是蓝星夏令营的活动宗旨和目标，每年的夏令营以"祖国、蓝星、个人"为切入点设计与青少年成长密切相关的活动主题（如表 3-1 所示），以"语言交流、实践参观、动手合作"为主线，通过内容丰富的主题实践和宣传活动，着力于培养认同蓝星企业文化的、具备良好个人素质和能力的人才。

表 3-1　历届蓝星夏令营主题

	年份	主题
祖国	1992 年	"让奥运走进中国，让蓝星走向世界"（中国申奥史上最早的民间申奥行为）
	1993 年	"我爱和平，我爱大自然"（配合世界环境日 20 周年）
	1996 年	"我爱祖国，我爱蓝星"（学习计算机知识）
	2001 年	"弘扬中华美德"（弘扬中华美德）
	2003 年	参与团中央举办的"中国少年儿童赴朝鲜夏令营"活动，在中朝友谊塔向志愿军烈士敬献花圈
	2007 年	"学礼仪，迎奥运"（通过学习礼仪来迎接在中国举办的首次奥运会）
	2008 年	"节约从我做起"（在营员中倡导节约文化）
蓝星	1997 年	"热爱祖国，心系蓝星，争做德、智、体、美全面发展的合格接班人"
	2004 年	"蓝星行动力"（开发营员将思想付诸行动的能力）
	2009 年	"蓝星，我们共同的家"（通过交流协作，让海内外营员开阔视野，增长见识）
	2010 年	"蓝星，我们共同的家"（以"实践操作、参观访问、互动交流"为主线，共设"装扮多彩的节日、寻访美丽的足迹、体验职场生涯和感受网上世博"四个活动专题）
个人	1999 年	"自觉自立、共同成长"（培养营员自我约束能力）
	2000 年	"自律、合作、进步"（培养营员良好的日常行为和生活习惯）
	2002 年	"培养启迪创造力"（培养营员创造能力）
	2005 年	"过健康、安全、快乐的生活"（提高营员的防范意识和自护意识）
	2006 年	"我体验，我成长"（锻炼营员的社会实践能力）
	2011 年	"蓝星，我们共同的家"之"放飞梦想，携手起航"（通过活动协助营员认识实际的学习和生活世界并探索自己可能的发展方向）

三、发挥企业文化传承与融合的独特功能

蓝星夏令营是我国唯一由企业为其员工子女举办，并持续 20 多年的夏令营，在弘扬企业文化、促进代际传承和中外文化融合方面都发挥了重要的作用。

（一）创新落实：把蓝星企业文化理念落实到行动中的创新举措

蓝星夏令营是支持蓝星企业文化理念的有效方法。企业的成长需要全体职工在"事在人为"理念的指导下共同努力奋斗，而职工的精力集中、倾情

投入又是"事在人为"的前提条件。如何做到这一点呢？其中一个简单而又重要的事情就是解决职工的后顾之忧，增加员工对企业的认同感和凝聚力。蓝星夏令营的创办正是体现了任建新办企业理念的人本精神，与其倡导的"人与人要依赖着生存"的集体理念是一致的。

此外，蓝星夏令营创新性地把职工子女作为企业文化建设的一个特殊群体，采取"夏令营"这个新的活动形式，而且坚持了 22 年，这在中外企业史上都是罕见的。蓝星的创新经验告诉我们：职工子女作为企业发展的重要利益相关者之一，也是企业文化建设的一支推动力量。

（二）代际传承：把蓝星企业文化传承给下一代的有效载体

为解决职工的后顾之忧只是蓝星夏令营创办的初衷，从 1997 年开始，蓝星夏令营就把培养接班人作为主题，1999 年在少儿教育专家的帮助下，蓝星夏令营形成了一套完整、科学的素质教育方案，培养接班人有了切实可行的办法。

蓝星夏令营突破了企业文化传承的局限，把代际传承纳入企业文化建设活动中，即把蓝星企业文化传承给现任职工的下一代，而且是年龄在 7~16 岁的下一代。因此，在历届夏令营活动中，蓝星企业文化的传播都是一项非常重要的活动内容。从许多营员所写的夏令营日记和文章中，都可以看出这些活动取得了预期的效果，众多的营员为父母的工作而自豪，从小就埋下了创业、创新的志向，立志成为国家栋梁的种子。截至 2011 年，已有几十名夏令营营员成为蓝星的员工。

蓝星夏令营作为学校教育的补充，是实现素质教育的有效形式。营员的素质教育实现了"家和"，促进了"万事兴"。在调研中，不少营员家长告诉我们，孩子在入营前与闭营后几乎判若两人，自己动手洗小衣服，主动与父母沟通交流，关心父母和他人，理解并关心父母的工作，有集体与合作意识等。

（三）文化融合：国内外企业间文化交流的创新通道

随着蓝星业务走向世界，蓝星夏令营也成为中外文化融合的突破点。从2009年开始，蓝星把夏令营活动扩展为国际夏令营，组织海外企业员工的子女同国内企业员工的子女一同参加了蓝星夏令营活动，一方面使海外员工感受到了在蓝星大家庭里他们同等重要，另一方面把这种文化融合与交流扩展到下一代身上，让他们在孩童时期就建立深厚的友谊。通过海外员工子女参加蓝星夏令营，反过来又增进了子女家长即海外员工对蓝星公司的进一步了解与亲和力。

履责成效

蓝星夏令营是我国目前唯一由企业为员工子女举办的夏令营，已成为一项有专门的组织保障、持续的资金支持、专业的人员参与和主题化运作的社会责任系统工程。作为一个品牌，蓝星夏令营在社会上享有盛誉，在弘扬企业文化、促进代际传承和中外文化融合方面都发挥了重要的作用。

蓝星夏令营把蓝星企业文化理念落实到行动中的创新举措，是把蓝星企业文化传承给下一代的有效载体，是海内外企业文化交流的新途径。蓝星夏令营不仅是蓝星企业文化建设创新和代际传承的切实体现、中国夏令营实践中的有益探索，而且在中国企业文化建设中具有创新价值和示范意义；而将夏令营国际化不但有助于蓝星集团实现跨国企业的目标，也有助于帮助中国企业探索一条海外发展和文化融合的新路子。

《人民日报》曾评论道："蓝星不仅是经济实体，也是各种文化的综合体。在海外拓展中常会遇到文化融合问题，为了使企业更好地同海外环境、市场、文化相融，并进行国际化人才储备，蓝星积极开展多项包容、共赢为主题的活动，蓝星夏令营就是一项。"

结　语

尽社会责任的方式还有很多，而蓝星选择了为员工的孩子开展夏令营活动。蓝星从孩子做起，把员工、企业、社会紧密结合，立足企业自身优势，努力践行企业公民的社会责任，实现企业与社会的可持续、协调、共生发展。

蓝星夏令营已经成为蓝星集团打造"百年跨国企业"所做的战略性人才准备。通过蓝星夏令营，将造就一大批热爱祖国，有集体主义和国际主义精神的，认同蓝星企业文化的，具备良好个人素质和能力的人才，而蓝星集团的未来发展所需要的正是这类人才。

以世界一流成绩践行安全生产责任

神华集团有限责任公司①

摘　要：神华集团有限责任公司坚持科学发展，着力履行人本安全的社会责任。特别是在煤炭安全生产方面，着眼先进，大胆创新，坚持高起点、高标准建设安全型企业，大力推进生产规模化、装备现代化、管理信息化、队伍专业化和过程监管全员化的"五化"建设，走出了一条具有神华特色的安全发展新路子，为履行安全社会责任做了大量卓有成效的工作。

关键词：人本安全　"五化"建设　安全责任

背　景

谈起煤矿，人们往往会联想到事故。因为煤矿生产时刻面临着水、火、

---

① 神华集团有限责任公司成立于 1995 年 10 月，是以煤为基础，电力、铁路、港口、航运、煤制油与煤化工为一体，产运销一条龙经营的特大型能源企业，是我国规模最大、现代化程度最高的煤炭企业和世界上最大的煤炭经销商之一。主要经营国务院授权范围内的国有资产，开发煤炭等资源性产品，进行电力、热力、港口、铁路、航运、煤制油、煤化工等行业领域的投资、管理；规划、组织、协调、管理神华集团所属企业在上述行业领域内的生产经营活动。由神华集团独家发起成立的中国神华能源股份有限公司分别在香港、上海上市。神华集团在 2012 年度《财富》全球 500 强企业中排名第 234 位。

瓦斯、烟尘、顶板等灾害威胁，因事故多发，历来被认为是高危行业。煤矿特大事故频发，给人民群众生命财产造成巨大损失。

神华集团作为从事煤、电、油、运等高危行业的能源型企业，拥有 60 个生产煤矿，年产能超过 3 亿吨；总装机容量达 2100 多万千瓦的运营电厂；运营 1500 多公里的自营铁路，年运能突破 2 亿吨；年总吞吐能力过 1.5 亿吨的港口；在建的煤制油、煤化工板块。在跨行业、跨地区、战线长、管理难度不均衡的情况下，神华集团果断提出要"把高危的煤炭行业建设成为安全的产业"，彻底颠覆了煤矿安全传统的思维定式，并采取了一系列重要措施，主动赶超世界先进水平。经过神华集团上下的共同努力，煤矿百万吨死亡率、千人重伤率等一系列主要指标都居世界先进国家煤炭企业的前列。

责任行动

神华集团既有千万吨以上的特大型矿井，也有 60 万吨左右的中小型矿井；既有条件相对较好的矿井，也有瓦斯、水、火等灾害严重的矿井；既有厚达 7 米以上的厚煤层矿井，也有 0.9 米左右的薄煤层矿井；既有开采达百年历史的老矿井，也有近几年建设投产的新矿井。面对如此复杂的情况，神华集团通过大力推进生产规模化、装备现代化、管理信息化、队伍专业化和过程监管全员化的"五化"建设，着力履行人本安全的社会责任。

一、创新矿井开采模式，实现"生产规模化"，为安全生产提供坚实的系统保障

煤矿安全事故多发的一个重要原因就是矿井系统复杂，管理难度大，安全可靠程度低。要实现本质安全，必须从根本上变革传统矿井设计思路和建设模式，最大限度简化、优化矿井系统。神华集团广泛借鉴国内外先进技术、管理经验和优秀成果，跳出传统煤矿建设思路，逐步探索出具有神华特色的高产高效和高安全可靠性的矿井建设道路。

（1）优化矿井开拓系统。在允许的情况下，尽可能采用平硐开拓方式，在大巷两侧布置综采工作面，取消井底车场，改变多盘区生产布局，最大限度地简化生产系统，降低矿井安全管理难度。

（2）优化工作面参数。一方面，"简化系统，减头减面，减人减产"，为瓦斯治理创造条件。如宁煤集团白芨沟等 5 个高瓦斯矿井，近两年先后封闭巷道 4 万多米、废弃各类设施 400 多处、分流 5000 多人，2009 年不惜减少 10 亿元的收益，压缩产能 390 万吨。另一方面，改盘区开采为条带式开采，工作面实现大型化、重型化，神东矿区工作面长度由传统的 100~150 米延长到 240~400 米，推进长度由 1500~2000 米延长到 4000~6000 米，使单个工作面的可采储量由 100~200 万吨增加到 700~1000 万吨，综采工作面搬家次数大大减少，安全风险系数大幅度降低。

（3）优化通风系统。在神东矿区，巷道采用大断面、多通道的布置方式，实现了低阻力通风，极大地改善了通风条件，有效地控制了煤层自燃发火和瓦斯爆炸等事故发生。

（4）优化矿井运输系统。在神东矿区，矿井主运系统实现胶带化，辅运系统实现无轨胶轮化。彻底改变了传统辅助运输环节多、安全隐患多的弊端。

（5）优化供电系统。部分矿井取消了中央变电站和盘区变电站，井下供电采用地表箱式移动变电站，从地面通过钻孔直接向井下工作面顺槽供电，既满足了工作面长距离供电的要求，又减少了供电环节多而给安全管理带来的压力。

（6）优化采掘工艺。淘汰了相对落后、较具危险性的采掘工艺，坚持长壁为主、短壁为辅、长短壁结合的回采工艺，采、掘、支、运致力实现机械化，并探索出了"连续采煤机、连续运输机、履带行走式液压支架短壁机械化开采工艺"，使不宜布置长壁工作面的边角块段煤层得到高效安全回采。

（7）扩大井型规模。创建了神东矿区"一井一面"、"一综两连"年产千万吨的安全高效模式，建成了 11 个年产千万吨的矿井、7 个千万吨综采工作面；矿井的工作面长度最长达 430 米，走向长度达 6500 米以上，大大减少了搬家倒面次数和安全管理环节，提高了工作效率，保障了安全生产。1998~2008 年，神华集团公司原煤产量从 713 万吨增加到 2.8 亿吨，11 年增长了 390 倍；全员工效由 6.21 吨/工增长到 19.28 吨/工，增幅超过 2.1 倍，是国有重点煤矿平均水平的 3.8 倍以上；煤炭生产百万吨死亡率由 0.164 降低到 0.0177，是全国平均水平的 1.49%，是国有重点煤矿的 5.36%。

二、创新设备管理，实现"装备现代化"，为安全生产提供良好的硬件平台

装备是否优良，是制约矿井安全生产的重要因素。神华集团在高产高效矿井的建设过程中，坚持"引进和消化兼顾"的原则，始终瞄准国内外新技术、新设备、新工艺，不断提高生产装备安全水平，为加速本质安全进程提供保障。先后投入 50 多亿元，从 8 个国家 20 多个公司引进生产设备 100 多种、1300 多台（套）。

采煤机以电牵引取代了液压牵引，最大功率可达 1850 千瓦，提高了传动系统的可靠性和效率，实现了煤机电气系统的自我调节、机械故障的自查诊断，既简化了操作，又便于维修。

液压支架用电液控制取代手动操作，实现了双向自动和成组顺序控制，最大工作阻力可达 8670KN。使用这种高强度、大阻力、稳定性好和带压移动的支架，既避免了上覆岩层对支架产生大的冲击载荷，又能较好地控制顶板，改善了安全生产条件，大幅度减少了顶板事故的发生。

顺槽采用最长达 6000 米以上的长距离胶带运输机，运输能力每小时可达 3500 吨以上，大大简化了运输环节，提高了运输系统的安全性，同时也使辅助运输人员减少了 90%以上。目前神东矿区一个矿井从事辅助运输的工人只有 20 多人，而传统煤矿高达上千人。

工作面电气设备采用高电压、大容量的组合式自动调节控制开关，装备功能齐全的工况参数监控系统。通过运用上述先进生产装备，极大地提高了生产、运输、供电等安全可靠性和采掘机械化程度。

现有31处矿井被中国煤炭工业协会授予全国煤炭工业特级、一级安全高效矿井，占全国总数的12%；煤矿整体采煤、掘进机械化率分别为98%、91%。而若按过去传统煤矿建设模式，建设亿吨矿区需要20万~30万人。

三、创新技术管理，实现"管理信息化"，为安全生产提供强有力的技术保证

创建本质安全型矿井，必须彻底解决矿井定员多、管理手段落后、科技保安不足等问题。几年来，神华集团坚持以信息化带动工业化，以工业化促进信息化，大力提高矿井自动化、信息化水平。建成了国内先进的综合信息网络，形成公司总部、煤炭公司、煤矿三级监测监控体系。

神东矿区积极践行"无人则安"理念，对采掘、供电、运输等设备增加多种自动化、智能化的监测监控系统，力求实现作业环境的本质安全。运用以太网、光纤通信和三层网络结构等先进技术，建成了覆盖全矿区具有国际领先水平的综合自动化系统，实现了煤矿综合信息管理网络化、胶带运输和辅助生产系统自动化和井上下变电所、风机房、水泵房等固定岗位的无人值守，除井下移动设备以外所有固定设备均实现了远程控制、监测、维护和诊断，全部生产过程及设备控制均可以在地面调度室完成。总调度室一人可监控全公司14000多个点的生产运行状况。特别是自动化综采工作面的实施，实现了工作面的记忆割煤、液压支架与采煤机的联动；大运量、大功率、单点多驱动、超长距离胶带运输机的使用，加上CST软启动或变频启动、自动顺序开停机、全机分段通信和监控等技术的应用，使得主运系统极为简单；井下无线移动通信（井下小灵通）的投入使用，既可实现井下与地面任何地方的适时沟通，又能随时掌握井下作业人员的工作动态，不仅方便指挥，而且对安全管理十分有利。

电力和港口企业建立并全面实施了以风险预控管理为核心的NOSA安健

环综合管理体系；煤制油煤化工企业全面推行了 HSE 管理体系；铁路企业初步建立本安体系框架。2008 年，经过外部专家评审，神华国华电力分公司 14 个电厂有 7 个达到 NOSA 五星级、4 个达到 NOSA 四星级；黄骅港务公司整体达到 NOSA 四星级，成为中国港口界唯一达到 NOSA 四星级标准的企业。这些信息化、自动化技术及先进管理方式的应用，大大减少了用工人数和人工作业环节，使系统运行更加安全可靠，既减人提效，又提高了矿井安全的保障能力。

四、创新管理体制，实现"队伍专业化"，为安全生产提供一流的人才队伍服务

现代化的装备和信息化的管理需要专业化队伍来支撑。加强安全人才队伍建设，大力实施"人才兴安"战略，实行安全生产队伍专业化，是实现安全生产工作的长效发展强有力的组织保证和智力支持。神华集团在建设高产高效矿井的同时，注重管理体制创新，从缺什么补什么、培养什么的角度出发，不断强化人才队伍建设，多方位培养管理型、科技型、服务型和经营型的四型安全人才，打造了一支专业化、规范化、现代化的安全生产队伍，实现了优质、高效、精干的内外部专业化服务，为安全生产提供了一流的人才队伍保障。对矿井掘进、搬家倒面、设备管理及维修、洗选加工、地质测量、工程设计、物资供应、后勤服务、环境保护等核心业务实行内部专业化服务，弥补了传统矿井各自独立管理，安全技术力量不足、服务质量和水平不高等带来的弊端；促进了业务的精细化管理，带出了一大批技术能力强、安全素质高的队伍，实现了对辅助业务安全管理的有效集中控制。如神东分公司对矿区所有煤矿的综采工作面设备安装与回撤实行专业化管理与服务，整套 8000 余吨重的重型综采设备，从旧面回撤到新面安装调试，仅需一周左右的时间便可完成，不仅极大地提高了工效，而且确保了安装回撤工作的安全，连续六年杜绝了搬家倒面过程中的重伤以上人身事故发生。对于一些非核心的业务，神华集团打破传统的行业界限，积极开展外部技术协作，与专业化公司形成跨业务领域的联合，不断提高安全生产服务保障水平。如与西安华光公司、太原益源公司共同研究开发煤矿自动化控制和顶板锚索支护技术，并委托它们实行外部专业化服务，大大降低了顶板事故发生率。

五、创新安全理念，实现"过程监管全员化"，为安全生产夯实"软实力"

大力创新安全理念，"煤矿只要管理到位，就能够做到不死人"、"煤矿生产过程中，能够做到瓦斯不超限，超限就是事故"和"着力打造幸福矿工"等安全管理理念已经深入人心。特别是在推行"最幸福矿工"工程建设方面，加大了职业病防治工作力度，使得员工作业和生活环境逐步得到改善，职业病患者逐年减少。目前所有矿井均实现了乘坐人车入井，员工一日三班能在井下吃上热饭、喝上热水。通过加大环保投入、加强污染源治理、推进生态环境建设、强化"三同时"管理、完善环保设施等手段，杜绝了一般以上环境污染事故发生。目前，集团矿井水整体利用率达60%以上、电厂粉煤灰综合利用率达70%以上；国华电力全部机组实现脱硫，大大高于全国70%的平均水平；多个单位荣获环保先进单位等殊荣，其中神东煤炭分公司获得了中华环保联合会颁发的"中华环境友好煤炭企业"荣誉称号。

履责成效

神华集团始终坚持把安全生产放在重中之重的位置，在煤炭产量实现跨越式发展的同时，安全生产形势持续稳定好转，实现了科学发展、安全发展。1999年以来，在煤炭产量连续10年实现千万吨增长的情况下，杜绝了3人以上重大人身伤亡事故发生，累计生产原煤13.38亿吨，平均百万吨死亡率控制在0.03以下。"十一五"期间，神华集团煤矿百万吨死亡率为0.028，2011年为0.018，达到世界先进水平。52处生产矿井中，有12处矿井实现了开建以来"零死亡"，6处矿井安全生产达10年以上，25处矿井安全周期超过1000天，全部建成安全质量标准化矿井。

结　语

　　坚持科学发展，着力履行人本安全的社会责任，是神华集团快速发展壮大的必由之路。大力推进生产规模化、装备现代化、管理信息化、队伍专业化和过程监管全员化的"五化"建设，是创建本质安全、履行安全生产社会责任的重要选择。神华集团将以科学发展观为指导，以建设和谐社会为己任，以实现人本安全为目标，进一步加强安全生产管理，不断提升安全管理水平，把神华集团建设成为安全、高效、和谐、绿色的现代化企业集团，为我国能源工业特别是煤炭工业持续快速、安全健康发展做出更大的贡献。

发挥航天优势　服务全球减灾

中国航天科技集团公司①

　　摘　要：中国航天科技集团公司在保持企业又好又快发展的同时，充分发挥航天高科技优势，积极履行企业社会责任，多年来连续利用国产遥感卫星监测国内重大自然灾害；积极承担国际责任，对国外重大自然灾害进行成像与灾害监测援助，为国际减灾防灾服务，在国内外重大自然灾害监测领域取得了一定的成绩，在全球减灾救灾中发挥了重要作用。

　　关键词：航天高科技优势　重大自然灾害　防灾减灾

背　景

　　近年来，随着全球气候以及生态环境的变化，世界上重大自然灾害频发，给人类生命财产造成巨大损失。我国也是世界上自然灾害最为严重的国家之一，重大自然灾害几乎每年都有发生。而当前快速发展起来的航天技术

---

　　① 中国航天科技集团公司成立于 1999 年 7 月，属中央管理，是国家授权投资的机构。主要承担我国全部的运载火箭、应用卫星、载人飞船、深空控测飞行器等宇航产品及全部战略导弹和部分战术导弹等武器系统的研制、生产和发射试验任务；从事于航天技术应用产业及航天服务业的开发、运营与管理。

在自然灾害监测中具有独特的优势和重大潜力，特别是在长期持续监测、全球大尺度测量、综合地面感知等方面，具有不可替代的优势。航天技术的广泛应用，可以显著提高人类应对自然灾害的能力。

中国航天科技集团公司一直将服务于自然灾害监测作为履行社会责任的重要内容，相继发展了一系列的陆地观测卫星，为我国防灾减灾能力的提升提供了有力的支撑。集团公司所属中国资源卫星应用中心（以下简称中心）作为国家陆地观测卫星数据中心，承担着我国所有陆地观测卫星的运行管理、数据处理、产品生产、归档分发服务以及应用推广。我国陆地观测卫星的数据产品已广泛应用于国土、林业、水利、灾害监测等国民经济各领域，发挥了巨大的社会效益和经济效益。集团公司主动承担社会责任，履行灾害监测义务，始终将国产卫星灾害监测作为重要使命，尽最大努力减少生命财产损失，为经济社会发展做出了应有的贡献。

责任行动

集团公司建立了重大自然灾害应急响应预案与成熟的应急运行管理机制，形成了国产卫星重大自然灾害监测运行体系，组织了专业队伍，多年来连续利用国产遥感卫星监测国内重大自然灾害；积极承担国际责任，对国外重大自然灾害进行成像与灾害监测援助，为国际减灾防灾服务，取得了成效，赢得了国际声誉。

一、国内重大自然灾害监测

多年来，利用我国陆地观测卫星开展重大自然灾害的动态跟踪监测和损失评估工作，监测范围覆盖全国，监测的灾种涵盖了地质灾害、洪涝灾害、生态环境灾害、气象灾害、森林和草场火灾等主要灾害类型，涉及国土、地震、林业、水利、环保等多个国民经济的重要领域。在这些自然灾害的监测中，对"5·12"汶川大地震、四川芦山县地震以及我国森林火灾的监测具有一定的代表意义。

（一）"5·12"汶川大地震灾害监测

四川汶川"5·12"特大地震发生后，集团公司立即启动了重大自然灾害应急响应预案，积极调度和安排 CBERS-02B 卫星成像，重新启用了已在轨休眠的 CBERS-02 星与 02B 卫星联合组网观测，保证每天都有一颗卫星过境灾区并成像。在连续监测地震灾区期间，共接收 CBERS 卫星数据 23 轨，186 景数据，查询下载历史存档数据 504 景，优先将接收处理的资源卫星影像提供给国家发改委、工业和信息化部、国土资源部、科技部等国家相关部门和企事业单位，并通过公共分发网站供全国的用户下载，为抗震救灾提供了及时、准确的数据支持。

同时，开展了影像处理和灾情信息提取工作，监测到 56 处滑坡体、13 个堰塞湖以及 1 处桥梁断裂，对举世关注的唐家山堰塞湖进行了重点跟踪监测。23 次将地震灾情专题图及灾情监测报告上报中共中央办公厅、国务院办公厅、国务院应急管理办公室、民政部和国土资源部以及相关部门。

（二）四川芦山县地震监测

2013 年 4 月 20 日四川省雅安市芦山县发生 7.0 级地震后，立即启动一级自然灾害应急响应机制，提取灾区历史归档数据，紧急安排调度我国资源三号、资源一号 02C、高分 1 号等 8 颗陆地观测卫星资源，综合组网协同对灾区成像观测，并开设了数据紧急共享通道，第一时间向国家减灾委、国土资源部、水利部、环保部、地震局、测绘地理信息局、中国科学院等十部委 16 家相关单位提供了震前震后数据。同时，集团公司组织技术人员进行灾害信息的提取工作，将成果上报国家有关部门，为决策提供依据和支撑。目前，我国陆地观测卫星数量和联合组网监测灾害能力均达到历史最高水平。

（三）国内森林火灾监测

集团公司充分利用资源卫星、环境减灾卫星以及高分辨率卫星影像数据资源优势，主动开展全国重点林区的森林火灾监测工作。2009 年至今，已连续 5 年为国家森林防火指挥部办公室（简称防火办）提供我国林区的日常森林火点早期监测预警、重大森林火灾跟踪监测与灾后损失评估等服务，并将每次森林火灾陆地观测卫星监测成果图第一时间提交给防火办，上传至中国森林防火网，指导防火办开展火场扑救工作，实现了事件型灾害监测向日常服务型监测的转变，进一步提升了灾害监测成果的实用价值。

二、国际自然灾害监测合作

集团公司积极参与全球自然灾害监测，将国产卫星影像推广应用到国际减灾防灾领域。为澳大利亚森林火灾、日本"3·11"大地震、墨西哥湾溢油、玻利维亚森林火灾、巴基斯坦洪水等共计 20 余次的自然灾害提供了灾害监测影像与成果，13 次向国际受灾地区提供卫星影像，树立了我国航天服务国际减灾防灾的良好形象，进一步提高了我国的国际影响力。

（一）国际宪章机制

2007 年 5 月，我国政府以国家航天局的名义加入"空间与重大灾害国际宪章"组织（CHARTER）。集团公司承担了利用我国陆地观测卫星参与全球减灾活动的义务，担任并履行紧急事务官员职责，与欧洲空间局等 13 个国际组织轮流进行重大自然灾害的国际监测值班。至今共计值班 30 次，处理世界范围重大自然灾害请求 28 起，为开展国际重大自然灾害监测提供了技术与数据支持。例如，在 2013 年 6 月的国际值班中，为印度特大洪涝灾害安排了加拿大空间局、美国地质调查局等 5 个国际机构的 11 颗雷达及光学卫星对灾区成像，为印度开展灾害遥感监测和抢险救灾提供了国际支援。

（二）澳大利亚森林火灾监测

2009 年 2 月，澳大利亚维多利亚州发生了 50 年来最严重的森林火灾。应澳方有关部门请求，集团公司紧急调整在轨卫星状态，第一时间昼夜收集数据，以最快的速度向澳方连续提供火场地区大量高清晰度的卫星影像数据，解译出着火点近百处，制作火灾监测成果图 25 幅，编写灾情监测报告 13 篇，为澳方进行指挥扑救和布置警力提供了及时、有效的参考依据，为灾后评估提供了资料支持，澳大利亚政府向中国政府表示感谢。

（三）日本"3·11"大地震监测

2011 年 3 月 11 日，日本本州东岸远海发生里氏 9 级特大地震，并引发巨大的海啸和人员伤亡。我国利用 CHARTER 机制向日本提供了其重灾区环境减灾卫星灾前卫星影像，以及灾后新获取的地震重灾区卫星影像，同时制作了灾前灾后监测成果对比图，并第一时间提供给日方，CHARTER 组织和日方对中方的监测支持表示感谢。

履责成效

截至 2011 年末，集团公司共计监测自然灾害 150 余起，灾害跟踪监测成果以及评估报告为国务院、国土资源部、减灾委、国家林业局、水利部、环保部等部门提供了重要的决策依据，为国家减少了数亿元的经济损失。被中国地震局授予"防震减灾公益服务单位"称号；国家林业局和国家森林防火指挥部办公室两次联合发来感谢信，全国广大遥感科研单位多次发来感谢信，对获得的优质高效的数据支持及应急公益服务表示感谢；通过积极为国际提供陆地观测服务，进一步提升了我国航天服务国际减灾防灾的良好形象，赢得了国际社会的赞誉。例如，2009 年向澳大利亚提供的环境减灾卫星资料以及监测成果图和报告，获得了澳方的盛赞，被称为"澳中科技合作史上最成功的典范之一"；为 2010 年 8 月玻利维亚森林火灾、2010 年 9 月巴基斯坦洪水、2010 年 11 月委内瑞拉洪水，及时安排卫星对灾区成像，提供观测数据支持，得到了这些国家的积极评价和感谢。

结　语

国有企业作为国民经济的重要支柱，要在全球化大潮中立于不败之地，必须打造核心竞争力，同时履行企业的社会责任。未来几年，我国还将继续发射多颗高分辨率民用遥感卫星。随着卫星资源的增加，我国的卫星对地观测能力将跨上一个新的台阶。中国航天科技集团公司将一如既往地体现中央企业的大局意识，履行好社会责任，高度重视国内外自然灾害的监测工作，关注民生、回报社会，为我国乃至全球减灾事业做出更大的贡献。

勇担社会责任　铸就抢险铁军

中国煤炭地质总局①

　　摘　要：在社会主义市场经济的大潮中，中国煤炭地质总局以强烈的社会责任感、精湛的科学施救技术、鲜明的专业勘查特色做出了出色的成绩。十年来，中国煤炭地质总局充分发挥自身专业优势，在我国地质抢险救灾领域独树一帜，提高了我国矿山事故应急救援能力，为查明各类矿难发生的原因进行科学探索，为遇险矿工支撑起一片生存的蓝天。

　　关键词：抢险救灾　特种技术勘探　科学施救

背　景

　　我国是矿山地质灾害多发国家之一。特别是煤矿，我国作为采煤大国，

---

　　① 中国煤炭地质总局成立于1953年，先后隶属燃料工业部、煤炭工业部，是煤炭、化工资源勘查及煤炭、化工地质单位的行业管理机构。是集煤炭资源研究与评价、钻探、物探、水文地质、工程地质、环境地质、灾害地质、化验与测试，航空测绘、空间遥感，煤炭化工地质、矿产及其他固（液）体矿产资源勘查、研究与开发，工程勘察、机械加工与制造、酒店服务等于一体的多专业综合性地质勘查队伍，形成了特色鲜明的中国煤炭地质理论体系和国际领先的煤炭综合勘探技术体系。截至2012年底共有职工49122人，资产总额125亿元。

由于煤炭资源赋存条件和开采地质条件复杂、管理存在薄弱环节，矿山事故频发。近年来，矿井透水、瓦斯爆炸、矿体坍塌等重大矿山地质灾害不断发生，且矿山采空区地表塌陷及其环境治理问题也较突出。矿山地质灾害给国民经济持续快速健康发展、人民生命财产安全及生活质量带来严重影响。

中国煤炭地质总局是专业从事煤炭（化工）地质和矿产资源勘查工作的先锋队，也是矿山地质灾害防治和安全生产的"保护神"，在矿难抢险救灾中一次又一次"危难之际显身手，降伏恶魔救矿工"，彰显了中央企业履行社会责任的特殊作用，被国家安全生产监督管理总局誉为"抢险救灾铁军"，成为有口皆碑的矿难抢险救灾中一支耀眼的品牌队伍。

责任行动

一、履行职责，勇于担当

隶属于中煤地总公司的北京大地特勘分公司救援队自 2003 年组建以来，先后参与了邢台东庞煤矿重大透水事故、宁夏白芨沟煤矿瓦斯爆炸事故、郑煤集团超化煤矿透水事故、陕西铜川陈家山矿难、包头壕赖沟铁矿、湖北利川马鹿箐隧道塌方和神华集团骆驼山煤矿透水事故、山西忻州大远煤矿、峰峰集团黄沙矿、吉林通化八宝山瓦斯事故等 20 多次抢险救灾任务，通过精湛的技术、过硬的作风、严明的纪律，为营救矿工生命、为国家和社会挽回巨大的经济损失、为我国煤矿安全生产做出了特殊的贡献。

在实施救援的过程中，中煤地总公司切实履行社会职责，把国家利益、矿工生命安全放在至高无上的位置，把社会效益放在首位，讲政治、顾大局，不讲报酬、不惧风险，无论什么季节、什么时间一旦接到国家安监总局的救援指令，北京大地特勘分公司救援队立即从正在施工的勘探现场出发，星夜兼程奔赴事故发生地，甚至从远在两千多公里以外的地方驰骋救援，到达事故现场后立刻开展工作，为查明矿难原因、救助矿工生命赢得了宝贵的时间，为地方政府和矿区社会稳定做出了独特的贡献。

二、精准高效，技术领先

北京大地特勘分公司作为从事特种技术勘探的专业施工队伍，多年来，始终把独特的钻进工艺研究作为企业发展的根本。2002 年，引进了我国第一台用于商业运营的特种顶驱车载钻机，经过技术人员的悉心研究，成功地掌握了丛式定向钻技术，并于当年 12 月在山西雁门关太大高速公路隧道首次施工超直井（从山顶定向钻通隧道）钻进中获得成功，从此在特种勘探的高端市场迈出了新步伐。

2010 年 3 月 1 日 7 时 29 分，神华集团有限责任公司乌海能源有限公司骆驼山煤矿发生透水事故。全国各地优秀的施工救援队伍、先进的机器设备、各路专家从四面八方，甚至从国外赶赴救援现场。我国权威媒体称之为"新中国成立以来最大规模的矿难营救"，这无疑也是一次空前的行业技术比武。中煤地总公司接到救援指令后，迅速集结北京大地特勘分公司的精兵强将，立即从河北涿州、邯郸和山西寿阳等地紧急调运两台大口径车载顶驱钻机及配套设备，连夜顶风冒雪奔赴救灾现场。时任中国煤炭地质总局局长、党委书记徐水师亲自致电救援队要"不惜成本，全力支持抢险救灾"，时任中煤地总公司总经理王真奉、副总经理尚红林亲临一线指挥抢险。3 月 2 日晚 10 时许，钻机人员到达现场后，连夜开展安装调试，并于 3 月 6 日下午 15 时 55 分，用口径为 300 毫米的车载顶驱钻机，精确地打到了预定位置，成功打通救援巷道中心。最终在参与钻探抢险的四支队伍中，北京大地特勘分公司是第一个成功打到巷道中心预定位置的专业队伍。3 月 6 日下午，神华乌海能源有限责任公司领导亲自到大地特勘救援队救援现场慰问全体员工，并赠送了"抢险救援，无私奉献"的锦旗。在转入实施井下涌水点堵水工程后，大地特勘救援队再一次成功地打入了地下 412 米深处的突水巷道预定位置，给抢险救灾赢得了宝贵时间，引起社会和业界的极大关注。

三、科学施救，生命至上

灾情就是命令，责任重于泰山。在 10 年的抢险救灾实践中，在没有硝烟的战场上，没有什么比营救遇险矿工的生命更令工程技术人员难以忘怀，更令他们感到责任的神圣。在抢险救灾施工的日日夜夜，救援队员的心同遇险矿工的命运紧紧相连；当遇救矿工安全升井时他们的手紧紧握在一起，激动得热泪盈眶。大地特勘救援队以顽强的意志、科学的施救、严谨的作风打造了一支"抢险救灾铁军"，谱写了一个又一个抢险救灾的感人故事。

2003 年 4 月，邢台矿务局东庞矿发生重大透水事故，储水以 1450 立方米/小时的流量灌进巷道，支撑巷面的支柱被冲倒，巷道塌陷，12 名矿工被困在巷道里。时间就是生命。大地特勘救援队接到指令后停下正在山西泌水施工的煤层气井，车载钻机日夜星辰，在规定的 24 小时间内赶到事故现场。这是北京大地特勘分公司首次探索将 T685WS 顶驱车载钻机使用在煤矿重大突水抢险救灾钻探，技术人员面对的难题是井底巷道宽只有 3 米、井深 580米，这就要求施工人员从地面打进巷道的井孔不能偏离巷道宽度，这个精度大大超过国家钻探误差标准的数倍，最先到达的某著名救援队功亏一篑，未打到巷道指定位置；压力，难以承载的压力落在中煤地人的身上。严峻的形势逼迫决策者必须在短时间内拿出切实可行的方案，国家安监总局的领导、现场救援的总指挥、施工救援人员的期盼，都把目光投向了这里。经过短时间的磋商，工程技术人员在充分研究煤矿陷落柱导水机理的基础上，决定以定向钻进技术解决快速探查治理的新方案，他们清楚：哪怕延误一分钟，都可能威胁到矿工兄弟的生命。新方案采用地下水平钻头对接技术在这里发挥了作用。顶驱车载钻机以强大的力量向地下钻进，钻进到 400 多米深时听到了中空的声音，这是采空巷道的回声，很快从地下传来敲击钻杆的声音，这证明下面巷道里的人还活着，随即展开了紧急救援，沿钻孔往下输送牛奶等食品并建立了通信联络，矿工兄弟得救了！事后验证，钻头伸到井底仅偏移不到 0.5 米，创造了一个矿难抢险救援的"神话"。至此，北京大地特勘分公司被国家安监总局指定为抢险救灾的专业队伍，踏上了抢险救灾的征程。

2004 年 4 月，在郑煤集团超化煤矿透水事故抢险中，参与抢险的全体人员连续工作 82 小时没有休息，救援队员甚至连行李都没有来得及打开，累了躺在地上休息一会儿，饿了吃点儿方便面，最终成功打通救生通道，挽救了井下 12 名被困矿工的生命。2005 年春节期间，在陕西陈家山煤矿抢险救灾中，救援队员先后两次奔赴抢险一线，全体职工克服了极度严寒和恶劣的瓦斯侵害，成功钻进 3 口注浆灭火孔，把国家财产损失降到最低程度，确保了井下救灾人员的生命安全。2008 年内蒙古包头壕赖沟铁矿发生巷顶透水，救援队配合井下搜救队伍救出 7 名遇险矿工。

四、奋力抢险，彰显特色

2013 年 4 月 8 日，大地特勘救援队按照中煤地总公司董事长王真奉的指示精神，立即启动应急救援预案，火速前往吉林省白山市吉林省煤业集团八宝山煤矿实施抢险救援。此前，3 月 29 日和 4 月 1 日，八宝山煤矿连续发生两起瓦斯事故，造成井下工作人员伤亡。

接到指令后，大地特勘救援队迅速抽调具有丰富救援经验的技术骨干、施工人员组成了精干的抢险队伍，从河北峰峰紧急调集 1 台 T200 顶驱车载钻机及配套的先进钻探设备，昼夜兼程两千多公里，在最短的时间内赶到了救援现场。4 月 9 日下午 2 时，第一个钻孔正式开钻。经过大地特勘救援队夜以继日的连续奋战，截至 4 月 19 日下午 2 时共钻进 792 米，成功打通了井下巷道。在 20 日清晨下完套管后，每天注入约 80 立方米的液态 CO_2，以便进行井下灭火。4 月 12 日，吉林省委副书记、省长巴音朝鲁在救援现场看望正在施工的大地特勘救援队，对中煤地总公司给予的大力支持表示感谢，对他们的迅速支援和顽强的工作作风给予了高度评价。4 月 13 日，国家安监总局副局长、国家煤监局局长付建华也到达救援现场，对大地特勘救援队的救援工作给予了充分肯定并提出了要求："大地特勘救援队是央企中唯一专业化的钻机救援队伍，你们要发扬央企为国尽责、为民奉献的精神，加快救援速度，争取早日圆满完成救援任务。"

履责成效

在 10 年矿难抢险救灾的历程中，大地特勘救援队在面临矿工生命安危、国家财产受到巨大损失的关键时刻挺身而出，承担起社会责任，展示了中煤地人新时期博大的为国为民胸怀和敢于奉献的行业精神：

2006 年农历大年初二，在湖北利川马鹿箐隧道事发现场，救援队拉开了进军铁道救灾的序幕，克服交通不便和潮湿阴冷的气候影响，全力奋战在救灾现场，并顺利施工 4 口注浆孔，其中 2 号孔井底位移仅 0.2 米，为成功排水复工提供了强有力的保证。

2007 年春节，在同煤集团煤峪口煤矿井下工作面火灾抢险救灾中，时任中国煤炭地质总局局长、党委书记的徐水师亲临现场，全体施工人员受到了极大的鼓舞，他们克服了零下 30 摄氏度的严寒，破解了穿越采空区定向的技术难题，成功钻进着火工作面，历时 70 多小时顺利注浆灭火。

2009 年元月，在峰峰集团九龙煤矿透水事故抢险中，救援队调集骨干力量迅速到达九龙矿，针对险情紧急、条件复杂，全体施工人员不畏坚苦、昼夜奋战，在历时 3 个多月的施工中共完成 7 个主井、33 个分支井的施工，累计进尺 11000 多米，创造了深度底板突水堵漏的奇迹。

2010 年 1 月，接到原铁道部的通知迅速赶往福建龙岩象山隧道事发现场，面对地表沉降以及钻遇串珠状溶洞的复杂地质因素，7 个钻孔全部按设计达到指定位置，为加固破损掌子面，以及建立堵水塞提供了基础，这次施工得到了有关部门领导的大力表彰。

2011 年，北京大地特勘分公司荣获"中央企业优秀社会实践奖"；2012 年 9 月，经国家安监总局批准，被命名为"国家级中央企业矿山应急救援大地特勘救援队"，成为我国矿山应急救援在全国煤炭地质行业内唯一的矿山应急救援公司。

结　语

　　中煤地总公司之所以在抢险救灾领域树立了"铁军"的形象，主要得益于培育和造就了一支"特别能吃苦、特别能战斗、特别能奉献、特别能创新"的救援队伍，他们就是北京大地特勘分公司的广大干部职工。在这支队伍中各级领导干部以抢险救灾为己任，精诚团结、敢于创新、乐于奉献，每一次抢险救灾都以身作则、靠前指挥，以自己的行动深深地感染和激励了每个职工；广大职工甘于吃苦、敢打硬仗、不计名利，在一个个灾难现场，充分体现了中煤地人无私奉献的精神风貌；得益于引进和研发了一整套先进的专业技术装备和独特的施工工艺，目前不仅拥有国际一流的车载顶驱钻机及其配套电磁波无线随钻定向钻进设备、水平井对接设备，而且通过不断探索和技术攻关，熟练掌握并运用了水平井、水平羽状分支井、分支定向井、超直井钻进新技术和新工艺，在业界确立了"中煤地质"的品牌和良好的企业形象。

　　抢险凝聚力量，精神鼓舞斗志。在经历了一次次抢险救灾之后，中煤地人更加清醒地认识到自己肩负的历史责任和崇高使命，更加团结、自信和坚强。作为我国煤矿安全生产抢险救灾队伍之一，中煤地总公司决心在做强做大特色央企的征途上，进一步发挥中央企业履行社会责任"招之即来、来之能战、战之能胜"的特殊作用，进一步发挥专业技术优势和人才队伍优势，不辱"抢险救灾铁军"使命，顽强拼搏，扎实工作，为我国矿山安全生产做出新的更大贡献！

秉承神圣使命　服务奥运安保

中国航天科工集团公司 [①]

　　摘　要：为了把中国人期盼了百年的北京奥运会办成一届最成功、最为平安祥和的奥运会，航天科工组织的科技奥运技术团队不畏艰辛、勇挑重担、拼搏进取，充分发挥航天的高科技优势，设计建设了一套创造许多国内外"第一"的安保科技系统，显示出航天人为国家贡献智慧、为社会尽央企"共和国长子"的社会责任等突出作用，得到国际奥组委和北京奥组委的高度评价。

　　关键词：北京奥运会　奥运安保　航天科技　安保科技系统

---

① 中国航天科工集团公司（简称航天科工）的前身为 1956 年组建的国防部第五研究院，先后经历了第七机械工业部（1981 年第八机械工业部并入）、航天工业部、航空航天工业部、中国航天工业总公司、中国航天机电集团公司的历史沿革。航天科工以"科技强军、航天报国"为企业使命，从事着关系国家安全的战略产业，是我国国防科技工业的中坚力量；并积极拓展非传统安全领域的发展空间，在信息技术、装备制造等方面开发了一系列军民结合的高技术产品。2012 年实现营业收入 1340 亿元，利润总额 89.2 亿元，年末资产总额达 1596 亿元。

背　景

2008 年，第 29 届奥林匹克运动会的成功举办，使北京成为全世界瞩目的焦点。为了把这届中国人期盼了百年的奥运会办成一届最成功、最为平安祥和的奥运会，航天科工组织的科技奥运技术团队，已经默默奉献了整整 7 年。在这 7 年的研究、设计、开发、建设和运行维护保障过程中，科技奥运技术团队的全体成员不畏艰辛、勇挑重担、拼搏进取，充分发挥航天的高科技优势，设计建设了一套创造许多国内外"第一"的安保科技系统——第一套由中国人自己设计建设的超大型活动安保科技系统；第一次在奥运会中成功应用的电子票证（RFID）系统；第一套国内专为公安系统配备反恐防爆重大突发事件现场监控和指挥系统；第一次在国内使用的为 100 多公里场馆周界设计和部署的防入侵报警与视频联动系统。

责任行动

航天科工全体员工一直将"科技强军，航天报国"的神圣使命牢记在心，将"国家利益高于一切"的企业核心价值观融入实现国家和军队现代化建设这个光荣任务中，不讲条件、不计得失、全力以赴地完成了国家交给的奥运安保科技系统工作重任，较好地承担了共和国长子应尽的责任和义务，凸显了中央企业在国家安全领域的重要作用。

一、积极开拓市场，勇担奥运安保重任

为力保 2004 年雅典奥运会的顺利进行，希腊从美国购置了 C4I 系统用于奥运安保，但总投资高达 2.55 亿欧元。中国申奥成功后，奥运安保工作也得到了各级领导的高度重视，胡锦涛总书记曾强调指出："没有安全保障就没有奥运会的成功，没有安全保障就没有国家的形象。"总书记还多次强

调："平安奥运重于泰山，奥运平安人人有责"，"平安奥运是北京奥运会取得成功的最大标志"。

奥运安保工作牵涉方方面面，很多地方比较敏感，因而建设一套完备的中国式的奥运安保科技系统，是 2008 年北京奥运会安保工作中最为重要的一环。寻求一个"信得过，靠得住"的国内安保科技系统承建单位也就成为摆在北京市政府、奥组委和公安局面前的一大难题。

面对为国尽责的机遇，航天科工举全集团之力于 2001 年开始了细致全面的准备工作。航天科工成立了奥运项目领导小组，逐步提出"奥运安保一体化"的思路。航天科工成立科技奥运工程中心，承担设计、开发、集成、实施、部署和赛时保障任务。2006 年，航天科工成功中标第 29 届奥运会场馆安保科技系统设计建设项目，这标志着航天科工开始介入北京奥运安保科技系统的核心工作。

至此，航天科工先后中标奥运安保科技系统设计、奥运安保指挥系统、奥运场馆指挥系统、奥运场馆赛时临时技防和监控系统建设和反恐防爆重大突发事件现场监控和指挥系统等多个建设项目，承担的任务涉及北京所有 94 个场馆、58 个周界、108 套安保指挥系统，承担了北京、上海、天津、沈阳、秦皇岛、青岛和香港 7 个赛区的全部电子票证（RFID）系统的研制、部署和赛时保障任务，几乎覆盖了全部奥运安保科技系统的设计、开发、建设、部署和赛时保障任务。

二、闪耀科技之光，航天技术助力安保

作为 2008 年北京奥运会安保科技系统的主要实施单位，航天科工各单位协同作战，发挥航天高科技优势，走军民融合式发展道路，大力弘扬航天精神，为确保奥运安保科技系统的成功提供了有力保障。

在奥运安保项目建设中，航天科工充分利用人才优势和研究、设计、试验、生产、测试等技术优势，发挥系统设计、系统集成，研制光、机、电、算一体化产品的综合技术优势以及大型系统工程管理方面的经验优势，成立了相应的组织机构和"两总"系统，将航天系统工程理论再一次运用到大型工程的研制开发和建设中。

在工程建设两年半的时间里，1000多名航天科工人本着"严慎细实"的工作作风，以强烈的责任心和使命感，研制开发出50多万行软件代码，部署了108套安保指挥系统，集成了2万多台（套）设备，施工安装了100多公里长的周界临时技防和监控系统，保质保量地完成了包括指挥系统、周界区域临时技防监控系统、电子票证系统、视频监控系统及反恐防爆突发事件现场监控与指挥系统在内的奥运安保科技系统的设计、集成、建设与调试任务。

2008年8月，北京奥运会正式开幕，航天科工运用顶尖航天科技打造出的安保科技系统运行正常、稳定、可靠，协助奥运安保团队出色地完成了场馆监控、票证查验、要人保卫等各项安保任务，得到了北京市奥组委、公安部、北京市公安局等有关部门的充分肯定与赞扬，并在向国内外媒体的展示中得到了高度的关注和好评。

三、体现管理优势，勇担责任联合作战

自接受奥运安保科技系统设计、建设任务以来，航天科工各单位秉承航天精神，勇担社会责任，发挥联合作战优势，齐心协力，开拓创新，把航天先进的管理经验引入奥运安保科技系统建设中，不仅按时保质地完成了任务，而且向外界展示了航天科工的整体技术实力和勇于担当的良好社会形象。

为了实现统一指挥和管理，奥运安保项目团队参照了航天型号工程的管理办法，实行了被后来的实践证明非常行之有效的两总系统管理模式。总指挥和总设计师两条线各司其职，各负其责，各行其权，既有分工又有合作。在项目实施过程中，两总系统还不断完善各项规章制度，制定相应的技术标准。在此期间，航天科工党组领导对奥运安保工程非常重视，多次做出指示并深入安保科技系统建设和技术保障一线视察工作。许多主管领导更是经常与奥运安保科技系统"两总"和安保科技系统建设者们一道奋战至深夜。

奥运安保项目团队运用"抓系统、系统抓"的思路，在奥运项目中加强

系统总体设计，按照确定的总体方案系统抓。借鉴了项目管理的方法，逐步规范与加强计划调度、设计技术、质量、安全等方面的管理，使得整体工作不断向前推进。

欧洲宇航防务集团的官员们曾经肯定地表示，要在如此紧迫的时间内完成好2008年北京奥运大型安保系统繁重的设计和建设任务，简直是"不可能完成的任务"。然而，航天科工人却用实际行动将"不可能"变成了现实，成功打造出了一面保障奥运安全的无形"金盾"，完美地履行了社会责任。在这面"金盾"的背后，是航天科工奥运安保技术团队忠实履行着对祖国的承诺。

2008年8月8日北京奥运会正式拉开帷幕后，航天科工奥运安保项目团队又投入到了安保科技系统的赛时运行技术保障中。近千人的保障团队分别奔赴全国7个城市、100多个场馆实施24小时的保障。完美的北京奥运会和残奥会结束了，航天科工为"科技奥运、平安奥运"目标的实现立下了赫赫战功，为北京市和国家赢得了国际声誉，得到了党中央、国务院的隆重表彰。2008年9月，党中央、国务院颁发中国航天科工集团公司"北京奥运会、残奥会先进集体"奖。

四、构建防务安全，完美履行社会责任

航天科工一直从事着关系国家安全的重要战略产业，其存在的价值就是为国家安全提供先进的航天防务装备，为社会打造优质的高科技产品，"放飞神剑，收获和平"是航天科工对社会的庄严承诺。

近年来，航天科工大力实施军民融合发展战略、创新驱动战略、人才强企战略、质量制胜战略，以航天防务、信息技术、装备制造为主业，统筹军民两业发展，初步形成了"以军为主、军民融合"的发展战略格局，尤其是在应急救援装备、安保科技系统等装备制造领域取得了重要成就。2008年，在抗击四川汶川特大地震中，航天科工向灾区提供了一系列应急救援装备，自主研发的移动通信车、紧急抢险车、野外急救车、医疗救护车、野战炊事车等为抗震救灾发挥了十分关键的作用，航天科工研制的应急通信设备率先恢复了灾区通信，率先在唐家山堰塞湖重灾区架起了卫星移动通信基站，关键时刻发挥了中央企业"顶梁柱"的作用。近年来，航天科工依托航天防务传统技术优势，进军反恐防爆、应急救援等非传统安全领域，进一步凸显了全方位保障人民生命财产安全的社会责任。

履责成效

七年艰辛铸华章。航天科工在保障北京奥运盛会的安宁祥和，展现航天人为国家贡献智慧、为社会尽央企"共和国长子"的社会责任等方面发挥了突出作用，得到国际奥组委和北京奥组委的高度评价。

北京奥运之后，航天科工相继承担了上海世界博览会、深圳大学生运动会、广州亚运会和新中国成立 60 周年北京大阅兵重要场所北京天安门及周边地区的科技安保工程建设任务，再次彰显了航天科工不愧是"共和国脊梁"。

安保科技系统项目的成功实施，也为航天科工带来了品牌效应，直接带动了航天科工综合安保相关产业——电子信息、网络通信、装备制造和安防工程等多个领域的大发展。

结　语

航天科工在超大型活动安保科技系统的组织实施和管理方面具备了世界水平的技术实力和强大的系统工程能力，在平安城市建设、反恐防爆和社会稳定方面具有更广阔的应用领域，展现了国有大型高科技军工企业所具有的高度政治责任感、国家荣誉感和服务社会、奉献社会的责任意识，航天科工首提的"大防务、大安全"的理念得到社会广泛认可和传播。航天科工将继续为国家安全、人民安居和国防现代化建设承担重要的社会责任，做出更大的贡献。

第四章 | **环境友好添美丽**

开展鱼类增殖放流　建设绿色环保水电

中国华电集团公司[①]

　　摘　要：在国家加快实施转变发展方式、调整产业结构的战略下，大力发展以水电为主的清洁能源成为必然趋势。尽管水电本身是清洁能源，但水电开发过程不可避免地会对自然环境造成一定程度的影响。中国华电集团公司高度重视水电开发过程中的环保问题，在乌江水电开发中，通过开展鱼类增殖放流，有效地解决了水电开发与维持生物多样性之间的矛盾，取得了良好的社会效益，树立了企业履行社会责任的典范。

　　关键词：水电开发　生态保护　鱼类增殖放流

　　建设一座大坝和水电站已经不仅仅是一件单纯的技术和经济问题，需要更加重视人与自然的和谐，同时这也为企业主动承担社会责任、提升履责能力提供了难得的契机。

——中国华电集团总经理　云公民

---

　　① 中国华电集团公司是 2002 年底国家电力体制改革组建的全国性五家国有独资发电企业集团之一，主营业务为：电力生产、热力生产和供应；与电力相关的煤炭等一次能源开发以及相关专业技术服务。近年来，公司加快转方式、调结构、推创新、提效益，由单一发电集团转型为综合性能源集团，进入世界 500 强。截至 2012 年底，中国华电装机容量 10179 万千瓦；资产总额 6050 亿元人民币。

背　景

随着世界能源消费需求的持续增长，全球气候变化影响的日益加剧，世界各国都把开发水电作为能源发展的优先领域，作为应对气候变化、实现可持续发展的共同选择。相较于其他能源，水能资源具有不可比拟的优势和空间。水电是目前技术最成熟、最具市场竞争力且可大规模开发的清洁能源。开发水电既可节约对煤炭、石油等不可再生能源的消耗，减少对大气的污染，又兼具防洪、灌溉、航运、水产、供水、旅游等多种综合效益，是发展低碳经济、实现可持续发展的重要选择。

乌江是贵州省第一大江、长江上游右岸最大的一条支流，有南北两源，从南源的三岔河至河口全长 1037 公里，流域面积 8.792 万平方公里，乌江水系呈羽状分布，流域地势西南高，东北低，流域内呈喀斯特发育，天然落差 2124 米，水量与黄河相当，流域水能资源蕴藏量为 1043 万千瓦，其中干流为 580 万千瓦，是名副其实的水电"富矿"。根据国家批准的《乌江干流规划报告》，乌江干流共兴建 11 座大中型水电站，目前乌江贵州境内的 9 个梯级电站已全部建成投产。

天然的地理环境在蕴含了丰富的水电资源的同时，也为鱼类创造了得天独厚的生存环境，这里生活着鲤鱼、黄颡鱼（黄腊丁）、中华倒刺鲃（青鱼、青波）、四川白甲鱼、厚唇重唇鱼（尖头）、鳄鱼、中华沙鳅、长薄鳅、鳊鱼、胭脂鱼、铜鱼、鲢鱼（大口鲢）、麦穗鱼、翘壳鱼、黄鳝、齐口裂腹鱼、细鳞裂腹鱼、重口裂腹鱼、泉水鱼、鳙鱼（花鲢）、岩原鲤、鲈鲤、鳜鱼（桂鱼）、武隆丽条鳅等 128 种鱼类（全国 800 多种淡水鱼类中，有近 300 种生活在长江流域），其中细鳞裂腹鱼、金线鲃、长鳍吻鮈、泉水鱼、岩原鲤、中华倒刺鲃、铜鱼是乌江特有的鱼类，胭脂鱼、大鲵等甚至是国家级保护物种。

水电建设对水生生态尤其是流域内鱼类的影响，长期以来，一直是社会各界争议的焦点，也是水电工程环境影响评价的重点内容。综合国内外水电站建设的经验教训及相关研究，水电站对鱼类的影响是多方面的，其中，拦河筑坝使河流连续性受阻，导致水温、流速等水文情况变化进而改变鱼类生存环境以及截流大坝阻断洄游鱼类的洄游通道，鱼类生存环境破碎化、片段化致使多种鱼类无法洄游产卵完成繁殖，是改变自然鱼类生态、对保护生物多样性尤其是保护濒危鱼类带来重大影响的因素，甚至极有可能造成不可弥补的后果。

关于物种的问题，特别是珍稀物种保护，这是水电最直接影响的一个因素。陆地的物种还好办一些，无非是一些珍稀植物，可以迁移。水里的物种，比如鱼类，有些有洄游习性，大坝切断了河流，就可能导致物种消失或者影响生态。这里面要分清楚，有些是比较常规的物种，如一般的鱼类，我们可以补偿；真正非常珍稀的物种，应该采取特殊的人工抚育办法，把物种保护下来。

——中国工程院、中国科学院院士　潘家铮

随着乌江流域高密度性的水电开发、水体污染以及过度捕捞，多种水生珍稀野生动物数量急剧下降。如何解决开发与生态保护这个两难问题，考验着华电乌江水电开发的未来前景。难道乌江乃至整个西部的水电开发，面临的生态考验真的是难以逾越的吗？

中国华电集团公司在社会责任实践中坚持"创造可持续价值"理念，转变发展方式、调整电源结构战略，在大力发展水电的同时，也深刻认识到水电开发必须走可持续发展的路子，认真落实国家关于"在保护生态和做好移民工作的前提下积极发展水电"的方针，致力于构建水电开发的"示范工程"、"绿色工程"、"民生工程"，努力实现"建设一座电站、改善一片环境、造福一方百姓"的目标。

为了不再走先发展后治理的老路，实现发展与生态的良性互动，华电集团不断探索和实践绿色环保水电模式，逐步构建形成"在发展中保护、在保护中总结、在总结中发展"的动态环保长效机制，在乌江流域实施鱼类增殖放流项目，努力做到"生态水电、和谐开发、绿色发展"。

责任行动

行动源于责任。为了更好地保护乌江鱼类，华电集团在大量调研论证的基础上，从优化项目设计、建设放流站、建立长效机制三个方面着手做好鱼类的增殖放流。

一、调研论证

鱼类增殖放流是指在对野生鱼进行人工繁殖、养殖或捕捞天然苗种在人工条件下培育后，释放到渔业资源出现衰退的天然水域中，使其自然种群得以恢复。

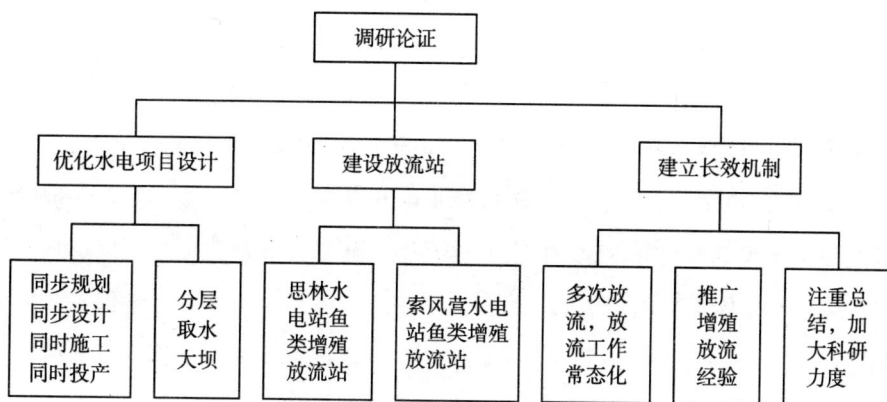

图4-1 乌江鱼类增殖放流举措

华电集团委托中国科学院水生物研究所、中华鲟研究所、重庆万州水产研究所等相关专业科研机构和包括环境学家、生物学家、水利学家等在内的专家学者，针对乌江梯级开发的具体问题，研究水电开发后水质、水温等水体环境的变化，研究乌江流域已建电站环境影响问题，以及水库生态系统累积性环境影响效应，明确水电开发后乌江生态系统发生变化的基本规律；2006年，华电开始着手有关鱼类增殖放流的基础性研究，包括人工驯养繁殖技术、苗种、成鱼和亲鱼培育技术的研究。其间，乌江公司对同类水电站鱼类增殖放流站项目进行了考察、调研。通过长时间大量的调研和反复论证，华电集团在乌江水电建设项目的环评报告中提出：乌江流域完全具备增殖放流鱼类的适宜条件，只要真正做到全面规划、认真落实、严密监测，并做好相关环节和协调配合，增殖放流鱼类的做法是有保障的。

在掌握大量研究结果并参照国内外应对水生生态环境恶化采取基本办法的基础上，华电最终确定了在乌江水电开发的过程中实施鱼类人工增殖放流的理念和实施方案——从可持续发展战略出发，"取之有道、用之有节、因地制宜"，坚持鱼类增殖放流的"三结合"，即与社会责任工作相结合、与水电科学有序开发相结合、与建立生态保护长效机制相结合，探索创新生态水电开发新模式。

二、优化水电项目设计

鱼类增殖放流对华电集团水电项目优化设计提出了新的、更高的要求。为了确保鱼类增殖放流的顺利实施，华电集团坚持"取之有道、用之有节、因地制宜"，科学开发资源，科学选择水电开发方式，将环境、生态保护的理念贯穿于水电项目开发建设的每一个环节，认真开展新建项目环境影响评价，坚持与主体工程同步规划、设计、实施水土保持、生物多样性保护、植被保护等措施，按照有利于生态保护的原则优化项目设计。根据开发水电与保护生态并行的理念，坚持在开发过程中对生态保护设施实现与主体工程同时设计、同时施工、同时投产。

在贵州乌江流域的水电开发过程中，华电集团按照环境影响报告书及批复要求落实陆生生物和水生生物保护措施；按照水土保持方案报告书及批复要求实施水土保持措施，采取工程措施与植物措施相结合的水土保持方案，有效防治工程建设可能造成的水土流失，积极落实生态保护的工作目标，努力设计建设绿色环保水电工程。

在黔源电力北盘江光照水电站建设时，华电集团优化水电设计方案，投资约 1.6 亿元用于环境保护，约占工程总投资的 2.3%。其中为解决水电站建成后，水温变化对鱼类生存的影响，华电优化水电站大坝设计，对发电机组进水口进行创新，投资 6800 万元建成分层取水设施，使大坝全年平均下泄水温较原设计方案提高了 3.1℃，有效减免了下泄低温水对鱼类繁殖的影响。这是我国第一座为保护鱼类生态环境而实现分层取水的大坝，开创了国内大型水电通过工程措施解决水生生物多样性环保难题的先河。

华电还将《贵州乌江水电开发环境影响后评价》纳入公司"十一五"科技发展规划，多角度地研究了乌江流域开发对流域生态环境的影响，从而提出了更完善的流域环境保护措施与对策。

水电建设项目的不断优化，为鱼类增殖放流创造了条件，提供了鱼类生存必备的良好环境。

三、建设乌江鱼类增殖放流站

为了将已开发的水电流域的鱼类资源恢复到天然状态的水平，华电集团与国内权威鱼类研究和养殖机构合作，投资 2 亿元在乌江流域贵州段索风营水电站、思林水电站各建设一座鱼类增殖放流站。

（一）索风营鱼类增殖放流站

华电乌江公司于 2006 年着手有关鱼类增殖放流工作调研，2007 年委托有关科研院所启动并完成了乌江水生生态专题研究。随后，委托中科院水工程生态研究所、贵州省水利水电勘测设计研究院承担了索风营鱼类增殖放流站的设计工作。

索风营水电站鱼类增殖放流站于 2007 年 6 月 26 日开工，2008 年 12 月 25 日竣工，工程概算静态投资 4000 万元，占地 2.2 万平方米。该站位于江边，且邻近索风营水电站，能较好地满足增殖站运行过程中所需的水、电等基本要求；站内建有综合楼、取水泵房、高位水池、亲鱼培育车间、催产孵化车间、苗种培育车间、露天成鱼培育池和活饵培育池及其水电配套工程，是目前国内管理最规范、设备技术最先进的鱼类增殖放流站之一。

该站增殖放流对象为岩原鲤、白甲鱼、中华倒刺鲃、长薄鳅，放流河段主要考虑索风营水电站、东风水电站库区江段以及坝下附近江段，同时兼顾考虑洪家渡水电站、乌江渡水电站库区江段。养殖规模209万尾/年，计划近期放流规模为9万尾/年，其中岩原鲤3万尾、白甲鱼3万尾，中华倒刺鲃1.5万尾、长薄鳅1.5万尾，增殖放流期为20年；远期将根据监测情况、建设需要、鱼类资源和经济发展条件逐步适当提高放流规模和规格，长期监测鱼类增殖放流效果，定期向地方环保部门报告。

为保证增殖放流顺利完成并达到物种保育的目的，索风营鱼类增殖放流站开展了放流鱼类野生亲鱼的采集与驯养技术、人工繁育技术、大规模苗种培育技术、放流技术四个方面的科研工作。目前，该增殖放流站运行正常，且已成功培育了鱼苗并进行了人工放流。

2009年8月7日，华电集团开展"增殖放流鱼类资源，保护乌江生态环境"主题放流活动。活动是贵州省首次在乌江流域放流人工繁殖的珍稀鱼类，放流的鱼苗全部由贵州索风营鱼类增殖放流站人工繁殖。投放岩原鲤、白甲鱼、中华倒刺鲃鱼苗共计9万尾。其中，乌江渡电厂库区投放6万尾，东风库区和索风营库区各投放1.5万尾鱼苗。

（二）思林水电站鱼类增殖放流站

思林水电站鱼类增殖放流站2008年8月开工，2009年12月竣工，主要工作任务是野生亲鱼的捕捞、运输、驯养、人工繁殖和苗种培育，对放流苗种进行标志（或标记），建立遗传档案，实施放流，放流河段为构皮滩水电站大坝（即思林水电站库尾）至沙沱水电站坝址下游之间的乌江干流和支流江段；放流规模为57万尾/年，近期放流对象为胭脂鱼、岩原鲤、青鱼、中华倒刺鲃、白甲鱼、泉水鱼、长薄鳅、华鲮。

该增殖站内主要建筑物由蓄水池、亲鱼池、催产孵化及开口鱼苗培育车间、鱼苗培育车间、鱼种培育车间、鱼种池、大规格鱼种池及污水处理站（含活饵培育池）、给排水管渠、综合楼、围墙、道路及其他配套设施组成。目前，该增殖放流站运行正常。

2009 年 8 月 7 日，乌江思林水电站建设公司特邀铜仁地区渔业局、铜仁地区环保局、思南县相关部门及当地渔民代表参加实施的"增殖放流鱼类资源，保护乌江生态环境"为主题的首次人工增殖放流活动，共放流青鱼、中华倒刺鲃等鱼苗 8 万尾。

表 4-1　思林水电站 2010 年 9 月珍稀鱼类增殖放流情况

种类	规格（厘米）	数量（万尾）	放流点
胭脂鱼	8~12	1	思南县凤鸣场码头（沙沱库区）
岩原鲤	5~7	3	思林库区（瓦窑河段）
青鱼	5~7	25	思林库区、沙沱库区、构皮滩
中华倒刺鲃	4~5	20	思林库区、沙沱库区、构皮滩
白甲鱼	5~6	5	思林库区、沙沱库区
华鲮·	6~8	3	思林库区（瓦窑河段）

作为目前国内少数管理最规范、设备技术最先进的鱼类增殖放流站，这两个站坚持按技术规范增殖放流特有珍稀鱼类：重点繁殖放流乌江特有的岩原鲤、白甲鱼、中华倒刺鲃、长薄鳅等珍稀鱼类；每年定期在乌江流域、北盘江中放流珍稀鱼苗。通过持续的增殖放流，这两条江河中的珍稀鱼类种群得到有效"补给"和保护。

建设鱼类增殖放流站开展鱼类放流的同时，华电加强鱼类增殖放流的管理工作，各水电开发公司设立专门的环保管理机构和人员，负责修建管理鱼类增殖放流站和鱼类增殖放流项目的实施，并长期监测鱼类增殖放流效果；健全渔业生态补偿机制加强水产种质资源保护区建设，强化水生生物栖息地保护，努力改善水生生物资源环境，促进渔业持续健康发展，配合增殖放流。

四、推广增殖放流经验并建立长效机制

华电集团将鱼类增殖放流作为履行社会责任、保护生态环境的一项重要措施，从2007年以来坚持每年定期开展，并逐步总结经验，探索建立长效机制。

（一）加大科研力度

由于目前国内水电站建设和运行管理增殖放流站可供借鉴的经验不多，缺少相应的技术规程和管理规范，在实际操作中遇到不少困难，迫切需要在总结已有工作经验的基础上，加大科研力度，指导鱼类增殖放流站的建设和运行。

规范技术规程。为加强流域开发中的鱼类资源保护，提高华电集团鱼类增殖放流站建设、运营的整体水平，华电集团探索国内水电环保管理空白领域，编制出台在国内处于领先地位并具有示范意义的《鱼类增殖放流站招标技术导则》和《鱼类增殖放流站运行技术规范》。乌江公司多角度地研究乌江流域开发对流域生态环境的影响，在国内率先开展并完成了水电开发环境影响后评价工作，成为环境保护部推荐的典范。

开展校企合作。2012年9月，"三峡大学北盘江生态环境研究基地"挂牌仪式暨贵州黔源北盘江鱼类增殖放流站第六次放流活动在贵州黔源北盘江光照发电厂举行。根据协议，北盘江公司与三峡大学将合作共建"三峡大学北盘江生态环境研究基地"，对北盘江增殖放流效果评估、北盘江中长期放流对象研究、马马崖电站集运鱼系统研究、水库鱼类种群调查与评估、水库水环境监测等方面进行深入科研合作和人才培养。

（二）经验推广

1. 泸定水电站鱼类增殖放流站

华电四川泸定水电站鱼类增殖放流站于2009年10月开工建设，2011年4月正式投入运行。放流对象为重口裂腹鱼、齐口裂腹鱼、长须裂腹鱼、黄

石爬鳅、青石爬鳅、中华鳅、山鳅、川陕哲罗鲑8种鱼类。该站是目前甘孜州境内第一个投入使用的鱼类增殖放流设施，集珍稀鱼类养殖、放流、研究于一体，它的建成并投入使用，对保护大渡河流域水生生态环境及生物多样性，有效减少水电开发对水生生态的影响，促进水电开发与生态环境保护的协调、可持续发展具有重要意义。

2011年10月，泸定水电站顺利完成珍稀鱼类增殖首次放流，放置点分别为大坝库区和库区下游冷碛，20万尾人工繁殖的大渡河珍稀鱼类鱼苗通过放流回归自然怀抱，放流仪式后，库区还进行了子一代鱼苗放养活动。作为实施流域生态环境建设与保护的重要举措，最大限度降低了电站建设对大渡河流域鱼类的影响，有效增加了鱼类数量，保持了生态平衡，对建设长江中上游生态屏障意义重大。

2. 北盘江鱼类增殖放流站

华电黔源公司北盘江鱼类增殖放流站自2009年12月投运以来，已成功进行6次增殖放流活动，累计向北盘江光照、董箐和马马崖电站库区投放长臀鮠、光倒刺鲃、白甲鱼、花鱼骨等珍稀及特有保护鱼苗达177万尾。

3. 鲁地拉鱼类增殖放流站

鲁地拉公司为保护金沙江的生物资源，2012年投资近4000万元规划建设鱼类增殖放流站，对水电站库区需进行保护的长薄鳅、鲈鲤、短须裂腹鱼等9种珍稀鱼类进行增殖放流。增殖站于同年12月建成投入试行，2013年3月6日，云南华电鲁地拉水电有限公司在金沙江畔举行2013年珍稀鱼类人工增殖放流活动，放流短须裂腹鱼和小裂腹鱼3万多尾。

此外，为有利于电站大坝上下流鱼类种群之间种质交流和鱼类遗传交流而实施的"捕捞过坝"项目也已顺利实施并进行了放流。水生生物监测项目以及珍稀、特有鱼类的繁育生物学研究项目也已委托相关科研单位进行。

4. 其他鱼类放流活动

2009年，福建华电储运有限公司投入40万元，与罗源长盛水产养殖公司签订了水产育苗合同。5 月 20 日，该公司在罗源湾可门湾区周边海域放流体长约 6 厘米的大黄鱼 102 万尾，首开在闽企业参与鱼类增殖放流的先河。此次放流大黄鱼后，还将陆续放流长毛对虾和牡蛎苗。

履责成效

实施鱼类增殖放流项目，既是一项社会公益活动，也是华电集团利用企业资源探索和实践绿色环保水电模式、积极参与水生生物多样性保护的一次有益探索和尝试，是创新发展模式、走可持续发展道路的一种新探索，充分体现了华电作为央企履行社会责任的担当，取得了良好的社会效益，促进了企业与自然、社会的和谐共赢。

一、保护鱼类资源

2009 年以来，华电乌江公司已在流域内的洪家渡、东风、索风营、乌江渡、构皮滩、思林等水库累计增殖放流岩原鲤、白甲鱼、中华倒刺鲃、长薄鳅等珍稀鱼种 270 余万尾，有效保护了生物多样性。从 2010 年起，公司加大放养力度，仅鱼苗每年就不少于 60 万尾。鱼类增殖放流站的建成并投入使用，对保护流域水生生态环境及生物多样性，有效减少水电开发对水生生态的影响，促进水电开发与生态环境保护的协调、可持续发展发挥重大作用。

二、带动多方参与

华电集团通过鱼类增殖放流，进一步增强全社会保护渔业资源、爱护环境的意识，让更多富于责任心和公益心的社会团体和公民参与进来，提升了民众对"依法兴渔，保持生态平衡"的认识。近年来，当地群众、学生及社会各界人士 2000 余人参加增殖放流活动，多家中央及地方媒体进行了广泛报道，引起了巨大反响。共举办不同规格的增殖放流仪式 6 次，放流活动越来越受到社会各界的重视，参加放流活动的人员范围也更加广泛，全社会保护水生生物资源养护、爱护环境的意识大大增强，参与水生生物保护的自觉性明显增强。

三、促进政企合作

致力于鱼类物种保护既是政府对企业水电开发环保的要求，也是华电集团对客观规律的尊重和履行环境保护责任的具体体现。

鱼类增殖放流项目的实施促进了华电集团与政府之间建立良好的合作关系，为企业发展经营营造了良好环境。

四、社会评价

乌江梯级水电开发，成功地走出了一条人与自然和谐、开发环保并重、企业社会双赢的新路子。

——中国工程院可再生能源战略研究水能组

华电集团在乌江、金沙江水电开发中高度重视水土保持和生态保护工作，对岩原鲤、白甲鱼等珍稀鱼类实施增殖放流保护项目，保护了水生野生生物，互惠了企业自身和自然环境，实现了企业和环境、社会的和谐发展。

——国务院国资委副主任　黄淑和

华电集团鱼类增殖放流养殖站的设备、技术和管理均为国内领先水平，称得上中国珍稀鱼类增殖保护的样板示范工程。

——中国科学院武汉水工程生态研究所副所长　刘汉勤

2010 年 6 月，华电集团"开展鱼类增殖放流，建设绿色环保水电"的案例入选"2009 金蜜蜂企业社会责任·中国榜"，华电集团也因此荣获"2009 金蜜蜂社会责任领袖型企业"奖。2010 年、2012 年、2013 年华电集团乌江鱼类增殖放流案例三次入选中国社科院 MBA 社会责任理论与实践课程。

结 语

　　未来华电集团还将在推动其他流域水电开发的过程中，有选择、有限度地开发流域水能资源，在电站之间保留一定面积的流水生态环境，并建立鱼类增殖放流站，以切实缓解水电开发造成的不利影响，最大限度地避免本地珍稀特有鱼类的衰亡，推进水电开发实现从单纯工程水电转变到生态水电、从纯粹技术工程转变到社会工程的两大转变，把水电开发与水资源综合利用、生态工程建设等有机结合，实现建设绿色环保水电的诺言，促进区域经济社会可持续发展。

走环境经营的道路 推动绿色产业链发展

宝钢集团有限公司[①]

摘 要：生态环境保护对钢铁行业来说是一个巨大的挑战。宝钢通过系统实施绿色采购、绿色研发、绿色生产、绿色营销、绿色物流、绿色回收，形成了宝钢独具特色的前瞻性环境经营实践，成就了钢铁行业领军企业驱动绿色产业链发展的优秀实践。宝钢的绿色实践，使人们投来更理性、更科学、更尊敬的目光。

关键词：环境经营 绿色采购 绿色营销 绿色宣言

背 景

进入工业时代后，新知识、新技术、新产品爆炸式地出现，不断创造社会财富的同时，也导致了自然资源的急剧消耗和生态环境的恶化，温室效应、臭氧层空洞、酸雨等全球性环境问题层出不穷，人与自然关系陷入前所

---

① 宝钢集团有限公司成立于 1978 年，是中国最大的钢铁公司。宝钢以钢铁为主业，生产高技术含量、高附加值钢铁精品，形成普碳钢、不锈钢、特钢三大产品系列。围绕钢铁主业的发展需求，宝钢还着力发展相关多元产业，重点围绕钢铁供应链、技术链、资源利用链，形成了资源开发及物流、钢材延伸加工、工程技术服务、煤化工、金融投资、生产服务六大相关产业板块，并与钢铁主业协同发展。2012 年，宝钢完成钢产量 4383 万吨，利润总额 104 亿元，居世界钢铁行业第二位。

未有的危机。对于钢铁，公众的内心深处或多或少存在着一些根深蒂固的
"误会"。比如，能耗大、排放多、污染重、成本高等。既要做"低消耗"、
"低排放"的绿色企业，又要面对激烈的市场竞争，对钢铁行业来说是一个
巨大的挑战。

责任行动

作为钢铁行业领军型企业，宝钢有责任也有义务做先行者和驱动者，在
绿色发展上带动同行业甚至上下游行业的进步：倡导绿色采购，引导供应商
追求经济效益、环境效益和社会效益的协调。推行绿色营销，向客户推荐绿
色环保的理念和技术，推广绿色产品应用，扩大公司在绿色产品方面的市场
优势。

一、绿色采购

宝钢对于绿色采购的推进，不遗余力，通过一系列采购政策的制定，倡
导资源节约、环境友好、产品全生命周期价值最大化的理念，引导供应商文
明健康、清洁生产，追求经济效益、环境效益和社会效益的协调，是宝钢实
现环境经营的源头，早在2008年6月，就率先在国内钢铁行业发布《绿色采
购行动计划》，2010年制定了《绿色采购行动方案》。

2011年国内钢铁行业首个《绿色采购指南》在宝钢诞生。《绿色采购指
南》不仅将使更多绿色标准、绿色认证和绿色制造措施引入宝钢自身产品的
生产流程，还将带动供应商改善自身管理，履行节能环保的社会责任。

宝钢提高对供应商的要求，看似"提高门槛"，对供应商是个巨大的挑
战，但其实更是机遇。2010年，宝钢将高污染、高能耗的耐材辅料行业作
为绿色采购的试点及突破的重点，通过与供应商的供需协同，推动绿色采购
供应链建设，不仅加快了耐材产品的技术进步，更拉开了中国耐材绿色制造
的序幕。

随着《绿色采购指南》的推出，宝钢将不断完善采购目录，提高绿色采购率，引导绿色产品的开发与应用，并逐步建立供应商环境绩效评价体系，培育一批致力于环保、低碳事业的绿色合作伙伴，形成更大规模的"绿色"产业链。

二、绿色营销，推广绿色产品

宝钢致力于产品创新，实现绿色产品开发，努力实现"钢种替代"、"材料替代"和"用途替代"，并积极向客户推荐绿色环保的理念和技术，推广绿色产品应用。正如《宝钢环境友好产品手册》中提到的，"宝钢愿意为广泛的钢铁下游用户提供更加优质的、可靠的、环保的，及不断持续改善的产品和服务；愿意与世界上所有的优秀企业及社会各界精诚合作，迎接新时代，共创绿色美好未来"。

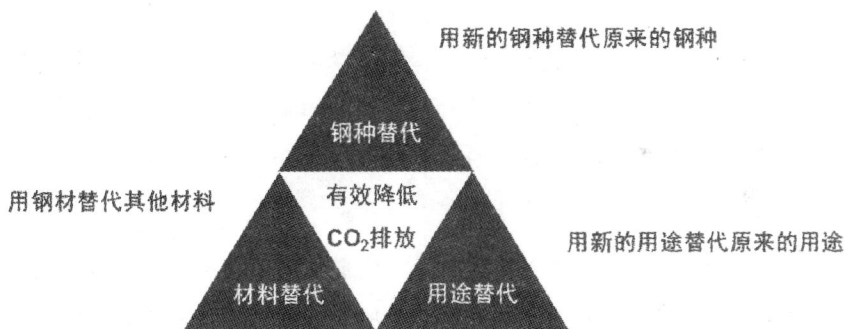

图 4-2 宝钢绿色产品开发的"三个替代"

"钢种替代"——先进高强钢 AHSS。

宝钢研发的先进高强钢 AHSS 不仅碰撞性能提升，且减重 20%，节能效果明显。如果一辆普通乘用车所用的常规钢材全部用高强钢替代，可减少6%的二氧化碳排放量，以 2008 年全球的汽车产量计算，可减少 1.56 亿吨二氧化碳排放。目前，宝钢汽车板有 1/3 是高强钢，高强钢在国内的市场份额超过 50%。

"材料替代"——钢结构，更具低碳优势的建筑。

钢铁材料本身可无限循环利用，能以更加经济和环保的优势，替代其他材料使用。钢结构建筑具有自重轻、强度高、造型美、施工快、污染少、抗震性能好等特点，与混凝土结构建筑物相比，钢结构住宅可减轻约30%的重量，在建筑物的整个生命周期中可以减少20%的 CO_2 排放，代表了"绿色建筑"的发展方向。

2011年宝钢建筑系统集成有限公司揭牌成立，标志着一个新型绿色产业链的形成，是从信息化管理、集成化设计、装配化施工到最后的装修建筑一体化的飞跃，在实现"像造车一样造房子"的愿景中迈出了坚实的一步。

三、发表"绿色宣言"，对社会做出的承诺

2011年5月，宝钢召开"绿色宣言发布会"，成为国内钢铁行业唯一发布《绿色宣言》和《产品环境声明》的企业。《绿色宣言》是宝钢环境经营理念的浓缩，其精神就是对宝钢从优先与环保绩效良好的供应商合作开始，集中全公司智慧致力于开发高能源效率和资源效率的制造工艺、向社会提供环境绩效优良的产品和服务并与用户分享先进的环境设计理念和技术的承诺。

宝钢明确了环境经营的三大任务：

（1）实现钢铁生产过程的节能减排，以最低的消耗和最小的排放完成钢铁产品的生产过程——在整个生产过程中所有资源都能得到充分利用，包括自身产生的副产品将最大限度地进入再循环，在钢铁生产过程中得到再利用，或转化为其产品形态并作为其他用途的产品为社会所利用，进入新的使用循环。与2005年比，2010年万元产值综合能耗下降42%，节约能源达153.4万吨标准煤，SO_2 减少63%，COD排放量减少86%。

（2）开展生态设计，开发生态产品——作为钢铁制造商，不仅要对钢铁制造过程负责，而且有责任保证所有钢铁产品在下游使用过程中不会因为钢材本身的问题对环境造成危害。因此要通过深入广泛地与下游产业开展合作，不断地开发出并持续提供具有卓越使用性能的新一代钢铁产品。这样，

钢铁业对节约能源、改善环境的努力将会在钢铁下游用户的产品和服务中得到进一步的体现，并实现供应链整体的节能减排。在这个意义上说，钢铁的使用过程比钢铁的生产过程更重要。2010 年至今，宝钢生产环境友好型产品近 200 万吨。

（3）整合环境技术、发展环境产业——钢铁业自身积累的节能及环境改善技术，既可以在行业内实现广泛应用，又可以推广到其他行业从而进一步扩大应用，产生更大的社会效益。在这个过程中，需要对一系列节能环保技术进行系统的商业化开发，宝钢有能力为行业内外的需求者提供各类完整的节能环保解决方案，在为社会提供有价值的产品和服务的同时，实现企业经济和社会的双重收益。

作为先进钢铁制造者代表的宝钢发布这一宣言，标志着中国钢铁行业在产品环境绩效信息披露透明度、专业化、公开化方面的重大进步，标志着中国钢铁先进制造者们在绿色发展方面的决心。

宝钢绿色宣言

宝钢是中国钢铁业先进制造技术的领头羊、环境友好型产品及服务的提供者，同时，宝钢也是绿色钢铁产业链的倡导者和实践者。在促进人类现代舒适生活的同时，保护环境、降低环境负荷是我们责无旁贷的使命。我们承诺：

一、开发高能源效率和高资源效率的制造工艺，开发和推广高能源效率和高资源效率的产品和系统，与用户分享先进的环境设计理念和技术，向社会提供环境绩效优良的产品和服务。

二、符合环保法规要求是我们的最低标准。保证制造过程中不故意添加法律法规禁止的对环境和健康有害的物质，同时降低产品在使用寿命中对环境产生的有害影响。

三、优先与环保绩效良好的供应商、分包方合作，提升供应商在可持续发展方面的意识和绩效，同时积极为客户提供绿色解决方案，致力于共同打造绿色产业链。

四、发布基于生命周期评价的产品环境声明，公示我们核心产品的环境绩效，方便顾客和其他相关方比较不同产品全生命周期的影响。

五、积极开展与政府、企业及国际间合作，推广应用国际间的研究成果、与各国先进节能及环境改善技术同步发展。

提高产品性能的同时降低对环境的不良影响、实现企业和环境的和谐发展是宝钢矢志不渝的追求，环境经营将始终贯穿于宝钢的发展战略、业务流程、日常运营之中。我们会一如既往地探索钢铁工业可持续发展的途径，塑造崭新的社会角色，共创美好的未来。

履责成效

宝钢的环境经营理念覆盖了绿色研发、绿色采购、绿色生产、绿色营销、资源回收利用、绿色产业等各个环节，在推动绿色产业链方面取得了积极的成果。

在绿色研发方面，利用产品生命周期评价（LCA）已经完成了 95 类钢铁产品、14 类能源产品的计算。

绿色采购方面，制定了《绿色采购行动计划》、《绿色采购行动方案》、《绿色采购指南》，2010 年资材备件和大宗原料供应商 ISO14001 体系认证率分别达到 18% 和 7%。

绿色生产方面，完成新型快速加热技术研究；热轧板免酸洗直接冷轧还原退火热镀锌技术等；COREX 炼铁工程；与 2005 年比，2010 年万元产值综合能耗下降 42%，节约能源达 153.4 万吨标准煤，SO_2 减少 63%，COD 排放量减少 86%。

绿色营销方面，推出了 AHSS 系列汽车板、涂镀板、电工钢、耐腐蚀产品；发布《绿色宣言》和《产品环境声明》。

产品回收和绿色产业方面，宝钢建筑系统集成有限公司成立；"宝钢朗泽中科院钢厂尾气制乙醇示范工程"；矿渣微粉、工业废油"变废为宝"。

结　语

作为中国钢铁行业的领头羊，宝钢积极承担社会进步、经济发展和环境保护三者之间协调发展的责任。为此，宝钢选择了环境经营的道路，将努力建成资源节约、环境友好型企业，成为绿色产业链的驱动者。宝钢不但努力实现钢铁产品制造过程、产品本身的"环境友好"，而且大力倡导"整个产业链的绿色伙伴关系"。正如《绿色宣言》所承诺，宝钢将矢志不渝地追求企业和环境的和谐发展，将环境经营始终贯穿于宝钢的发展战略、业务流程及日常运营之中，并一如既往地探索钢铁工业可持续发展的途径，塑造崭新的社会角色，共创美好的未来。

推进节能减排　打造绿色航空

中国航空集团公司[①]

　　摘　要：中航集团视承担企业社会责任为己任，高度重视发展与社会和环境的和谐，把节能减排作为企业转变发展方式的切入点和突破口，强化全员节能意识，加强组织领导，推进节能减排目标的落实，采取多项节能措施，努力节约航空煤油消耗、减少废气、废物排放，在推动企业实现环境友好、可持续发展方面走在了中国民航的前列。

　　关键词：绿色航空　减少燃油消耗　废物回收　循环利用

背　景

　　节能减排已成为中国民航运输企业经营发展中一项重要而紧迫的任务。

----

　　①　中国航空集团公司（简称中航集团）成立于 2002 年 10 月，是中央直属的特大型国有航空运输集团公司。经营业务涵盖航空客运、航空货运及物流两大核心产业，涉及飞机维修、航空配餐、航空货站、地面服务、机场服务、航空传媒六大高度相关产业，以及金融服务、航空旅游、工程建设、信息网络四大延伸服务产业。目前，中国航空集团公司共有包括中国唯一载国旗航空公司——中国国际航空股份有限公司在内的直属企业 7 家，三级以上企业 136 家，初步形成以核心产业为主导、以高度相关产业和延伸产业为协同的综合性产业集团。

航空公司约 98% 的能源消耗来自航空燃油。根据国际航协的测算，飞机每消耗 1 吨航空煤油，将会向大气排放 3.187 吨二氧化碳、1.239 吨水、0.98 千克二氧化硫、0.56 千克一氧化碳和 21.12 千克氮氧化合物。尽管航空运输排放的二氧化碳量只占导致全球气候变暖的温室气体排放总量的 2%，但是由于飞机的巡航高度一般在 8400~12000 米，相比于地面上排放的二氧化碳要 50 年左右才会上升到大气平流层，高空飞行的飞机直接将二氧化碳排放在平流层，其所产生的实际温室影响要比地面排放大 4 倍左右，对全球变暖的影响更直接、更明显。做好节能减排工作，不仅是促进企业增收节支、提高企业竞争能力的重要举措，也是航空公司自觉履行社会责任的具体体现。

中航集团作为占国内全行业航油消耗 20% 以上的企业，被国资委列入 30 家节能减排重点企业，节能减排的任务艰巨，责任重大。

责任行动

中航集团始终视承担企业社会责任为己任，在努力促进自身不断发展壮大的同时，高度重视发展与社会和环境的和谐，围绕"节能减排，科学发展"这一主题，把节能减排作为企业转变发展方式的切入点和突破口，强化全员节能意识，大力推进节能减排目标的落实，努力节约航空煤油消耗、减少废气排放、注重废物回收和循环再利用，在推动企业实现环境友好、可持续发展方面走在了中国民航的前列。

一、加强组织领导

为有序组织和推进节能减排工作，集团公司成立了总经理牵头的节能减排工作领导小组，各二级公司和集团节能减排重点企业也建立了多层次的节能减排组织管理体系，配备了专业管理人员具体负责节能减排统计、分析、监督、管理和考核工作。初步构建起了从上至下的节能减排工作机制。集团建立了节能减排责任分解和考核奖惩制度。在集团对各子公司的绩效考核指标体系中，将节能减排列入关键扣罚指标，并在绩效考核责任书中加以明确。确保了责任落实到位。国航股份将节能减排列入企业重要管理点工程，对完成情况每月公布、评估和分析，做得好的有奖，做不好的有罚。目前集团公司基本建立了"目标明确、责任落实、奖惩分明、一级抓一级、一级考核一级"的节能减排责任体系，有效推动了节能减排工作的深入开展，使节能减排真正落到了实处。

根据"突出重点、分类管理"的原则，集团实施分类管理，强化重点企业节能减排管理。确定国航股份、中航有限、旅业公司、民航快递公司为节能减排重点企业，资产管理公司、建设开发公司、财务公司、传媒广告公司为节能减排一般企业。实现节能减排全面推进，重点突破。

二、采取节能措施

国航的节油工作始于 20 世纪 90 年代初。2004 年联合重组完成后，国航节油工作开始大力全面推进。在确保安全的前提下，从技术和管理两方面下工夫，通过机队优化、计算机飞行计划应用、航路优选、二次放行、成本指数、飞机瘦身、APU 管理和飞行员节油操作等多种措施，持续推进节能减排。

控制飞机重量。飞机越重，所需升力越大，风阻也随着增加，加大的阻力须由发动机加大推力来抵消，耗油量因此增加。通常，每小时因携带额外重量所多消耗的燃油量相当于额外重量的 3%~4%。同时，较轻的飞机也是更为安全的飞机，因为较轻的飞机意味着爬升更快的能力、更高的巡航高度、更好的航路单发能力、更低的近进速度、缩短着陆距离和减少轮胎和刹车磨损。国航通过调整机上杂志和机供品重量、优化配餐装载量、改用轻质餐车等方式，实现飞机"瘦身"。

控制 APU 的使用。APU（Auxiliary Power Units）即飞机辅助动力装置，是一个与飞机发动机类似的小型燃气涡轮发动机，作用是给飞机在地面主发动机关车的时候提供空调引气和电源，提供压缩空气供发动机启动，在飞行过程中如果有发动机停车，也可以用来向飞机提供气源和电源，一般装在飞机的尾部。因机型不同，APU 使用的成本大约比停机位提供的地面电源贵30~50 倍。APU 不仅消耗大量的燃油和产生污染，其维护成本也较高，因此通过尽可能用地面电源车或廊桥电源代替 APU 等措施对 APU 进行有效管理能产生明显的燃油和成本节约。2008 年全年，国航实现节约使用 APU 共计11.5 万小时，节油 18174 吨。

加装翼梢小翼。翼梢小翼（Winglet）是在飞机小展弦比机翼的翼梢处装的一个小翼片。翼梢小翼可使飞机在更高的高度飞行、减少空气阻力、改善起飞爬升性能、增加燃油里程。安装弯折式翼梢小翼的 B737-800 飞机可节油 3%~5%，也降低了机场附近的噪声。目前国航已对 36 架波音 737 飞机加装了翼梢小翼。

飞机重心管理。飞机的载重平衡是影响飞行安全和油耗水平的重要因素。一方面要使飞机重心在地面滑行、起飞、巡航及着陆各阶段始终处于重心包线范围内，以保持飞机的平衡，确保飞行安全。另一方面，如果飞机的重心靠前，下俯力矩就将偏大，需要适当地增加发动机推力来产生一定的上仰力矩，以弥补下俯力矩的影响，必然增加一定的油量消耗。如果使飞机的重心在机身中间偏后的位置，飞机的头部将自然保持一种抬头的姿态，有利于飞机爬升，减少燃油消耗。一般来说，在重心包线范围内，重心装载靠后比重心装载靠前可以降低阻力 3%左右。国航配载部门实行重心管理后，对燃油经济性的提高产生了较好效果。

加强飞机性能监测和机务维护。通常，每飞行 3000 小时或 1000 个循环，新飞机的效率将降低 1%。几年之后，飞机的油耗将比新飞机性能水平的标准值高出 5%~7%。因此，加强飞机性能监控可以及时掌握燃油效率的变化情况，使每架飞机的计划燃油量更加准确，确保问题飞机按规定得到送修。发动机积尘、飞机密封不严、机身外表面光滑度和平整度降低等都会增加飞行阻力，对上述部位的清洗和维护有时能达到 1%~2%的减少油耗作用。

此外，加强飞机保洁，定期清理机上不需要的用品、资料，清除飞机积聚的尘埃和潮气将有助于减少飞机重量，提升飞机的燃油里程。

二次放行。在长距离国际航线飞行时，航线机动油量很少被消耗，为减少无效搭载，降低单位油耗，改善航班运行效率，国航采用了二次放行，即在起飞机场首先放行航班飞往大约在该航班航路90%航程附近的一个机场，并在航路上选择一个"二次放行点"，在该点按飞机的实际重量和剩余油量，再次签派放行至最终目的地机场，从而保证了每次放行都满足了规章要求，又减少了飞机携带的应急油量，从而显著减少燃油消耗。目前国航所有31条具备二次放行条件的航线，除特殊天气或机场限制外，已全部执行二次放行。

航路优选。指在管制许可的条件下，签派员通过从多条航路中选择最经济的飞行航路，或者避开流量控制的拥挤航路，从而缩短飞行时间，减少燃油消耗。如乌鲁木齐至成都南线比北线短94公里，B737-800型号可节油190公斤，时间缩短约5分钟。目前国航欧洲全部航班实施航路优选，极地航路、太平洋航路和国内航路优选项目也取得了积极进展。

机队优化。由于世界范围内对环保的重视，新技术的不断使用使得新型发动机的燃油效率不断提高，新机型的节油效率相应提升。国航正逐渐使用新型节能的飞机代替高耗能的老旧飞机，以达到节油、减少排放和噪音的目的。

计算机飞行计划。国航采用先进的计算机飞行计划对航班的运营进行管理。通过计算机飞行计划，对机组飞行方式提供指导，向机组提供最佳飞行剖面，为飞行监控系统提供数据，从而有效提升了运行效率，改善了飞机燃油效率。

加强地面用油管理。除了飞机在飞行、地面滑行和必要的APU用油外，在地面还有一些使用航油的地方，如维修航后检查时用油、定检和大修用油等。国航通过制度规范加强这部分航油的使用管理。如建立航后检查用油标准、定检和大修用油标准等，确保了地面用油的可控性。

三、注重废物回收和循环再利用

在北京地区，国航利用首都机场的垃圾处理中心进行废弃物的回收及处理。每个国际、国内航班的废弃物都实现了封闭分拣，按可回收和不可回收分别进行处理。外站垃圾的处理与回收由当地机场负责，按属地管理办法进行处理。在废弃物资的回收再利用方面，通过对航班的配备量、回收量进行监控，既解决了物品的浪费，又跟踪了物品回收处理的整个流程，保证了环保责任的落实。

集团所属专业公司方面。民航快递对老旧运输车辆进行报废更新，加强运输车辆的指挥调度管理，实施业务类型与车型匹配，优化货件派送路线，减少弯路绕行和路线重复，在一些区域分公司推广 GPS 定位系统，在同等业务量的情况下，减少了燃油用量；开展驾驶员驾驶技能培训，落实定车定人责任制。逐步推广 GPS 定位系统，提高车辆运行效率；旅业公司加强所属酒店大厦要节电、节水、节气管理，推广应用节能灯具、节水器具；减少一次性物品使用，加强对水电油气跑冒滴漏的巡检。中航有限、财务公司、传媒广告公司等单位也积极采取措施，加强了所在办公写字楼的节水、节电等工作。

履责成效

通过多种节能减排措施的综合应用，集团主业公司的燃油效率不断提高，从 2002 年起，燃油消耗呈逐年下降趋势。

以平均小时耗油测算，2007 年耗油为 3726 公斤/小时，比 2004 年的 4322 公斤/小时降低 13.8%。2007 年同比 2004 年节油 22.5 万吨，2008 年国航全年同比节油 10.5 万吨，节约航油成本约 8 亿元，减少二氧化碳排放 33 万吨。2009 年上半年，国航的节油工作继续取得了较好效果，航路优选、

表 4-2 国航 2002~2008 年燃油消耗

年份	总体油耗 （万吨）	ATK （百万吨公里）	RTK （百万吨公里）	ATK 油耗 （公斤/吨公里）	RTK 油耗 （公斤/吨公里）
2002	177.13	8639.60	5167.89	0.2050	0.3428
2003	173.64	8594.10	5200.36	0.2020	0.3339
2004	220.18	10683.48	6751.38	0.2061	0.3261
2005	237.74	11422.08	7439.95	0.2081	0.3195
2006	270.20	13267.03	8678.05	0.2037	0.3114
2007	288.36	14293.30	9682.56	0.2017	0.2978
2008	284.56	14146.26	9430.64	0.2012	0.3017

图 4-3 国航 2002~2008 年燃油效率

优化、二次放行累计节油 11577.34 吨，节油金额 6500.32 万元；飞机瘦身累计节油 3065.76 吨，节油金额 1723.92 万元；APU 累计节油金额 6500.35 万元。上半年，国航累计节油 36899.8 吨，节油金额 2.1 亿元。

从全集团看，在机队规模逐年扩大的情况下，2008 年全年，中航集团的能源消耗总量同比下降 2.5%，万元收入综合能耗降幅为 5.03%。按收入测算，集团 2008 年能源消耗较 2005 年节省 102 万吨标准煤。

2009 年 1 月 8 日，国航荣膺搜狐 2009 年中国新视角高峰论坛"2008 最佳社会责任年度企业"，成为行业内唯一获此荣誉的企业，并已连续四年获得"最佳企业公众形象奖"。

结　语

随着节能减排、发展低碳经济越来越成为全球趋势，中航集团已将节能减排提升到与安全、服务同样重要的战略高度，以更积极主动的姿态投身到打造中国"绿色航空"的事业中。作为全球最大航空公司联盟——星空联盟的重要成员，国航于 2008 年 10 月正式签署了星空联盟的环保承诺宣言，将与星空联盟其他成员一起，共享信息，携手合作，为保护地球环境做出一份贡献。我们也将加强与有关方面在替代性清洁燃料开发与试验上的合作，积极推进对现有运营流程的调整改进，加强信息系统的升级改造，加强节能减排对标学习和交流，不断探索，不断改进，确保节能减排再上新水平。努力还天空洁净，向"绿色飞行"目标持续迈进。

矿区地质环境综合治理

中国黄金集团公司[①]

摘　要：始于 20 世纪 80 年代的地方及私营矿山勘探与持续开发活动，对当地地质环境造成了严重危害。陕西太白黄金矿业有限责任公司[②]有计划、有步骤地进行地质环境综合治理，通过综合治理尾矿库、堆浸废渣场，综合利用庙沟堆浸废渣等措施，促进了当地区域生态系统面貌的彻底改观，实现了环境效益、经济效益、社会效益相统一。

关键词：矿山开发　尾矿库　综合治理

背　景

陕西太白黄金矿业有限责任公司是中国黄金集团公司（以下简称集团公

[①]　中国黄金集团公司是国务院国资委管理的黄金行业唯一一家中央企业，组建于 2003 年初，其前身是成立于 1979 年的中国黄金总公司。主要从事金、银、铜、钼等有色金属的勘察设计、资源开发、产品生产和贸易以及工程总承包等业务，是集地质勘探、矿山开采、选矿冶炼、产品精炼、加工销售、科研开发和工程设计与建设于一体的综合性大型矿业公司。

[②]　陕西太白黄金矿业有限责任公司（简称太白公司）是中国黄金集团公司的权属子公司，位于陕西省宝鸡市太白县境内，是集黄金采、选、冶与水力发电于一体的黄金生产企业。2010 年底，太白公司拥有探矿权面积 37.88 平方公里、采矿权面积 1.4703 平方公里，保有金属储量 42.03 吨。

司）的权属子公司，位于陕西省宝鸡市太白县境内，是集黄金采、选、冶与水力发电于一体的黄金生产企业。

太白公司矿区地处秦岭南麓，汉江上游。矿山开发之前，当地山清水秀，天然植被良好，森林覆盖率90%以上。但是，始于20世纪80年代的地方及私营矿山勘探与持续开发活动，对矿区周围的地质环境造成了持续损害，地质环境与生态系统被破坏，环境污染、安全生产事故隐患日趋严重，这些状况已经威胁到矿山的安全生产和当地居民的健康，影响到汉江上游的流域治理与生态保护工作。矿区主要地质环境危害因素是尾矿库占地与溃坝隐患、堆浸场占地与阻塞河道行洪、采矿弃渣占地以及由上述诸因素所造成的生态破坏与环境污染问题。如不及时治理，必将构成更为严重的威胁。

太白公司是区域内最大的矿区，其生产规模，开采量、弃石及尾矿量都相当大，对太白河境内的生态环境影响起着举足轻重的作用。

责任行动

太白公司根据（国土资环函［2005］13号）文件精神和《陕西太白黄金矿业有限责任公司矿山地质环境治理项可行性研究报告》，按照国资委、地方政府和集团公司要求，秉承"建一座矿山，富一方百姓，美一域环境，树一面旗帜，尽一份责任，促一方和谐"的立企理念，认真践行科学发展观，履行央企社会责任，坚持矿产开发与环境治理同步进行，致力于创建"资源节约型、环境友好型、发展和谐型"矿业企业，截至2010年底共投资3200多万元，有规划、有步骤地实施了地质环境综合治理项目。

一、综合治理尾矿库

太白公司有两个尾矿库。兴开岭尾矿库于1990年底竣工投入使用，库区距离生产区选矿厂7公里，位于太白河右岸，尾矿库容量为325.762×104平方米。东沟尾矿库于1998年6月建成使用到现在，位于太白河左岸。两个尾矿库由于库面、马道和子坝外侧尾砂裸露，在干燥多风季节，尾砂飞扬，污染空气，在雨季又容易发生水力侵蚀、水土流失和水体污染事件。

对尾矿坝的治理主要是对子坝体和马道进行覆土绿化。在兴开岭尾矿库的治理中，尽管库区所处位置偏远，周围无土可取，治理起来难度大，但太白公司不畏困难艰辛，专门架设了 1 公里高压线路，沿坝外坡铺设了 168 米爬坡提升轨道，用矿车从 10 公里外土场将土运到坝根，再用爬坡斗将土运至坝面。整个库区、尾矿库库面、马道、后期坝等经过平整覆土、护堤后，大胆种植能改变土壤酸碱性、抗旱耐寒、根系发达、生命力旺盛的紫花苜蓿，代替原设计采用的沙打旺。为保证植物成活，从库区到坝面均铺设了灌溉管道，并根据土质情况定期进行浇灌。通过综合治理，以及还草、还林等人工措施，2010 年底，两个库区已恢复植被、林地 14.905 公顷（223.575亩），总投资 88.23 万元。目前，固化后已治理的库面、各层马道和子坝体，绿草茵茵，景色喜人，库区苜蓿、树木长势良好，坝体和坝面稳固有效，保护层压制风沙明显，防止尾砂流失巩固，有效改善了坝体的生态环境。昔日沙尘漫天、泥沙裸露的尾矿库被空气清新、满眼葱绿所掩映，成为一个放心、安全、绿色的库区。

二、综合治理堆浸废渣场

由于原来矿山采用堆浸生产工艺，堆浸废渣、废弃矿渣、废石等矿山固体废弃物大量堆积，堆积量达 61.330×104 平方米，挤占了大面积的河道良田，降低了河道的正常排洪能力，威胁到周围耕地和附近的公路和居民安全。为此，从 2002 年起，太白公司根据废渣场所处位置，决定先清除堆浸废渣所占的河床，再修沿河护堤，最后对堆浸废渣进行复垦。经过近五年一期、二期工程的实施，到 2006 年底彻底消除了水灾隐患，减少了水土流失。从 2007 年开始，太白公司对堆浸废渣场坚持"边堆积，边治理，边复垦"，确保将矿山开发对自然环境和社会的影响降到最低。截至 2010 年底，经过对堆浸场的治理，太白公司已复垦耕地面积 14.7 公顷（220.5 亩），修筑沿河护堤 3.3 公里，总投资 387.12 万元，实现了对排渣场进行平整、筑坝护堤、覆土还田后移交当地群众进行耕种。

三、综合利用庙沟堆浸废渣

2007 年 7 月，太白公司整合了原太白新星金矿、庙沟金矿、太和金矿。由于这些地方或私营矿山长年采取堆浸生产，遗留堆浸废渣 300 多万吨，同时井下还残留了近百万吨低品位矿石（0.8~1 克/吨）。几百万吨的堆浸废渣堆积在公司生产区上游，对矿山的日常生产以及职工的生命财产等构成了极大的威胁。为尽快消除安全隐患，最大程度地利用有限地质资源，2008 年，由集团公司主持的庙沟堆浸废渣综合再利用项目通过了审查并正式立项。该项目投资 6000 多万元，建成 3000 吨/日选矿厂，年可处理 100 多万吨堆浸废渣和低品位矿石，为彻底消除强降雨所引发的泥石流等安全隐患，保护了公司职工及下游居民的生命财产安全创造了条件，同时对我国低品位黄金地质资源综合利用有深远的影响和借鉴意义。

履责成效

区域生态系统面貌彻底改观。区域全年优良空气质量达到 320 天以上，矿区山清水秀、空气清新、鲜花飘香、环境优美，真可谓"踏花归来马蹄香"。太白公司在秦岭深部引进紫花苜蓿治理尾矿库是个首创，也为全国矿山企业尾矿库恢复植被探出了一条新路。为地方百姓新增 378 亩良田。治理完成后矿区影响区的植被覆盖度可达到 85%；可有效防止水土流失，减少各种地质灾害；减轻沟道、河流的洪水泥沙危害，保护了区域内的水土资源，同时保障了太白公司生产的正常运行与安全，保护了下游农户的生产、生活环境秩序，新增耕地、林地 25.235 公顷（378.5 亩）。目前，复垦土地农作物长势喜人，达到了基本农田标准，当地老百姓已经从中得到了实惠。水体污染和灾害性泥石流隐患已消除。通过对生产区上游原地方金矿废弃的数百万吨堆浸废渣综合再利用，彻底消除堆浸废渣对当地环境造成的污染和可能引发的泥石流对下游工业设施及人民群众生命财产安全构成的威胁，使废弃资源变废为宝，在服务年限内总计可回收黄金1596千克，收益20929.52万元。

太白公司先后被国土部授予"全国矿产资源开发整合先进单位"，被国资委授予"中央企业学习型红旗班组标杆"等多项荣誉称号。特别是近年来持续开展的地质环境综合治理工作成效显著，被安监总局授予"'全国非煤矿山强基固本五个一百'示范单位"，被国土部列为2010年矿产资源节约与综合利用示范工程。

结　语

太白公司持续实施地质环境综合治理，努力践行央企社会责任，创造了最佳生产、生活环境，真正做到了群众满意、政府放心、员工幸福，集中体现了央企落实科学发展观，回报社会，履行责任，营造和谐的光荣使命，实现了环境效益、经济效益、社会效益相统一。

建设一流工程 保护美丽湖区

中国交通建设集团有限公司 [①]

摘 要：中交集团承担阳京沪高铁跨阳澄湖段的施工，通过提前策划、精心组织、全面防治，整个施工期间，实现了阳澄湖区的环境水及围堰土壤"环境零污染、环保零投诉"，工程进度、质量、环境保护得到了业主和利益相关方的高度评价，成为京沪高铁的样板工点之一。

关键词：京沪高铁施工 环境保护 污染防治

背 景

地处江苏省苏州市境内的阳澄湖，水域面积 120 平方公里，是江苏省重要的淡水湖泊，水产资源十分丰富。它不仅是驰名中外的大闸蟹产区，更是苏州地区重要的饮用水水源之一。

---

① 中国交通建设集团有限公司（简称中交集团）主要从事港口、码头、航道、公路、桥梁、铁路、隧道、市政基础设施和房地产开发业务，业务足迹遍及世界 100 多个国家和地区。2006 年 10 月，中交集团整体重组改制设立中国交通建设股份有限公司，并于 2006 年 12 月 15 日在香港联合交易所主板挂牌上市交易，是中国第一家成功实现境外整体上市的特大型国有基建企业。2011 年，公司名列世界 500 强第 211 位。

京沪高铁作为国家重大工程，是世界一流高速铁路工程，需要跨过阳澄湖。当地的人们不免担心：京沪高铁的大规模施工是否会破坏阳澄湖秀丽的生态风光，影响湖区水质，改变大闸蟹口味？这不仅是社会关注热点，也是工程建设难点。

责任行动

中交集团旗下中交第一公路工程局有限公司（简称一公局）① 承担了这一极具挑战性的工程。在工程建设之初，中交一公局就认识到，要履行中央企业社会责任，增加环保投入，改进工艺流程，降低污染物排放，实施清洁生产，建设世界一流工程，努力保护环境。一年来，中交一公局努力实现了这一目标：工程进度、质量、环境保护得到了业主和利益相关方的高度评价，成为京沪高铁的样板工点之一。

一、提前策划，制定科学施工方案

2008 年 2 月，中交京沪高铁项目部五工区（以下简称一公局项目部）在阳澄湖附近扎营，开始京沪高铁跨阳澄湖段的施工。一公局项目部意识到湖区保护和工程建设必须兼得，便首先派人多次登门拜访当地施工管理和环水保方面的专家，学习湖区施工经验；并派出了以项目总工、工程部主任、测量以及当地劳务队技术负责人为成员的阳澄湖水域施工前期排查小组，对湖区的水深（含不同季节变化）、水下地质（含淤泥厚度）进行了长达 3 个月之久的排查摸底工作，以便全面了解湖区的各项技术资料。根据可能产生污染的 8 个方面，拟定了多套水中施工和环水保方案。

---

① 中交第一公路工程局有限公司始建于 1963 年 4 月，其前身是中国人民解放军公路一师。中交一公局从起初承建国内战备公路、国外经援工程的一支筑路队伍，如今发展成为以承建国内外高等级公路、特大型桥梁为主，集施工、设计、监理、科研、检测、机械制造为一体的国家大型公路工程施工总承包特级企业。

随后，一公局项目部主动聘请清华大学水利水电系作为环水保咨询机构，给自己施工提供技术支持。一公局项目部还和苏州大学环境监测中心签订协议，委托其对阳澄湖水样进行检测，给环水保提供依据。清华大学一位教授说，自己还是头一次遇到施工单位主动提出环水保测试。

经过分析论证，一公局项目部确定了变水上施工为陆上施工的方案，采用围堰进湖、利用湖底原状土筑坝。也就是在水中打入两排木桩，中间填土，形成的两道坝体来隔断水体，形成围堰，围堰合拢后，抽掉围堰内的水，使其水上作业改为陆地上作业。

一公局项目部分析认为，陆地作业可最大程度减小水中施工机械设备产生的油污染、砼灌注产生的水泥浆污染、钻孔施工产生的泥浆污染及施工产生的建筑垃圾污染；筑坝围堰用土采用湖底的原状土，对湖水不会产生污染，不从湖外运土进入湖内，从而减少外来污染物的进入通道；桥梁主体施工完成后，在拆除围堰前先对围堰内进行全面清理，不留死角，并请环保局专业人士检查验收合格后，进行围堰的拆除，恢复湖床原貌。而且，通过挖填作业改变施工范围内上下土体结构，甚至在某种程度上改善了土壤中营养物质富集的问题。

几轮评审之后，这一方案得到铁路建设单位、设计单位、监理单位、环水保权威咨询机构、环境监测机构、地方水利、海事部门的认可。这一施工方案实现了既建设好一流高铁而不破坏湖区宝贵环境的目的。

二、精心组织，严格实施清洁生产

跨阳澄湖湖区的特大桥自西向东七次跨越阳澄湖湖区，线路经过湖区总长 5900 米。一公局项目部需要制作 181 个墩台和 1858 根桩基。只有严格执行施工方案，才能保证不污染湖区。

湖中施工的第一步是设立围堰。最外层用木桩和竹篱笆，依次用彩条布、土工布、钢板桩。一公局项目部设立了安全稳定的围堰，将施工区和外围湖水彻底隔开，施工生产的浑水就不能向外围扩散，杜绝了油污对湖水的污染。而且，一公局项目部所有围堰用材料都要保持清洁，机械设备在进入湖区之前都要做专门的检查，保证性能良好，严防漏油。湖区施工时，围堰内现场、施工船只上设置垃圾箱，将生活垃圾统一收集后运至生活垃圾指定存放点。

围堰完成之后，一公局项目部需要抽水清理堰内淤泥。淤泥是经过长时间的沉积形成的，可能含有大量的富营养物质、微生物、重金属元素等有害物质，经过围堰施工后可能将这些有害物质重新扩散污染水质，绝不能存放在堰内。然后，围堰内用少污染、容易清理的材料铺成施工便道，各种材料和设备才能够出入湖区。

这样，施工点和湖水隔绝，水中施工变成了陆上施工，才可以开始钻孔打桩。在这个环节，一公局项目部重点控制泥浆的处理，每两个墩之间设置泥浆池，底部及四周采用塑料薄膜隔离，防止泥浆渗漏。湖区施工采用市电进行钻孔桩施工，现场备用发电机放置场地作特殊的防油污措施和隔音处理。

在钻孔桩施工中，一公局项目部采用先进的反循环钻机钻孔。钻孔桩施工时，在湖底挖泥浆池，用于钻孔桩泥浆循环，施工中泥浆不得外溢。桩基钻孔施工产生的泥浆，经沉淀分离后，沉渣外运弃至当地环保部门指定地点，废水经处理合格后重复利用或用于场地、道路的降尘和绿化。每个墩位钻孔桩施工完毕后，采用泥浆泵将泥浆池内的泥浆、钻渣抽至罐车内，外运至远离湖区的指定位置，最后利用开挖时的原状土进行回填。

孔桩完成后，施工对湖区的主要威胁基本解除，一公局项目部便清理浆池以及被污染的地面。拆除围堰以恢复湖区环境仍然是需要小心翼翼的环节。在围堰修筑与拆除过程中，施工人员的任务是，防止取土挖泥产生的浑水扩散和防止施工船只出现漏油等造成大范围污染。其中，恢复湖区的一个细节是，施工时在湖里面取的土分，需要确定无严重污染物后，才能还原到原湖底取土区并尽量恢复到原貌。而且，工区给自己设置了一个"麻烦"：

湖区便道、钻孔泥浆、钻渣及废弃物必须在围堰拆除前清理干净，待环保部门检查验收后方可进行围堰拆除工作。这就是："进去的土必须拿出来，挖了的土就得填回去。"

三、全面防治，杜绝各种施工污染

一公局项目部也需要对可能出现的污染做好准备，这就是他们制定的污染防护措施。为了不污染湖水，施工营地设置远离水体边缘，有毒物质的施工材料不得堆放在河流、沟渠等水体附近。生活污水，尤其是含 N、P 的生活废料和含大量病原菌、病毒、寄生虫卵的人的排泄物，则必须设置污水沉淀池，不得直接排入水源保护区市政污水管道或湖中。

围堰内的生产污水进行"三级沉淀"后引出水源保护区排放，都经过当地环保部门批准和环境监测。而针对施工作业机械可能发生漏油的污染，制定了严格的预案。

施工产生的废弃机具、配件、包装物及各类固态浸油废物等，雨季尤其要及时集中收集、封装，运至垃圾场进行处理或回收利用，防止雨淋和冲刷后的渗出液将其中的有毒物质带出，顺着地表水体和地下水流进阳澄湖造成水质下降进而导致鱼虾减产和饮水污染。生活区的设置要相对集中，设置必要的公共卫生设施，废水净化池、化粪池，按照环保部门的要求定期清理，避免生活垃圾污染环境。生活固体垃圾采用密闭垃圾桶集中收集、分类堆放、适时运至环保部门指定地点，保持驻地清洁。临时生活设施的修建、拆除时产生的固体废弃物，按照环保部门的要求弃至指定地点进行处理。

阳澄湖水域桥段第二大段的东湖区施工现场靠近大闸蟹养殖、餐饮最大的"渔家灯火"区，施工中对大气、噪声、光污染的防治格外重视。夜间噪声会影响大闸蟹的蜕壳，尤其八九月份大闸蟹生长旺季，一公局项目部尽量将噪声和振动大的施工作业安排到白天，晚上施工严格控制机械作业噪声。为减少噪声影响，机械设备选型配套时优先考虑低噪声设备，尽可能采取液压设备和摩擦设备代替振动式设备，并采取消声、隔音、安装防震底座等措施减少噪音。

一公局项目部还制定了严格的大气污染防治措施。施工场地、道路定时洒水，防止施工扬尘对湖区的污染；施工场地出入口设置冲洗设备，对施工车辆轮胎进行冲洗，确保城市道路清洁。运输易产生扬尘的建筑材料或土石方时，运输车辆装料适中，并采用篷布严密覆盖。所有施工车辆尽量使用目前苏州市场上的清洁燃油，减少尾气污染。施工场地、营地四周采用围护措施；城市地带的施工场地裸露地表或集中堆放的土方表面采用临时覆盖措施，防止扬尘。

履责成效

整个施工期间，一公局项目部实现了阳澄湖区的环境水及围堰土壤"环境零污染、环保零投诉"。检测表明，京沪高速铁路的施工没有污染阳澄湖水质，达到了"施工零排放"、"水质零污染"的环水保工作目标，湖区生态环境及大闸蟹养殖业没有受到影响。

苏州工业园区领导深有感触地说："一公局施工中各方面做得都很到位，没给阳澄湖带来任何麻烦。"阳澄湖水域施工也赢得了社会各界一致好评，得到了中国环境学会等环保专家的充分肯定，并作为中交指挥部环水保示范工程，接受了100多次各界领导及同人的检查、观摩和中央电视台、人民日报、人民铁道报等多家媒体报道。铁道部环保水保专项检查组对此给予高度评价，建议作为京沪高速铁路全线环保水保典范，经验值得推广。一公局项目部的施工方案荣获京沪公司"技术创新一等奖"，并已被铁道部科技司正式列为2009年立项项目。

建设清洁高效电厂　引领发电技术进步

中国华能集团公司[①]

摘　要：中国华能集团所属的华能玉环电厂[②]是我国建设的第一个百万千瓦级超超临界机组燃煤电厂。作为国家"863"计划——百万千瓦级超超临界发电技术课题研究项目的依托单位，华能玉环电厂采用最先进的燃煤发电技术，采用节煤、节油、节水技术，减少燃油消耗。通过清洁排放、环保改造和美化环境保护生态环境。华能玉环电厂的建设和运营，使我国电力工业在燃煤电站技术研发、设备制造、工程建设和生产运营管理方面实现了跨越式发展，达到了世界先进水平。

关键词：超超临界机组　环保型电厂　技术领先

---

① 中国华能集团公司（简称华能）主营业务为：电源开发、投资、建设、经营和管理，电力（热力）生产和销售，金融、煤炭、交通运输、新能源、环保相关产业及产品的开发、投资、建设、生产、销售，实业投资经营及管理。截至2012年9月底，公司在全国29个省、市、自治区及海外拥有全资及控股装机容量1.31亿千瓦，为电力主业发展服务的煤炭、金融、科技研发、交通运输等产业初具规模，公司在中国发电企业中率先进入世界企业500强，2013年排名第231位。

② 华能玉环电厂为华能国际电力股份公司全资电厂，位于浙江省台州市玉环县，一期工程1#机组于2006年11月28日投产，实现百万千瓦级超超临界机组在国内率先投产；2#机组于2006年12月30日投产，实现了年内"双投"，提前成功建成了中国首座百万千瓦级超超临界燃煤电厂。二期工程连续建设，3#机组于2007年11月11日投产，同年11月25日4#机组投产，创造了"12个月内投产4台百万千瓦级超超临界机组"的中国企业世界纪录。

背　景

　　国民经济和社会发展"十一五"规划纲要，提出了到 2010 年末单位国内生产总值能源消耗比 2005 年降低 20%、主要污染物排放总量减少 10%的约束性目标。这是党中央、国务院坚持科学发展观，推进经济社会科学可持续发展的重大举措，是建设资源节约型、环境友好型社会的必然选择，是加快结构调整、转变发展方式的必由之路。面对我国"以煤为主"的能源结构，坚持不懈地提高煤炭清洁高效利用水平，对确保国家能源安全、实现经济社会可持续发展具有重要的意义。

　　作为国有重要骨干企业，华能始终以保障国家能源安全、为社会提供充足、环保、价格合理的电能为己任，坚持依靠技术创新和管理创新，不断推动我国电力工业的全面协调可持续发展。公司成立 20 多年来，积极研发应用先进发电技术，为不断实现更清洁、更环保、更高效的燃煤利用而努力。在中国火力发电技术发展的历程中，公司创造了多个"第一"——第一个引进 60 万千瓦级超临界燃煤机组及技术；第一个建设运营国产 60 万千瓦超临界燃煤机组；第一个建设烟气脱硫装置的燃煤电厂；第一个建设燃煤电厂二氧化碳捕集示范工程，引领了中国发电技术发展的方向。

　　作为国家 863 计划"超超临界燃煤发电技术"课题的主要发起单位，华能积极组织并参与该课题的研究，认真分析国际上超超临界发电机组运行管理状况，全面总结公司建设运营管理超临界机组的经验，为课题研究提供支撑。2002 年 4 月，公司研究并选址在浙江玉环建设我国第一个国产超超临界机组示范项目，作为课题的依托项目，分 2 期建设 4 台百万千瓦级超超临界机组。2003 年 11 月 28 日，项目获国务院正式批复。

责任行动

华能玉环电厂以"四最一优"——技术水平最高、经济效益最好、单位千瓦用人最少、国内最好、国际优秀为目标，建设"高效环保、绿色生态"国际一流的电厂，做领先的样板，当华能的窗口，创国际一流，出经验、出人才、出效益，为我国电力工业的发展提供宝贵经验，为建设美丽中国提供源源不断的清洁能源。

一、采用最先进的燃煤发电技术

华能玉环电厂在发电技术上实现了新跨越，采用了主蒸汽压力26.25MPa、主蒸汽温度600℃的超超临界发电技术。以工程为依托，开展了主要辅机国产化分析、四大管道材质选择、厂用电压等级比选、海水淡化方案、软土地基处理、汽轮机低频柔性基座等专题研究，为我国大规模建设百万千瓦级超超临界机组积累了宝贵经验。华能联合国内工程设计、设备制造、施工、调试企业，采取"引进技术，联合设计，合作生产"的方式建设玉环工程，提高自主化水平。工程锅炉国产化率达97.4%，汽轮机达92%，发电机达87%，DCS控制系统彻底打破了国外垄断，开创了国内制定P92、P122等新型耐热钢焊接工艺标准的先河。

二、建设一流的资源节约型电厂

（1）节煤。在额定工况下，机组热效率大于45.4%，比亚临界机组高6%，比常规超临界机组高4%，达到国际先进水平。采用该技术的百万千瓦级机组与相同容量亚临界机组相比，按年运行5500小时计算，每年可节约标准煤10余万吨。

（2）节油。华能玉环电厂在全国百万千瓦级机组中，开创性地采用等离子点火装置。机组调试及投产以后，启、停机不需要耗用燃油，最大限度地减少了燃油消耗。

（3）节水。华能玉环电厂在国内第一个采用"双膜法"海水淡化工艺，建成国内特大容量的海水淡化工程，制水量为1440吨/小时，年节约淡水资源800万吨，并可部分满足当地社会用水需求。该工程创造性地开辟了沿海电厂节水和资源利用的新渠道。电厂对工艺用水分类分质进行优化，淡水重复利用率达64%以上，生产废水、生活污水全部集中处理后分质回用，实现废水零排放。

（4）节地。华能玉环电厂在淤泥最深处达百米的海岛滩涂上建厂。厂区占地面积110公顷，其中58%利用滩涂围垦而成，含水率达70%，处于流塑状态。工程大量采用创新设计，单位容量占地指标0.19平方米/千瓦，远低于国内火电厂0.26平方米/千瓦的平均水平，创造了我国在复杂地质条件下建设大型电站的新经验。

三、建设一流的环保型电厂

（1）清洁排放。华能玉环电厂4台机组配置效率达99.7%的静电除尘器，烟气脱硫采用成熟的石灰石—石膏湿法工艺，与主机工程同时设计、同时建造、同时投入商业运行。2009年2月，华能玉环电厂一期两台机组碳排放作为全国第一个碳交易项目，在英国伦敦中英工商峰会上正式签署，代表中国的清洁发电技术达到世界发达国家水平。

（2）环保改造。华能玉环电厂不断自找差距、自我加压，创新节能减排技术，加快推进转型升级，是国内首家成功完成四台在役百万机组脱硝技术改造、首家成功完成带GGH百万千瓦机组的脱硫无旁路改造的企业，在国内率先实现了无旁路运行，为全国百万千瓦等级机组做出了示范。

（3）美化环境。华能玉环电厂立足于去工业化设计，致力于生态文明建设。厂区建筑设施与自然景观相谐调，电厂在青山环抱之中临风而立，树木丛生，鸟语花香，宛如绿意盎然的生态园。在车间周围、道路两旁及办公区，主要种植耐荫、耐湿的常绿物种；在储煤及输煤设施的边缘，则以常绿乔木为主。滩涂边缘，建成1800米长的防浪堤，堤内绿草茵茵，成为海鸟的乐园；堤外深水良港、风平浪静，为船舶提供了安全的港湾。厂区绿化面积达总面积的 54%。

履责成效

一、引领火电技术发展

玉环电厂以其卓越的安全可靠性、经济性，引领了我国百万级超超临界火电技术的迅速发展。依托玉环电厂工程，我国实现了燃煤发电技术和设备制造、工程建设运营的重大突破，开启了我国超超临界清洁高效燃煤大机组大规模发展的新篇章。截至 2012 年底，全国已建成百万千瓦级机组 47 台，在建机组 57 台，全部建成后总装机容量将接近 6000 万千瓦，有力地推动了我国火电优化装机结构和转型升级。

二、节能减排效果显著

依靠一流的发电技术、一流的环保措施，玉环电厂成为华能建设节约环保型燃煤电厂的标杆电厂之一。二氧化硫、氮氧化物和烟尘等主要污染物的排放控制总体已经达到国际先进水平。按照 2011 年数据测算，如果全国的燃煤电厂都采用华能玉环电厂的发电技术，预计每年可为国家节约标煤约 1.56 亿吨，相当于山西省煤炭年产量的 18%。

三、长期安全稳定运行

华能玉环电厂 4#、1# 机组创造并刷新了全国百万千瓦级机组长周期安全稳定运行的纪录。2#、4# 机组以总分第一名的成绩，蝉联 2009 年度、2010 年度全国火电大机组竞赛百万千瓦级机组一等奖。2# 机组获"2012 年度全国发电可靠性金牌机组"称号。

四、有力推动地方经济发展

华能玉环电厂建成投产彻底改善了当地电力供应，使玉环县告别了长期依赖外部送电和柴油机供电的历史。企业积极支持地方港口建设、新农村建设。电厂码头巨大的货物吞吐量有力促进了地方港口的发展，2012年底，大麦屿港区正式升级为国家一类口岸。截至2012年底，华能玉环电厂累计完成发电量1269亿千瓦时，年产值约100亿元，累计向国家缴纳税费36.39亿元，有力地推动了地方经济社会健康发展。

玉环电厂的成功建设得到各级政府和社会各界的高度评价。工程先后荣获2007年国家科学技术进步一等奖、全国建设项目环境保护最高奖——"国家环境友好工程"称号。一期工程荣获国家优质工程金质奖。2009年10月，华能玉环电厂作为唯一火电工程项目，荣获新中国成立60周年"百项经典暨精品工程"荣誉称号。2012年，华能玉环电厂被命名为全国"十一五"节能减排先进集体。

结　语

华能玉环电厂的成功建设使我国电力工业在设计、制造、安装、工程建设管理、调试、运营管理等方面取得了长足的进步，大幅度缩短了与世界先进发电技术的差距，成为国家实施节能减排战略的成功典范，有力提升了国家形象。

2012年5月，华能玉环电厂三期2×1000MW"上大压小"扩建项目前期工作正式启动。工程将继续采用最先进的发电技术和环保工艺。工程建成后，华能玉环电厂作为集当今先进发电技术于一体、节能环保水平最高的电厂，将再次引领中国火力发电技术发展迈上新的台阶。

生物质直燃发电　惠民又"利好"

中国节能环保集团公司[①]

摘　要：开发利用可再生能源，实现资源利用的本地化是解决我国能源问题的主要措施之一。中节能（宿迁）生物质能发电有限公司[②]作为中国节能环保集团公司下属全资企业，其生物质直燃发电示范项目是我国第一个拥有自主知识产权的秸秆直燃发电项目。公司通过自主研发，开发了两项具有自主知识产权的关键技术，并积极配合地方政府，提高秸秆综合利用水平，提高了空气质量，产生了良好的社会效益和生态效益。

关键词：生物质直燃发电　环保效益　社会效益　经济效益

[①]　中国节能环保集团公司成立于 2010 年 3 月，是国务院国资委监管的唯一一家以节能环保为主业的中央企业，专注于节能减排、环境保护、新能源和清洁技术三大主业方向，是目前节能环保领域规模最大、实力最强、最具竞争力的科技型服务型产业集团，在节能减排服务、垃圾发电、污水处理、新能源、节能环保建材、生命健康等业务板块规模和实力均居全国前列。

[②]　中节能（宿迁）生物质能发电有限公司是以秸秆等农林废弃物直燃发电技术研究应用的国家级高新技术企业、省级节能减排科技创新示范企业、资源综合利用企业、宿迁市十大低碳贡献企业。中节能宿迁项目是国内第一个采用自主研发的国产化生物质发电示范项目和首个被联合国批准签发的生物质 CDM 项目。项目建设规模为 2 台 75 吨/小时中温中压生物质直燃锅炉，配置 2 台 12MW 汽轮发电机组。

背　景

随着化石燃料的日益短缺和化石燃料的利用所引起的环境问题日趋严重，大力开发利用可再生能源，实现资源利用的本地化成了解决我国能源问题的主要措施之一。我国作为农业大国，生物质资源十分丰富，每年产生的农作物秸秆总量超过 7 亿吨，其中可以作为能源利用的在 3 亿吨以上。这些秸秆目前主要用于炊事或直接露天燃烧还田，不但浪费资源还污染环境。因此必须积极寻求先进的秸秆利用技术。生物质作为一种可再生能源，相比太阳能和风能，具有储量丰富、投资利用风险低、收益高、不受气候条件影响等优点，如何充分利用生物质能，建设"美丽中国"、"美丽乡村"，成为中国节能环保集团公司面临的新课题。

宿迁是传统的农业大市，拥有耕地面积 659 万亩，其中稻麦种植（复种）面积 750 万亩，年产秸秆 200 多万吨。过去，宿迁农作物秸秆没有得到有效利用，秸秆综合利用率较低，相当一部分被废弃或焚烧，造成严重的环境污染，甚至危及交通安全和人民群众健康，严重破坏"生态宿迁、绿色家园"的品牌形象，引起了各级领导、新闻舆论和公众的极大关注。长期以来，宿迁市政府每年夏收、秋收季节均要投入大量的人力、物力和财力，禁止秸秆焚烧，但收效甚微，政府对此也深感头疼。

责任行动

中节能宿迁公司生物质直燃发电示范项目建设是贯彻落实中央提出的发展循环经济，加快建设资源节约型、环境友好型社会，全面增强自主创新能力，扎实推进社会主义新农村建设精神的具体体现。该项目是全国第一个采用自主知识产权的生物质直燃发电的项目，也是中国在联合国 EB 注册成功的第一个生物质发电项目。

中节能宿迁生物质直燃发电示范项目主要利用稻麦秆、玉米秆、棉花秆、树根、树皮等各种农林废弃物直燃发电，总投资 2.47 亿元，占地面积200 亩，建设规模为 2 台 75 吨/小时中温中压生物质锅炉，配置 2 台 12MW汽轮发电机组。该项目可以有效地解决农民秸秆露天堆放、焚烧带来的一系列污染和消防安全等问题，有助于二氧化碳减排以及减少二氧化硫、粉尘等污染物的排放，具有重要的环保价值和生态价值。

一、自主研发、攻克关键技术

中国节能开始秸秆发电的研究并取得突破后，由集团公司下属的中节能生物质能投资有限公司和中国环境保护公司联合组建了中节能（宿迁）生物质能发电有限公司，并由它投资建设秸秆直燃发电示范项目。在这一项目中，中国节能联合开发了两项具有自主知识产权的关键技术。

秸秆上料系统适合秸秆包规格不统一的中国现状。目前国外的秸秆上料系统和燃烧技术只能局限于单一的秸秆，针对大包装、规格化的秸秆包进行输送。而中国节能采用的秸秆直燃发电给料装置更适合中国秸秆包规格不统一、散装和捆装都有的现状，同时也降低了建设成本。

循环流化床燃烧锅炉解决多种秸秆混合燃烧问题。此前，我国秸秆燃烧系统均采用炉排式，秸秆捆直接推入炉膛后类似"雪茄"燃烧，带入碱、氯等引发结渣、结灰和腐蚀等难题，始终难以解决，锅炉热效率低下，秸秆代煤发电企业普遍亏损。

由中国节能下属的北京中环联合环境工程有限公司和浙江大学联合研制的燃用生物质燃料的循环流化床燃烧锅炉，通过控制燃烧温度、金属壁面温度、炉膛出口温度等措施，解决上述技术难题，对各种类型的生物质燃料都有广泛的适用性。2 台 75 吨/小时流化床锅炉，不仅能烧秸秆，还能大量"吃进"稻秆、树皮、树根等 30 多种生物质，均匀燃烧不结渣，热效率达90%以上。

采用该技术后，对于国内典型的 2×1.5 万千瓦秸秆电站，单位千瓦造价可控制在 7500 元以下，远远低于进口技术。与国外同类产品相比，国产锅炉的耐用性也有较大程度提高，150 天才需停产清理一次锅炉，而国外的锅炉 100 天就要停产清理一次。先进合理的设计可以保证电厂在绝大多数情况下维持高质量燃烧，从而从根本上保证生物质电厂的发电效率。

二、充分发挥秸秆"疏"的主渠道作用

中节能宿迁公司积极配合地方政府，充分发挥秸秆"疏"的主渠道作用，努力提高秸秆综合利用水平，为宿迁以及周边地区的秸秆提供了一个很好的出路，在一定程度上解决了因秸秆焚烧或乱堆乱放、腐烂变质而带来的环境污染，大大改变了秸秆大面积焚烧的现象，卸掉了政府禁烧秸秆的沉重负担，改善了村容村貌，提高了空气质量，保护了地方的生态环境，产生了良好的社会效益和生态效益，为促进生态文明和打造资源节约型、环境友好型社会做出了不懈的努力。

江苏省领导、国家环保部和农业部组成的国家秸秆禁烧与综合利用督察组多次到企业视察或检查工作时均对公司在有效解决秸秆"疏"的问题、保护大气环境、促进农业良性循环等方面所发挥的重要作用给予了高度评价。

三、积极反哺"三农"、切实服务民生

生物质直燃发电项目，不仅是简单的能源替换，更重要的是促进了农民增收，是实现电力工业反哺农业的重要途径。为了保证生物质燃料的原材料供应，公司采取了"政府强力推动、企业市场化运作"的模式，建立了一套完备的收储体系。一方面加大宣传，让农民了解秸秆等生物质燃料收储销售和循环再利用的好处，积极引导农民参与生物质燃料收储，增加收益。另一方面运用市场化手段，在乡村干部或农民经纪人中，开发建立乡镇草场及收储点，成立"草业经营合作社"，采取"订单"式收购，把原来分散在一家一户的秸秆收集起来。目前，宿迁市宿豫区各乡镇分别成立了由农民经纪人和运输大户等组成的"生物质燃料收购协会"100 多个，专门负责秸秆等生

物质燃料的收购、贩运、销售等"一条龙"服务。

履责成效

中节能宿迁公司项目自 2007 年 4 月并网发电至 2012 年底，累计发出绿色电力 8.7 亿度，消化麦草、稻草、树皮等农林废弃物 125 万吨，节约 41 万吨标准煤，减排二氧化碳约 56 万吨，带动地方农民就业 5000 多人，使本地农民增加收入 4 亿多元。

环保效益突出。宿迁秸秆直燃发电示范项目每年可燃烧秸秆近 30 万吨，节约 12 万吨标准煤，减排二氧化碳 10 万吨。在发出绿色电力的同时，还实现了热电联产，可向当地的工业园区企业实施集中供热，改善了园区的生态环境，降低了园区的运作成本。每年发电产生的 2000 多吨废弃底渣，还可以提供给当地的建筑企业做环保原料。秸秆燃烧后产生的灰含钾量达到 7%，达到钾肥生产标准，每年可以收集 2 万多吨。

农民切实增收。中节能（宿迁）生物质能发电有限公司在当地构建了电厂—草场—草贩—农户的四级秸秆收集体系。以年收购秸秆 20 万吨、每吨价格 300 元计算，电厂每年可给地方带来直接收益 6000 万元左右，其中，农民受益约 4000 万元，贩草户受益约 1000 万元，草场主受益约 400 万元，专业运输户受益约 600 万元。

经济效益可观。宿迁秸秆直燃发电示范项目共投资 2.47 亿元人民币，年发电量 1.7 亿度，是我国第一个被联合国批准的生物质 CDM 项目。从 2007 年 4 月投产至今已获盈利，在我国生物质发电企业中率先盈利。

中央政治局委员、中央书记处书记李源潮曾称赞该项目是"实现了功能循环，符合生态型、环保型、可持续发展、清洁发展、和谐发展的要求"。江苏省委副书记、省长李学勇莅临公司视察调研时对公司积极配合地方政府搞好秸秆禁烧与综合利用工作，充分发挥农作物秸秆"疏"的主渠道作用，

表4-3　中节能宿迁公司2007~2012年实现节能减排绩效

年份	发电量（万度）	消耗生物质燃料（吨）	节约标准煤（吨）	减排二氧化碳
2007	5859.39	55390	22156	52130
2008	13678.74	193907	63601	82212
2009	16183.68	214603	70389	89340
2010	17750.91	240209	78788	100521
2011	17839.47	260290	85375	103690
2012	15561.54	280642	92050	129160

服务"三农"到田间等做法给予了充分肯定，提出中节能宿迁公司对于秸秆禁烧和综合利用工作与经验要积极推广。

结　语

中国节能宿迁秸秆直燃发电示范项目是我国第一个拥有自主知识产权的秸秆直燃发电项目。这对于实现从对国外技术的依赖为主向自主创新为主的战略转变以及秸秆直燃发电项目的建设推广都具有重大而现实的意义。

作为一种重要可再生能源，生物质能的发展前景非常广阔。目前，中国节能环保集团正在积累设备运行经验，加紧进行技术储备，进一步推广生物质能利用项目。根据战略规划，到2015年，中国节能环保集团将实现：总资产规模2000亿元；营业收入800亿元；利润总额80亿元。届时，将成为国内节能减排和环境保护领域最优最强的产业集团和集成服务运营商，成为具有国际竞争力的世界一流节能环保企业。

有序开发 和谐共赢

中国长江三峡集团公司①

摘 要：在开发金沙江水电资源的过程中，三峡集团始终遵循"建好一座电站，带动一方经济，改善一片环境，造福一批移民"的水电开发理念，在保护中开发，在开发中保护，将履行社会责任和生态环境保护融入工程建设和生产经营全过程，努力减少对生态的不利影响，全力建设生态友好型工程。

关键词："四个一"水电开发理念 生态友好型工程 环境保护管理

背 景

金沙江是我国最大的水电基地，居"中国十三大水电基地规划"首位。三峡集团在成功建设、科学运行三峡工程的同时，根据国家授权，科学有序地开发金沙江下游水利资源，开工建设了溪洛渡、向家坝两座巨型电站。

---

① 为建设三峡、开发长江，经国务院批准，中国长江三峡工程开发总公司于 1993 年 9 月 27 日成立，2009 年 9 月 27 日更名为中国长江三峡集团公司。集团公司的战略定位是以大型水电开发与运营为主的清洁能源集团，主营业务是水电工程建设与管理、电力生产、相关专业技术服务。公司全面负责三峡工程的建设与运营，开发建设金沙江下游溪洛渡、向家坝、乌东德、白鹤滩四个巨型电站。截至 2012 年末，集团合并资产总额 3749 亿元，净资产 2250 亿元。

溪洛渡水电站位于四川省雷波县和云南省永善县接壤的金沙江峡谷段，是一座以发电为主，兼有拦沙、防洪和改善下游航运等综合效益的大型水电站。电站总装机 1386 万千瓦，是中国第二、世界第三大水电站，于 2005 年底正式开工，2007 年实现截流，计划 2013 年首批机组发电，2015 年工程完工。

向家坝水电站位于云南省水富县（右岸）和四川省宜宾县（左岸）境内金沙江下游，上距溪洛渡水电站坝址 157 公里。电站装机容量 640 万千瓦，为目前中国第三大水电站，于 2006 年底正式开工，2008 年实现截流，计划 2012 年首批机组发电，2015 年工程完工。

责任行动

在开发金沙江水电资源的过程中，三峡集团尊重和爱护生态环境，努力减少对生态的不利影响，建设生态友好型工程，实现人与自然和谐共生、良性循环、全面发展、持续繁荣。

一、树立建设生态友好型工程的开发理念

三峡集团高度重视金沙江流域水电开发环境保护工作，坚持环境保护与工程建设并重，确立了"在保护中开发，在开发中保护"的目标，始终遵循"建好一座电站，带动一方经济，改善一片环境，造福一批移民"的水电开发理念，并在此基础上，结合构建环境友好型和资源节约型社会的要求，提出了"四个更加注重"的工作思路，即更加注重质量安全，更加注重生态环境保护，更加注重移民群众利益，更加注重节约能源资源，努力实现经济效益、社会效益和生态效益的和谐统一。

在环境保护工作过程中，三峡集团按照国家环保总局审批的溪洛渡、向家坝两工程环境影响报告书及其批复意见，以及水利部审批的溪洛渡、向家坝两工程水土保持方案及其批复意见，严格依据"三同时"原则组织工程设

计和实施，在工程建设中狠抓 6 个环节（即实施计划、招标设计、施工组织、监测与监理、竣工验收、投入使用）的组织实施和监督管理，将环保、水保设施和相应主体工程项目同时规划设计、同时施工建设、同时投入使用，并加强了环保、水保工程的验收管理和设施运行状况的监督检查。

二、构造建设生态友好型工程的体制保障

（一）环境保护管理内部体系

三峡集团在三峡工程建设之初就设立了环境及文物保护委员会，为适应金沙江水电开发对环境保护要求的需要，建立了"集团公司—金沙江开发公司筹建处—工程建设部—监理和施工单位"四位一体的环境保护管理体系（见图 4-4）。

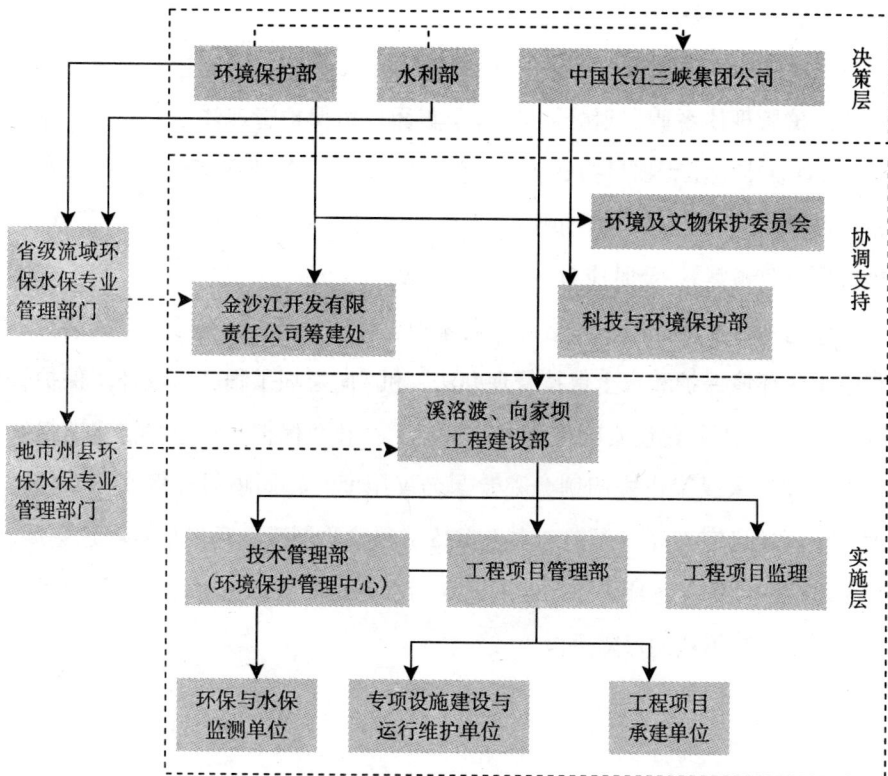

图 4-4　三峡集团环境保护管理体系

三峡集团科技环保部负责总体规划、指导、监督、检查金沙江水电开发环保工作；金沙江开发公司筹建处统筹协调、部署和实施流域性的环保工作。溪洛渡、向家坝工程建设部分别成立环境保护管理中心，实行环保管理与环保监理一体化。

（二）环保管理外部监督体系

三峡集团内部除建立完善的环境管理体系外，在溪洛渡、向家坝工程建设过程中，接受并积极配合国家和地方环境保护部门的指导和监督，主要包括国家环境保护部批复环评报告和定期检查验收，地方环境保护部门的监督监察，委托有资质的机构进行环境监测，以及听取公众对工程环保的诉求与意见等。

（三）环境保护管理制度建设

三峡集团高度重视环境保护管理制度建设，印发了《中国三峡集团公司环境保护管理体系职责划分》，明确了集团环境保护管理体系和职责；编制了《金沙江水电工程项目招标文件环境保护条款》，规范和细化了金沙江水电站项目招标过程中的环境保护设计工作；编制了《中国三峡集团公司环境污染事故应急预案》，及时应对各类环保事故。

作为项目实施部门，溪洛渡、向家坝工程建设部制定颁发了《溪洛渡工程施工区环境保护和水土保持管理办法》和《向家坝工程施工区环境保护管理办法》。在工程建设实施过程中还制定了：环境保护和水土保持定期报告制度、环保水保工作协调例会和专题会议制度、合同项目环保水保考核制度、合同项目完工环境保护和水土保持工程验收制度、环保信息报送制度、环保培训制度等。各项规章制度的建立为水电站环境保护管理工作提供了有章可循、有法可依的保障手段。

三、完善建设生态友好型工程的措施手段

(一) 生态环境保护

1. 施工区生态恢复

为防止施工活动对生态景观的破坏，向家坝水电站除采取工程防护措施之外，还采取生态措施，选择符合区域生态及景观特点的当地适生种类进行植被恢复和绿化。截至目前，已种植乔木 71932 株，灌木 62.97 万株，混合撒播草籽 53.65 公顷，回填种植土近 20 万立方米。

2. 水库淹没区古大树移栽

水库蓄水后，正常蓄水位高程以下的古大树将被淹没。为了保护古大树，向家坝水电站开展了水库淹没区正常蓄水位以下古大树淹没情况的调查，编制《向家坝水库淹没区古大树名木调查报告》和《向家坝水电站古树名木移植实施方案》，截至目前已移栽安置古大树 12 株。同时，溪洛渡水电站完成古大树就地保护 1 株，移栽 2 株。

3. 金沙江珍稀特有鱼类增殖放流

金沙江溪洛渡、向家坝珍稀特有鱼类增殖放流站位于向家坝水电站施工区，总占地面积约 2.67 公顷，于 2007 年开工建设，2008 年首次成功放流。截至 2010 年，共计放流达氏鲟、胭脂鱼、岩原鲤、厚颌鲂、中华倒刺鲃、白甲鱼、长薄鳅等金沙江珍稀特有鱼类 20 万余尾。

(二) 水土流失防治

溪洛渡和向家坝工程根据水土保持方案要求，对施工区分区域采取了各项水土保持措施，使水土流失得到了有效的控制。

1. 统一堆放、集中防护工程弃渣

溪洛渡水电站施工区规划了 6 座大型渣场用于集中堆放渣料，每个渣场均按照"先挡后弃"的原则，采取各类挡渣墙、挡渣坎实施挡护，防止土石滚落入江，并修建了引排水涵洞工程，防止沟水对渣场造成水土流失。工程结束后，部分渣场占地将复垦绿化。

2. 长距离皮带输送骨料

向家坝工程骨料开采场位于距大坝枢纽区公路里程59公里以外的太平料场，为了节约占地，减少水土流失，石料的运输采用了31公里长胶皮带输送方案，比建设59公里的专线公路减少占用耕林地面积73公顷。

3. 表土资源保护利用

为保护表土资源，解决后期施工区绿化覆土来源，减少水土流失，向家坝水电站要求所有施工单位对即将开挖的耕地、园地、坡地以及河床冲淤地，进行表土资源的收集、转运和集中存放，共计储存表土资源约60万立方米。截至目前绿化施工使用表土资源近30万立方米。

（三）水环境保护

1. 生活污水处理

溪洛渡水电站为减少工程建设中的人为活动对金沙江原有水资源的影响，各生活营地配有独立的给排水工程，并建设了四个集中式生活污水处理厂，总处理污水能力达4020立方米/日。污水处理采用序批式活性污泥曝气工艺，生活污水中的主要污染物化学需氧量削减率高达95%，处理后的排放水质达到国家排放标准。

2. 生产废水处理

向家坝水电站为了解决混凝土生产系统废水处理难题，通过试验首次在水电行业引入"DH高效旋流净化器+真空带式过滤机"废水处理方案，处理后废水中悬浮物浓度达到排放标准，污泥达到清运要求。目前该系统废水处理效果良好，出水水质达标率100%，污泥脱水后直接运输到渣场堆存，废水处理后回用。

（四）大气环境保护

1. 道路除尘保洁

施工区道路落实专门队伍进行清理与维护，无雨天气定时洒水降尘。运输装卸过程中要求采用密封方式操作，并在出渣道路上设置洗车池，防止车辆将泥渣带上公路，减少粉尘传播源。

2. 施工粉尘控制

对易于引起粉尘的细料或松散料予以遮盖或适当洒水润湿；砂石骨料厂、混凝土拌和楼等易于产生粉尘的生产设施，采取湿法生产，并安装必备的除尘设施，减少粉尘扩散；施工开挖及砂石料回采过程中，严格按要求采用装有吸尘装置的钻机作业，无吸尘装置的钻机要求采用湿法钻孔，严禁打干钻。

3. 根本解决泄洪雾化

为了解决泄洪雾化对下游水富县城的影响，向家坝水电站采用跌坎式底流消能方案，使得下泄水流基本顺应河势，泄洪所产生水雾很少，从根本上解决了泄洪雾化的影响。

（五）声环境保护

向家坝坝址距云南省水富县城不足 500 米，施工过程中的噪声对水富县城居民产生的影响引起了三峡集团的高度重视。为此，向家坝水电站采取了多种降噪措施。

1. 声屏障工程建设

向家坝水电站在紧邻水富县城的 10# 路和 8# 路上陆续建设了 870 米长，高 5 米的声屏障工程，并安排专人每周定期进行清洗保洁。根据建设前噪声背景值和建成后噪声值对比分析，声屏障建成后对交通噪声、施工噪声控制效果显著。

2. 爆破噪声及爆破振动控制

为有效控制爆破噪声、爆破振动对居民区的影响，向家坝水电站采用先进的毫秒微差爆破施工技术，实行"一炮一审"制，严控单响药量，孔口表面采用水袋覆盖。爆破监测结果表明，采取上述措施后，爆破振动和噪声对水富县城居民区影响很小。

履责成效

三峡集团在金沙江水电开发中的环保理念、环保体制、环保措施以及取得的成效，得到了相关政府部门的认可。2008 年 12 月向家坝水电站大江截流前，国家环境保护部环评司和长江水利委员会水土保持局分别组成专家组，对向家坝水电站环境保护和水土保持执行情况开展了专项检查，检查组对向家坝水电站环保工作给予了较高评价。四川、云南两省环境保护部门组成联合监察组，对溪洛渡水电站开展每季度一次的环保现场监察，多年来均未发现较大问题。根据现场监察情况，川、滇两省各级环保部门对溪洛渡水电站的环保工作给予了肯定。

结　语

人与自然和谐发展，走生产发展、生活富裕、生态良好的文明发展道路，是我国经济社会可持续发展的必由之路。水力发电是公认的可再生能源和清洁能源，加快水电开发是促进我国能源结构向清洁低碳方向发展的重要措施。作为以水电开发为主营业务的大型清洁能源集团，三峡集团深刻意识到自身在水电开发生态与环境保护方面所担负的社会责任，坚持"四个一"水电开发理念，在保护中开发，在开发中保护，将履行社会责任和生态环境保护融入工程建设和生产经营全过程，全力建设生态友好型工程，为我国转变经济发展方式，实现可持续发展做出了贡献。

科技助推冶金行业绿色转型

中国冶金科工集团有限公司 [①]

摘　要：中国冶金科工集团有限公司面对钢铁产业结构调整、国内外应对气候变化和节能减排的宏观背景，以提升自身服务能力和增强核心竞争力为着眼点，将推动钢铁行业绿色发展作为企业的战略重点，系统开展节能减排、循环经济科技开发与推广应用，积极扶持环保节能项目，有力地助推了冶金行业的绿色转型。

关键词：科技创新　节能减排　绿色转型

背　景

一、钢铁行业产能过剩，挑战机遇并存

近十年来，我国钢铁行业呈现较快发展态势。2010 年我国粗钢产能达到 6.27 亿吨，约为全球的 44.9%。巨大的产能释放对市场的供需平衡造成极

---

① 中国冶金科工集团有限公司（中文简称中冶集团，英文简称 MCC）是以冶金科研、勘察、设计、建设能力为依托，以工程承包、装备制造、资源开发、房地产开发为核心主业的大型企业集团。集团承担了宝钢、鞍钢、武钢、攀钢等国内几乎所有大中型钢铁企业主要生产设施的规划、勘察、设计和建设工程，是中国冶金工业的开拓者和建设者。2012 年，中冶集团在美国《财富》杂志"世界 500强"企业排名中居第 280 位，在美国《工程新闻记录》（ENR）评选的"225 家全球最大承包商"中位列第 9 位。

大压力，行业产能过剩矛盾愈加突出。为确保钢铁行业平稳运行，国务院出台了《钢铁产业调整和振兴规划》等一系列政策文件，将淘汰落后产能、技术改造与升级等作为未来的重点任务。面临钢铁行业结构调整带来业务量减少的严峻形势，中冶集团立足于由冶金行业的建设商向生产运营商转变的目标，把握新机遇，以推进冶金产业的优化升级为抓手，继续保持公司在冶金行业的领先地位。

二、钢铁行业节能减排，发挥央企表率

为应对全球气候变化，中国向全世界承诺到2020年单位国内生产总值二氧化碳排放比2005年下降40%~45%，并将继续深入推进"十二五"节能减排工作。钢铁行业是实施节能减排的重点大户，我国钢铁工业能耗约占工业总能耗的23%，废水、二氧化硫、固体废弃物排放量分别占工业的8%、8%和16%。实现钢铁工业污染控制及资源化利用直接关系到国家节能减排战略的落实和钢铁工业可持续发展。温家宝总理在视察中冶集团子企业时指出："钢铁行业的结构性调整势必会带来设计行业的转变……从炼钢、炼铁等全流程面临着一个设计的大提高……你们要开辟新的领域，也就是你们现在已经从事的节能环保等领域……为中国钢铁行业推进节能减排做贡献。"中冶集团积极依托业务与技术优势，以带动行业全流程节能减排为突破口，努力为实现企业、环境和社会的协调可持续贡献力量。

三、科技创新战略，增强核心竞争力

加大节能技术创新是落实钢铁行业节能减排的关键。在中冶集团"二五"战略转型和产业格局调整基本完成的基础上，公司提出了"创新提升，做强做大，科学发展，长富久安"的发展战略。新的战略更加注重以科技为先导的核心能力的创新，这为开展节能减排技术创新提供了良好的机遇和强大的支撑。

责任行动

一、将节能减排作为企业发展的战略重点

中冶集团将促进钢铁行业节能减排上升到战略性高度。在工程承包业务中明确提出："把握钢铁企业加大技术改造和节能减排的发展机遇，加大技术创新力度，加强新工艺、新产品的开发。"在科技创新目标中，提出了要推进核心技术创新，力争在节能减排、循环经济等方面取得关键核心技术的突破。

二、政策上积极扶持节能环保项目

中冶集团以推进科技资源整合，建立集团层面的共享平台为重要举措，协调具有相同技术优势的子企业联合作战，设立了"钢铁冶金、工程建设与房地产领域的重大科研专项"，对符合主业发展方向、具有重要市场价值和明确的产业化目标、能解决共性关键技术难题的科研项目给予重点支持。钢铁企业节能降耗、"三废"处理与综合利用的技术与设备研发项目名列其中。这些项目的立项与实施为提升中冶集团核心环保技术水平奠定了坚实基础。

三、资源上充分保障技术创新

中冶集团基本建成了"国家工程技术中心—中冶工程技术中心与省级技术中心—各子公司工程技术中心"的三级科技创新平台，建立健全了科技创新方面的人力、物力及财力投入的长效机制，为包括节能减排在内的技术创新提供了充分的资源保障。

履责成效

经过连续多年的系统部署与科技研发，中冶集团取得了一系列节能减排技术成果，打造了一整套的冶金工业环保技术服务体系，能够全流程（焦

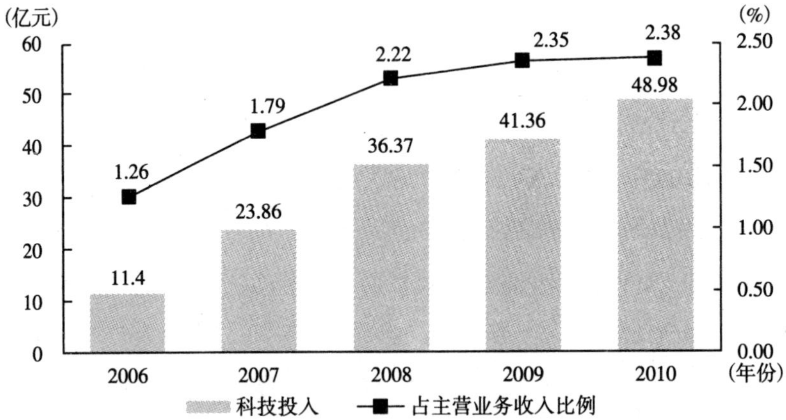

图4-5　中冶集团"十一五"期间科技投入情况

化、① 烧结、② 炼铁、炼钢）、全方位（节能降耗、气体净化、固废处理、废水处理）地服务于钢铁企业的绿色发展。

一、行业地位日益提升

中冶集团立足国家需求，紧跟全球钢铁行业发展趋势，充分发挥行业带头作用，投入大量资金、人力，联合多家钢铁企业共同开发具有我国自主知识产权的节能减排技术。雄厚的技术实力不仅为钢铁行业节能减排奠定了基础，也提升了中冶集团在钢铁行业的地位和影响力，促进了中冶集团的业务发展。其中：

在干熄焦领域，中冶集团组织开发出我国自主知识产权的 75~140 吨/小时干熄焦技术③ 和设备，实现了干熄焦装置的国产化、大型化和系列化，基本满足我国所有焦化厂的需求，也使我国的干熄焦技术跻身世界先进水平；截至 2011 年底，中冶集团的干熄焦技术的行业应用比例达到 80%。

在钢渣处理领域，发明了熔融钢渣直接热闷的短流程处理方法以及钢渣

---

① 焦化一般指有机物质碳化变焦的过程。

② 烧法是把粉状物料转变为致密体，是一个传统的工艺过程。

③ 干熄焦是相对湿熄焦而言的，是指采用惰性气体将红焦降温冷却的一种熄焦方法。

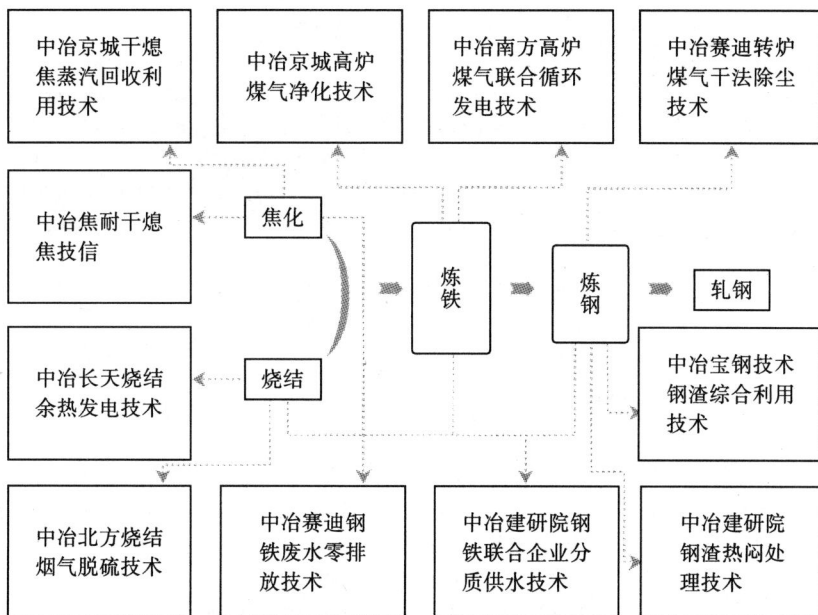

图 4-6 中冶集团具备的典型节能减排技术

加工提纯和金属回收的新工艺、新设备。该技术金属回收率高，渣钢铁品位大于 85%，可直接返回炼钢和烧结使用，处理后钢渣稳定性好，可用于生产钢渣粉、钢渣水泥等，实现钢渣的 100% 资源化利用。建成了国内首条自主集成的钢渣综合利用生产线，开发出十多个产品体系。

在钢铁废水资源化利用领域，通过承担国家"十五"、"十一五"科技攻关与科技支撑项目，形成了"钢铁企业外排综合污水处理、回用技术集成与成套设备"、"综合污水回用安全保障技术"等核心技术，建立了我国大型钢铁联合企业的水污染控制及资源化利用技术模式，可为我国钢铁工业实现废水"零"排放提供全面的技术支撑。

二、节能减排成效显著

多年来，中冶集团为促进钢铁行业节能减排所研发的新型技术与产品得到了广泛的应用，为提高钢铁企业的能源资源利用效率、污染减排与治理做出了重要贡献。具体环境绩效参见表 4-4。

表4-4 中冶集团典型技术及其节能减排效益

流程	技术名称	节能减排效益
焦化	干熄焦技术	该技术的行业应用比例达到80%，每年将为我国回收蒸汽量6692万吨，节水6022万吨，节煤535万吨，减排烟尘2.1万吨，减排二氧化硫19.3万吨，减排二氧化碳1874万吨
烧结	烧结烟气治理技术	中冶集团总承包的萍钢2×90立方米烧结烟气脱硫项目是我国烧结行业第一个采用动力波新型湿法脱硫工艺的项目。该项目降低SO_2排放量9175吨/年
	烧结余热发电技术	该技术已在湘潭钢铁、邢台钢铁、新余钢铁、方大特钢、达州钢铁等企业推广。其中，湘钢项目每年节约标准煤4.4万吨，减排二氧化碳11万吨；邢钢项目每年节约标准煤1.8万吨，减排二氧化碳4.5万吨
炼铁	高炉煤气除尘技术	该技术在新疆八一钢铁有限公司投产应用，为其节省用地约500平方米，减少一次性投资约800万元
	高炉煤气循环发电技术	中冶集团设计或总承包了武钢、邯钢和涟钢的50MW级的燃气蒸汽联合循环机组工程。其中，武钢工程建成后，全年可回收利用高炉煤气规模约$3.4×10^9$标准立方米，与同等规模常规电厂相比年节水量约1.87亿吨，高炉煤气资源回收发电可减排$CO_2$77万吨/年
炼钢	钢渣热闷处理技术	该技术已在太钢、本钢等30家钢铁企业推广应用，建成投产20条生产线。每年可节约标准煤9.68万吨，节电4800万千瓦时，每年节省石灰石资源88万吨，减排二氧化碳100万吨
	钢渣综合利用技术	以宝钢集团使用为例，每年回收金属料45万吨，加工返炼钢、返烧结钢渣40万吨，节约铁矿石200余万吨
全系统	钢铁废水资源化利用技术	该技术已在我国多个钢铁企业应用，每年处理水规模12000万立方米，节水约9960万立方米，减排废水9300万立方米，减少COD排放量4624吨、悬浮物12692吨、油类649吨

结　语

随着低碳经济全球化进程的不断推进，中冶集团将在中央企业"十二五"和谐发展战略的指导下，依托集团"三五"规划，继续按照科学发展观和创建资源节约型、环境友好型企业的要求，围绕以主业发展为中心的战略部署，加强核心技术攻关与技术储备，不断提高集团在节能环保领域的核心竞争力与品牌知名度。将节能环保技术推广应用到更广的领域，为企业、环境和社会的协调可持续发展贡献力量。

构筑生态文明　建设和谐企业

中国兵器工业集团公司[①]

摘　要：中国兵器工业集团公司下属公司甘肃银光化学工业集团有限公司（以下简称甘肃银光[②]）多年来伴随着企业经济和规模的增长，如何抓好企业节能减排，实现和谐发展成为企业面临的突出问题。集团公司以建设生态文明社会为己任，加大改革力度，推进技术创新，企业环境污染治理得到根本性转变，实现了企业与资源、环境、社会的协调发展。

关键词：污染治理　节能减排　降本增效

背　景

近年来，国家将环保工作提升到战略高度，各地排放和节能标准更加严

---

① 中国兵器工业集团公司是陆军武器装备研制发展主体和三军毁伤与信息化装备研制发展的骨干力量，现有子集团和直管单位46家，主要分布在北京、陕西、甘肃、山西、河北、内蒙古、辽宁、吉林、黑龙江、山东、河南、湖南、湖北等18个省、市、自治区，并在全球建立了数十家海外分支机构。截至2012年底，中国兵器工业集团公司资产总额2845亿元，人员总量27.90万人，列2012年世界500强企业第205位。

② 甘肃银光是国家"一五"期间156个重点项目之一，是我国含能材料生产研发基地及聚氨酯产业的摇篮，也是国家重点保军企业和军民结合的国防特种化工骨干企业。

格。同时，我国居民的环保意识逐步增强，注重对自身合法权益的保护，更加主动地参与环境保护和监督，这对资源能源消耗量大、废弃物排放量大、危险性高的化工企业来说提出了更高的要求。2007 年 6 月 6 日，受气压和风向的影响，硫酸雾蔓延到白银市，给企业和周边居民造成了严重后果，也成为了备受国家和省市政府关注的大事要情，同年 7 月 3 日，国家环保部对白银市实施"流域限批"。这一事件使甘肃银光对节能减排有了进一步的认识，全员节能减排的意识逐步增强。公司以根治硫酸雾污染为突破口，走出了一条以节能减排为抓手、以和谐发展为目标的绿色发展之路。

责任行动

一、强化环保项目建设，提高节能减排能力

彻底解决环境污染治理问题，关键是要尽快建立起配套的环保项目，以环保项目建设提升"三废"污染物治理技术水平和减排能力。目前，累计投资近 7 亿元开展环保基础项目以及节能技术改造项目建设。

在聚银公司新建有机废水处理站，实现 10 万吨/年 TDI 技术改造项目有机废水稳定达标排放，达到 50 吨/小时的设计能力，处理系统出水达到了《污水综合排放标准》一级标准。新建 TDI 有机废渣焚烧炉，年无害化处理危险固体废弃物 6000 吨；新建"三废"余热锅炉一套，年处理废渣 8000 吨，废气 $7.6×108NM^3$，年减排二氧化硫 31 吨，有效节约能源，减少污染物排放；新建中水回用处理装置，年可重复利用水资源 110 万吨。对原有锅炉脱硫除尘进行改造，完全实现锅炉尾气中烟尘、二氧化硫、氮氧化物达标排放。

在含能材料分公司启动环境污染治理项目建设，废酸处理采用国际先进的真空浓缩清洁生产工艺，生产中用蒸汽间接加热，真空蒸发，硫酸损失低，得率高达 99.5%。每年可减少向大气环境排放硝酸 464 吨、硫酸 557

吨，实现废气中硫酸雾、氮氧化物稳定达标低排放。彻底改变了工厂的废酸处理工艺，解决硫酸雾污染问题，达到节能减排的目的。废水处理能力达到56万吨/年，各项环保指标达到国家排放标准要求。通过改造锅炉，抑制烟气中氮氧化物的生成。

在湖北东方公司建设环境污染治理项目，硫酸雾真空浓缩子项预计在2012年4月完成。废水处理工程于2011年6月完成水试，并将进入废水调试、微生物培养阶段。项目建成后，每年可减排硫酸雾100吨，氮氧化物80吨，实现废水、废气达标排放。

在四川红光公司投资1961万元，建成2300吨/天处理能力的废水综合治理项目。目前，项目正在运行调试中，针对废水的复杂性和处理难度，近期又在资金极度紧张的条件下，投入200多万元，增加了催化氧化预处理装置，建成后将实现硝基类废水达标排放。而且在调试运行阶段，探索出了一套"中水回用"的资源重复利用新方法，变废为宝。启动了废酸真空浓缩项目，力争年底前建成，将年减少硫酸雾排放量1224吨。

二、强化基础管理，实现降本增效

（一）转变思想观念，变革发展理念

甘肃银光首先着手解决员工的思想认识问题，将重心落到各级管理人员的思想转变上，各级管理人员在各自的岗位上，带头解放思想、带头转变"高能耗、高污染、高风险"化工企业概念，带头执行国家环境保护的法律法规和标准，形成对节能减排的深刻认识和理解，形成"减排就是效益"的理念，变全员被动执行为主动实施，变"节能减排与我无关"为"谁减排、谁受益"，彻底转变了全员节能减排的思想观念，为工厂全面开展节能减排奠定了良好的思想基础。

（二）优化产业结构，提升资源利用效率

甘肃银光始终坚持"军民结合、寓军于民"的发展战略，在产业结构调整上，本着"稳固军品发展基础，做大做强民品产业"的原则，结合军品生产线设备陈旧、自动化水平低、污染物排放量大的特点，大力进行技术改造，提高技术水平和本质安全度，同时在白银本部投资 3.93 亿元配套实施环境污染治理项目，彻底根治了硫酸雾对大气的污染和生产废水对水资源的污染。

在民品方面，依托技术创新，大力开展自主创新，不断拓展产品的应用领域，构建和延伸高技术含量、高附加值和资源循环利用、生态环境相融性较好的产业链。投资近 8 亿元完成了 10 万吨/年 TDI 军民转换能力建设项目，形成了年产 15 万吨的 TDI 产能。上游投资 2170 万元完成 18 万吨 DNT 技术改造项目，投资近 2 亿元完成 3.5 万吨 TDA 生产装置。下游为解决副产物盐酸的处理问题，降低成本，投资 4 亿多元完成了年产 12 万吨的 PVC 项目建设，有效地解决了制约 TDI 发展的盐酸无法处理的瓶颈问题。

通过优化产业结构，形成了循环发展，极大地提升了能源、资源的利用效率，降低了成本费用。同时，核心产业生产能力大幅度提升，企业抗风险能力逐步加强，有效推进了企业的可持续发展。

（三）夯实基础管理，共谋节能减排大计

甘肃银光以标准化班子建设为平台，扎实开展精细化管理、5S 管理、"五好一准确"班组建设、精益化生产精细化管理等活动，培育全员树立"任何一项工作都是可以改进"、"解决问题就是创新"的理念，培育员工从一点一滴的节能减排做起，精益操作、精细管理，使企业的现场管理、生产环境、员工行为习惯都得到了明显改善，企业发现问题和解决问题的能力显著提高。同时，企业以"和谐、集智、尽责"为管理目标，广泛开展合理化建议、公司领导接待日、专题研讨会等活动，广泛收集员工节能减排的建议和意见，寻求降低生产线能耗、减少污染物排放的途径和方法。

（四）实施流程再造，做好管理的标准化与规范化

甘肃银光注重经验传承，借鉴先进管理理念，更新节能减排管理思路，制定各项管理制度，明确环保减排责任，完善考核激励机制。制定安全、环

保、质量、能源累进奖、考核办法，对分子公司进行月度、年度考核；将指标进一步细化分解到分厂、车间、班组，把指标和员工的绩效工资直接挂钩，月考核月兑现；建立了日报、月报管理制度，创新能源日报表，实现快速准确分析，对生产、生活消耗的各类能源进行统计，及时分析原因，采取措施；完善能源统计管理制度，建立并完善统计三级管理体系。能源计量一级、二级配备率达到100%，三级配备率达到96%以上。形成了以成本为主线、以技术进步为支撑、以精细化管理为依托的节能减排管理机制，有效保障了节能减排工作的实施。

履责成效

截至"十一五"末，甘肃银光年节约标准煤达26199吨，节约水67.6万吨，废水年排放量控制在524万吨内，减排34.5%；COD年排放量控制在了612吨内，COD减排69.1%；二氧化硫年排放量控制在1230吨内，减排31.6%；氮氧化物年排放量控制在1210吨内，减排55%；硝基化合物年排放量控制在35.5吨内，减排80.9%；硫酸雾年排放量控制在844吨内，减排77.4%，为企业节约成本近4000万元。在外部环境严峻的形势下，企业不仅较好地履行了社会责任，而且保持了稳定的市场份额，并取得了显著的成本效益，实现了规模和效益的同步增长。

结　语

节能减排工作是甘肃银光各项工作开展的重要保障。甘肃银光本着对国家负责、对社会负责、对企业负责、对员工负责的宗旨，进一步落实环境保护主体责任，规范环境保护行为，推进环境保护精益管理，不断强化节能环保督导，持续提升质量体系运行有效性。公司秉承"节能减排就是增效"理念，开发环境友好型产品，对现有工艺进行优化，进一步降低原材料消耗，提高产品质量，研究废酸、废水、废气处理新工艺，降低有害物质的排放水平，并对副产品开发利用，变废为宝，持续降低各类污染物排放总量，力争做到增产不增污，将节能减排工作进行到底。

建设绿色企业　应对气候变化

上海贝尔股份有限公司①

摘　要：上海贝尔将"推进节能减排、建设绿色企业"作为企业社会责任的核心议题，建立环境管理三级组织架构，推广绿色创新技术，建设绿色企业，推动绿色产业链建设，传播社区绿色环保理念，为社会低碳发展做出了贡献。

关键词：绿色创新　绿色网络　绿色工厂绿色产业链

背　景

电信行业的迅猛发展正日益深刻地改变着传统行业的生产方式和人们的生活方式。近年来，互联网和智能手机应用呈现爆炸式增长，据贝尔实验室

---

① 上海贝尔成立于1984年，总部设在中国上海，是中国高科技领域第一家外商投资股份制企业——阿尔卡特朗讯的中国旗舰公司。公司为运营商和行业企业客户提供端到端的电信解决方案和专业化集成服务，覆盖整个网络生命周期。运营商产品覆盖固定网络、移动网络、宽带接入、核心网络、IP和光网络、网络应用等领域；企业产品覆盖联络中心、商务电话、数据网络、网络安全管理、企业通信应用等领域。公司国内业务覆盖31个省（自治区、直辖市），是中国通信产业网络设备的领先企业和主流供应商之一，IP、光传输和宽带接入的市场份额处于领先地位，无线网络位列前三甲。海外业务覆盖全球50多个国家。

估计，到2015年，城市每平方公里将会有30倍于2010年的智能手机。数据业务的爆发性增长将使现有网络不可持续并导致糟糕的用户体验；快速的增长也将带来更多耗电量大的基站，杂乱的天线和高耸的铁塔，将占用更多本已拥挤的城市空间，引发亟待解决的环境问题。

上海贝尔秉持"科技创新，惠及全社会"企业社会责任理念，通过研发节能环保通信设备、网络和远程办公技术，支持行业绿色发展，支持办公方式转型，借助通信科技力量等方式，积极加入到应对全球气候变化的共同行动中。

责任行动

上海贝尔将"推进节能减排、建设绿色企业"作为企业社会责任的核心议题，建立节能减排委员会总体监管的环境管理三级组织架构，质量与客户满意部的体系治理部门负责环境管理体系建设，其他部门委派专人负责本部门环境管理体系运行。

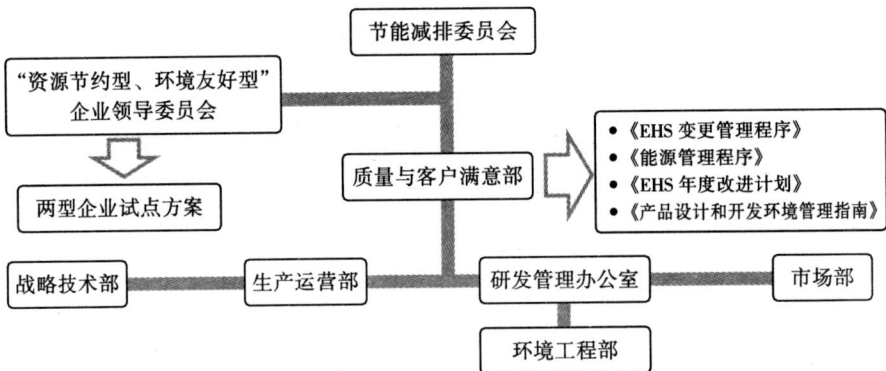

图4-7 上海贝尔环境管理体系

2011年，上海贝尔制定了"资源节约型、环境友好型企业"发展战略，在环境管理上实施ISO14001环境管理体系，并采用"计划—执行—检查—

行动"（PDCA）环境管理模式，不断完善节能减排统计和考核体系，获得了浦东新区环保局及金桥出口加工区"最具可持续发展潜力的五星级企业"以及浦东新区"环境保护诚信企业"称号，并成为国家"资源节约型、环境友好型"企业创建单位。

一、推广绿色创新技术

上海贝尔和阿尔卡特朗讯集团的绿色创新技术灵云无线（Light Radio TM）的推出有效消除了全球移动行业对天线塔及基站设施的依赖。得益于站址、能源、运营和维护成本方面的优势，灵云无线不但可以缩减运营商50%的成本，还能提升用户服务体验，帮助移动运营商实现网络演进，应对移动网络流量剧增的冲击。

对于环境而言，灵云无线的绿色创新技术可以有效解决基站能耗大，占用空间多的问题。相交传统的基站天线，它能减少50%的移动网络能耗，又因其采用小型天线替代大型基站，而可以减少60%的占地空间。此外，灵云无线利用先进的微波传输和压缩技术实现网络回传，能使宽带覆盖到任何有电能、太阳能、风能等能源的地区，充分利用当地环境资源，建立网络通信，链接外部世界，帮助地区缩小数字鸿沟。

2011年2月，上海贝尔联合阿尔卡特朗讯集团发布灵云无线系列产品。上海贝尔将中国市场的需求与阿尔卡特朗讯全球研发资源对接，完成了符合中国运营商需求的灵云无线 GSM 虚拟化基站控制器原型机的研发测试。2011年8月，阿尔卡特朗讯联合中国移动实现了基于下一代 4G LTE 移动网络的首次灵云无线移动宽带视频通话。

二、建设绿色企业

上海贝尔以"零排放"为目标，把节能环保落实到采购、生产、物流、办公全业务领域，实施生产全过程污染控制，建设绿色工厂，实现绿色运营。

（一）实施严格的环境标准

上海贝尔在产品设计中考虑降低能耗、减少辐射、使用可再生材料、产品减量包装和运输等原则，启动无铅化、非 PVC、产品节能和可替代能源等项目。2010 年，上海贝尔发布《产品设计和开发环境管理指南》，全面指导规范产品设计开发过程中的环境管理，减少产品的环境影响，提高产品回收价值。2010 年，上海贝尔的低功耗电路板设计和 PCB 基板，符合欧盟 RoHS 指令要求。

（二）绿色网络建设

上海贝尔利用现有网络资源，优化网络设计，挖掘网络价值，向 IP 化、扁平化发展，降低网络能耗和热排放，构建绿色网络。

通过减少基架数和机房面积，以"零占地"的多种灵活安装方式减少配套设施以及利用智能软件功能进行功耗控制，降低网络整体功耗等方式建立生态型无线网络。

通过优化核心网架构，确立基于 ATCA 平台的全系列核心网产品战略和产品 IP 化促进节能减排等方式建立绿色核心网络。

通过减少管道和光缆铺设，提高机房利用率以及在接入用户家庭时，充分利用原有铜线资源等方式帮助建立绿色光城市。

（三）打造绿色工厂

上海贝尔实施"绿色工厂"精益化管理，建立从原料采购到产品加工、包装整个生产流程的环境监控体系，编制废水、废气、粉尘污染和废弃物等处理指导书和管理程序，控制生产废物及污染物排放。2010 年，投入 574.1 万元实施 12 项清洁生产方案。

表 4-5　上海贝尔打造"绿色工厂"举措

	2010 年主要措施	绩效
节约电能	合理控制空调温度和冰蓄冷中央冷站开机时间	节约电能近 400 万度
	设置电梯单、双层停靠	
	周末关闭空调并集中加班人员至公共办公区域	
	夏季关闭洗水间热水	
	关闭低效 IT 设备	

续表

	2010 年主要措施	绩效
节约用纸	实施减少文件印刷量项目	普通办公文印量下降 12.6%
	建设办公自动化平台等应用系统	减少纸张打印 100 万张
废弃物管理	废电池由专人负责收集并统一处理	实现废弃物分类回收和统一处理
	空墨粉瓶、墨粉盒、硒鼓由专人负责填写"危险废物交接记录单",由供应商回收到指定的收集中心合理处置	
	办公及生活垃圾实施分类处理	
视频会议	全年约 3000 人通过视频会议参加各种日常例会、生产会议和招聘会议	减少商务出行 600 万公里,减少碳排放 720 吨

（四）推行绿色包装，循环使用

上海贝尔与中国移动合作开展"绿色包装，循环使用"计划。2010年，公司逐步推行绿色包装方案，使用环保的包装材料替换木质包装，循环利用。

（五）倡导绿色办公

上海贝尔注重身边的节能环保，采取了一系列节水、节电、节纸和废弃物管理措施，2010~2012 年，2010 年同比节约用电 366 万度，2011 年 310 万度，2012 年 348 万度；2010 年因视频会议减少商务出行 600 万公里，2011年 900 万公里，2012 年 1200 万公里。

（六）推进绿色采购

上海贝尔遵循阿尔卡特朗讯集团"可持续发展采购宪章"，颁布《相关方管理程序》，把控制原材料视为减少产品对环境负面影响的重要环节，启动供应商能力评价审核方法，把供应商的环境管理作为综合评估的关键指标。

三、推动绿色产业链建设

2010 年，贝尔实验室联合中国移动、麻省理工和斯坦福大学等 15 家机构组织，发起成立全球电信行业第一个绿色节能全球性产业联盟，推出通信网络"绿色转型"技术创新构架，力争五年内实现全球网络"千倍降耗"目标。上海贝尔作为联盟会员之一，启动一系列前沿尖端技术研发，共同勾画全球通信行业最新"绿色行动图"，以绿色科技成就中国电信行业可持续发展。

四、传播社区绿色环保理念

上海贝尔将绿色经营的生态文化作为企业文化的重要部分，积极传递环保理念，与员工和社区共建绿色家园。上海贝尔在公司内网开设了"世界环境日"专题，并征集"节能减排—降本增效"合理化建议和"节约金点子"；成为上海金桥出口加工区"百家企业生态环保宣传站"系列活动首批20家示范单位之一，建立宣传中心，广泛宣传生态环保文化；连续4年参加世界自然基金会倡导的"地球一小时"活动；并发出绿色出行看世博承诺，向社会传递"绿色世博，绿色出行"理念，获得上海世博局、环保局颁发的"世博绿色出行环保公民"荣誉证书。

履责成效

绿色创新技术"灵云无线"荣获了国际研究学院（Institute for International Research）"2011年度LTE创新奖"、CDMA全球论坛"2011年网络技术创新奖"、《下一代网络》杂志年度领导奖"宽带互联网通信领域的杰出创新成果奖"以及美国无线通信展创新技术奖"创新移动技术奖"等多项大奖。

2011年，上海贝尔以"零排放"为目标，通过一系列节能减排活动，使得公司万元产值能耗同比下降约16%，单位销售额碳排放同比降低14%。通过联手产业上下游合作伙伴，产品生产及自身运营等各方面保护环境的实践，努力应对全球气候变化，为社会绿色低碳发展做出了贡献。

结　语

通信技术不仅使世界更加亲近，也使世界更加绿色。坚持对环境负责，走可持续发展之路一直是上海贝尔战略决策的基础。公司在减少自身运营环境影响的同时，还将持续提供创新型绿色解决方案，帮助其他行业通过降低能源消费和碳排放实现绿色增长，促进社会绿色低碳发展。

第五章 ｜ **投身公益献大爱**

创建华润希望小镇　探索新农村建设新路径

华润（集团）有限公司①

　　摘　要：基于感恩回报、履行企业社会责任的价值观念，2008 年起，华润集团陆续在革命老区和贫困地区选址建设希望小镇。通过统一规划、就地改造、重建，彻底改变农民的居住环境，同时利用集团自身的产业和资源优势，帮助农民成立专业合作社，发展新型农村集体经济，把华润希望小镇建设成为生态、有机、绿色，与当地自然环境保持和谐一致，具有农业发展活力、地方和民族特色鲜明的社会主义新村镇。

　　关键词：新农村建设　环境改造　产业帮扶　组织重塑

　　一个人，一辈子，能做那么几件事，能给一群跟你毫无利益关系的人带来幸福、带来快乐，那么你的人生就是有意义的人生，你所在的企业就是高尚的企业。

——华润集团董事长　宋林

---

　　① 华润（集团）有限公司是一家拥有 75 年历史、以实业为基础的多元化企业，也是国务院国资委直接监管和领导的国有重点骨干企业之一。主营业务包括消费品、电力、地产、医药、水泥、燃气、金融等。集团拥有 2300 家实体企业，员工 40 万人。在香港拥有 5 家上市公司，其中 3 家位列香港恒生指数成份股。2013 年《财富》公布的全球 500 强排名中华润居第 187 位。

背　景

中国是一个农业大国,几代国家领导人都曾明确指出:中国的问题实质就是农民的问题。"农业丰则基础强,农民富则国家盛,农村稳则社会安",如何破解"三农"问题,如何进行新农村建设,已成为关系国家发展的根本性问题。近一百年来,中国有理想、有抱负的志士仁人和组织一直在为富农强国的梦想而奋斗。

华润(集团)有限公司(简称华润集团)成立于1938年,在新中国成立各个历史时期,华润集团都承担过重要历史使命,为新中国的建立发展和香港的繁荣稳定做出了独特的贡献。在重视价值创造的同时,华润常怀感恩之心,积极履行社会责任,努力践行"超越利润之上的追求"。2008年春,正值华润集团成立70周年,华润集团宋林董事长基于感恩回报、履行企业社会责任的价值观念,按照"与您携手,改变生活"、"工业反哺农业、城市带动乡村"的思路,提出利用华润自身资源优势,尝试到贫困地区创建希望小镇的想法,开始了华润特色的"乡村建设实验"。

责任行动

"我们不是要把村庄建得和城市一样,而是把村庄建得更像农村,让农业文明成为一种消费品。"华润设想的乡村图景和城市一样,生活便利、空气没有污染,公共设施良好,有很多非农就业,农村的文化、伦理道德得到重建。

一、希望小镇的建设与运行

(一)建设模式:做实三大工作

华润集团创建希望小镇要实现的目标愿景为:在地方各级政府的支持

下，本着"共建家园"的建设理念，通过统一规划，就地改造、重建，彻底改变农民的居住环境；利用华润自身的产业和资源优势，帮助农民成立专业合作社，发展新型农村集体经济，把华润希望小镇建设成为生态、有机、绿色，和当地自然环境保持和谐一致，具有农业发展活力、地方和民族特色鲜明的社会主义新农村；用创新的精神落实科学发展观，为国家探索一条企业利用自身资源积极参与社会主义新农村建设的新模式、新道路。创建希望小镇的三大工作具体如表5-1所示。

表5-1　创建希望小镇的三大工作

环境改造	产业帮扶	组织重塑
和谐的民居改造："改厨、改水、改房、改厕、改圈、改院"，全面提升民居设施； 齐备的公共配套设施：完善及提升公共配套设施服务并辐射周边乡村，主要包括医疗、教育配套设施、综合服务中心和农贸市场； 生态环保的市政基础建设：清洁能源、污水处理、太阳能、强弱电改造、道路硬化、清洁饮水、照明、环境美化工程等	引导农民成立专业合作总社，搭建产业帮扶平台； 以种植、养殖专业合作分社为平台，将产业帮扶深化为产业发展； 统购统销，引导起步； 优化品种，合作经营； 土地流转，土地整理	通过社区党支部、社区居民委员会、农民专业合作社交叉任职的方式，实现农村党、政、企三位一体的新型管理模式： 社区党支部：发挥社区党组织在推进社区建设中的领导核心作用，健全各级农村基层党组织； 社区居民委员会：突破原有行政管理框架，形成全新的功能齐全的农村社区； 农民专业合作社：部分利润用于小镇集体提留的公共积累，为小镇社区居委会行使行政及公共管理职能提供可靠的经济基础

（二）建设历程：五年八镇，梦想绽放，一路芬芳

2008年春，华润集团董事长宋林提出到贫困地区建设华润希望小镇的想法。经过持续五年的努力，华润已建成广西百色、河北西柏坡、湖南韶山华润希望小镇；海南万宁、北京密云、福建古田、贵州遵义、安徽金寨华润希望小镇也正在规划建设中，已约有3100户小镇农户、12200名小镇居民直接受益，如表5-2所示。

表 5-2　华润希望小镇建设里程

年份	2008	2009	2010	2011	2012
百色希望小镇	11月，开工建设	1月，百色华润希望小镇润农农民专业合作社成立；9月，落成典礼，环境改造完成，进入产业帮扶阶段			12月，圣女果和林下鸡专业分社完成10000亩土地流转和整理；人均纯收入达10083元
万宁希望小镇			1月，开工建设		6月，东山羊养殖基地开工奠基
西柏坡希望小镇			11月，开工建设	10月，落成竣工，环境改造完成，进入产业帮扶阶段	12月，50万羽蛋鸡养殖项目开工
韶山希望小镇			12月，开工建设		8月，卫生服务中心正式开业；9月，韶山华润学校正式开学；10月，竣工落成
密云希望小镇				3月，开工建设	
古田希望小镇					8月，开工建设
遵义希望小镇					12月，开工奠基
金寨希望小镇					10月，确定选址，启动规划设计

（三）华润慈善基金：汇聚爱的平台

在希望小镇的建设过程中，华润一直强调华润人要与村民共建美好家园，项目启动以后，依托华润慈善基金为平台，华润积极倡议属下各利润中心、企业员工为希望小镇捐款，同时以实际行动感召华润的合作伙伴也参与到希望小镇的建设中来：

2009年4月，华润慈善基金在海南举行了第一届"因为·爱"华润慈善之夜大型公益晚会，原国资委主任李荣融也亲临晚会现场捐款，公司及个人捐款达2120余万元。

2009年8月9日，一批曾经在华润工作过的华润人来到希望小镇，向华润慈善基金捐款 50 余万元。

2010 年 4 月 16 日，华润慈善基金在山东济南举办第二届"因为·爱"华润慈善之夜大型晚宴，共筹集华润经理人个人捐款 282 万元。

2011 年 3 月 18 日，华润慈善基金在深圳举行了"华润之夜"大型慈善公益晚会，参加晚会的共有近 300 位华润利益相关方代表，晚会共筹集善款合计 5000 余万元。

2012 年，华润慈善基金总收入善款合计 1.2 亿元，行政支出 32.6 万元，纳税支出 136 万元，投资理财 6000 万元，对外捐赠支出 7838 万元，主要用于希望小镇建设。

二、百色华润希望小镇

在中国广西壮族自治区百色市右江区永乐乡，坐落着一座宁静的村庄，被称为广西最美的村庄。在这个村庄里，华润的名字可谓家喻户晓。这就是华润集团捐资建设的中国社会主义新农村的典范——百色华润希望小镇（以下简称"百色小镇"或"小镇"）。百色小镇是华润集团出资捐建的首个希望小镇，也是全国第一个希望小镇。

百色小镇位于广西壮族自治区百色市右江区永乐乡西北乐片区，下辖洞郁、塘雄、那平三个自然屯，共有 6 个村民小组，328 户，农业人口 1342 人，土地总面积 9805.43 亩。小西红柿、芒果、西瓜及秋冬蔬菜是小镇主要的农作物种植品种，但由于起步低、基础弱、环境差，2007 年农民人均年纯收入仅为 2360 元，是国家划定的重点贫困地区。在百色小镇项目启动前，上述三个自然屯的乡村设施破败，道路硬化率几乎为零，农宅质量低下，没有合乎卫生标准的供水系统，没有污水污物排放系统和垃圾收集系统，医疗卫生条件差、能力弱，教育投入少、水平低，整体居住环境较差。

（一）环境改造：生态环保营造和谐民居

2008 年 11 月 28 日，百色小镇开工建设，环境是华润启动小镇建设的第一步，让村民"走水泥路、喝自来水、用清洁灶、上卫生厕、住整洁房"。

华润对小镇进行整体规划设计，对小镇进行和谐民居改造、建设齐备的公共配套设施、进行生态环保的市政基础建设：

和谐的民居改造：结合当地的山形地貌、民俗风情、气候特点等因素，进行和谐的民居改造，"改厨、改水、改房、改厕、改圈、改院"，全面提升民居设施。

齐备的公共配套设施：建设生态环保的市政基础和齐备的公共配套设施，完善及提升公共配套设施服务并辐射周边乡村，主要包括医疗、教育配套设施、综合服务中心和农贸市场。

生态环保的市政基础建设：主要开展清洁能源（沼气）普及工程、生态湿地污水处理工程、太阳能工程、强弱电改造工程、道路硬化工程、清洁饮水工程、照明工程、环境美化工程八大工程。

为了配合当地自然环境，有效控制改造重建的成本，促进小镇的可持续发展，增强可复制性，希望小镇在规划建设时就注意使用成本低廉的建筑材料，采用易维护、效果好的低技术污水处理及能源解决方案，满足生态环保要求。小镇公共建筑及配套设施外立面大都采用当地自产花砖拼装，美观大方，经济实惠；生活污水采用三格化粪池处理，造价低廉，处理农家生活污水效果良好；建筑材料包括水泥、砖头、石料等基本是就地取材，和农民自建住房时使用的材料基本一致。

2009 年 9 月 20 日小镇竣工落成，建成后的小镇彻底改变了村民的居住环境，并配备有完善的综合服务、文教、医疗设施和农贸市场。

（二）产业帮扶与发展：发展新型农村经济

产业帮扶是促进小镇可持续发展的一项核心工作，百色小镇在规划建设过程中始终遵循生态、有机、可持续发展的方向，并成功探索出"企业+合作社+农户"的产业帮扶模式；华润还将小镇产业帮扶升级为产业发展，并辐射和带动周边地区的产业升级，为中国城镇化建设探索出一条新路径。百色小镇产业帮扶与发展工作分为四个阶段逐步推进：

第一阶段：统购统销　引导起步。

华润以保护价收购小镇现有的种植、养殖品种，一次性提高农民收入，选拔农村经济带头人，逐步引入合作经营理念，为组建合作社进行前期准备。2008年11月，华润万家共收购圣女果30万斤。

第二阶段：优化品种　合作经营。

百色小镇农民专业合作社于2009年1月19日顺利召开成立大会暨第一届社员大会，每股本金100元，入社农民达424人，户入社率85%以上，华润慈善基金按1:1的出资比例进行配股，是合作社的法人社员之一。华润以农民专业合作社为平台对现有的农产品进行优化改良，开展农产品和农资的统购统销。2009年底，百色小镇圣女果销量达到90万斤。合作社每年分红15%~18%。

第三阶段：整理实验　土地流转。

2010年，华润引导润农总社组织农民开展适度规模化种养，把部分易于连片开发整理的分散农田流转到润农总社中来，统一规划、整理，形成100亩左右的小型试验希望农庄。之后，逐步引导百色小镇村民开展土地及山林地流转，将大部分土地纳入希望农庄统一管理。截至2012年底，总计流转整理了小镇片区1700亩土地，扩大了种植业和林下鸡养殖业的规模。

第四阶段：辐射带动　产业发展。

小镇范围内1700亩土地全部流转以后，华润集团通过华润五丰农业与润农总社共同发起成立了"百色希望农庄圣女果种植农民专业合作社"、"百色五丰林下鸡养殖农民专业合作社"，这两个专业分社实行公司化运作。2012年，两个专业分社已经完成小镇及周边地区10000亩土地的流转整理（永乐片区、龙川片区、汪甸片区），林下鸡出栏量达到100万羽，百色小镇及周边地区现已建成万亩现代亚热带农作物种植基地和养殖基地。小镇建设与华润的农超基地相结合，与华润的业务发展相结合，实现了长远的可持续发展。

（三）组织重塑：建设新型管理模式

建成后的百色小镇，通过社区党支部、社区居委会、农民专业合作社交叉任职的方式，实现农村党、政、企三位一体的新型管理模式：

社区居民委员会：突破原有的屯、村、乡三级行政管理框架，形成了全新的功能齐全的农村社区，实现城镇社区化管理。

农民专业合作社：农民专业合作社的一部分利润用于小镇集体提留的公共积累，为小镇社区居委会行使行政及公共管理职能提供可靠的经济基础。

社区党支部：小镇社区党支部充分发挥社区党组织在推进社区建设中的领导核心作用，健全各级农村基层党组织。

（四）建设成效：农民增收，可持续发展

2012年底，百色小镇总计流转整理小镇范围内1700亩土地，扩大种植业和林下鸡养殖业的规模。同时，华润引导润农总社与华润万家超市签订采购合同，约定润农总社组织农民生产的圣女果、西瓜、芒果、生猪等农产品直接销往华润万家超市，将希望农庄打造成为高端农畜产品"农超对接"基地。2012年，华润万家在当地收购农副产品累计967.9万元，实现毛利83.2万元，为农民合作社创造利润32.7万元。

2012年，百色小镇范围内村民通过土地租金、务工工资、合作社分红和自种芒果等多种收入渠道再一次提高收入水平，百色小镇人均纯收入突破万元大关，达到10083元。百色小镇产业发展之后，仅2012年就有15位当地居民返乡创业，为小镇注入更多活力。

在小镇范围内产业帮扶工作取得良好成效后，华润积极推动产业帮扶工作向周边地区扩展。如前文所述，华润五丰农业与润农总社共同发起成立"百色希望农庄圣女果种植农民专业合作社"、"百色五丰林下鸡养殖农民专业合作社"。2012年，两个专业分社已经完成希望小镇及周边地区10000亩土地的流转整理，圣女果销售额完成47.6万元，林下鸡出栏量达到100万羽、销售额达到1522万元，对周边地区农业产业发展起到极大的辐射带动作用。

三、其他希望小镇建设成效

除广西百色希望小镇外，华润集团陆续在河北西柏坡、湖南韶山、海南万宁、北京密云、福建古田、贵州遵义、安徽金寨建设华润希望小镇。

（一）西柏坡华润希望小镇

西柏坡华润希望小镇（简称"西柏坡希望小镇"）位于河北省石家庄市平山县西柏坡镇霍家沟村，规划总面积 9102.3 亩，建成后原霍家沟村、讲里村、西坡村 3 个行政村的 272 户、879 名村民将整体迁入。2011 年 10 月 28 日，西柏坡希望小镇正式竣工落成，居住环境全面提升，集村政、文化、卫生、产业服务、村民活动等多种功能于一体的综合服务中心投入使用。

西柏坡希望小镇延续了百色希望小镇的产业帮扶理念和模式。2010 年 11 月 24 日，西柏坡小镇润农合作社正式成立，成为小镇产业发展的重要平台，以此将原有荒山及少量集体用地进行平整开发，建成了 300 亩的一期产业沟种养殖基地，以无公害高品质苹果种植与蛋鸡养殖为主。2012 年 12 月 13 日，小镇产业帮扶二期——华润五丰南甸 50 万羽蛋鸡养殖场开工建设，建成后将实现年产鸡蛋 6667 吨，年产值将达到 6000 多万元人民币，能有效解决 200 多人的就业问题，从而实现产业帮扶向周边地区的辐射，是向产业发展方向迈进的关键性一步。

（二）韶山华润希望小镇

华润的"华"取自中华的"华"，华润的"润"取自毛润之的"润"，在韶山建设华润希望小镇，为毛主席的家乡建设贡献力量，是对毛主席故里父老乡亲的深厚感情。韶山小镇位于湖南省湘潭韶山市韶山乡，规划范围为韶光村和铁皮村两个村的部分村域范围，涉及 18 个村民小组，共 565 户，2169 人，总面积 5970 亩。韶山小镇于 2012 年 10 月 12 日竣工落成，已经初步成为现代文明、绿色生态、具有浓郁湖湘特色的社会主义新村镇。

2011 年 12 月 29 日，韶山小镇润农农民专业合作社成立，共吸纳农民社员 442 名，下设种植、养殖、旅游及其他专业合作社。合作社将依托华润集团资源优势，发展现代化观光农业产业项目，实行统一规划、统一种养、统一经营、分社管理的运行机制，促进农民富裕和小镇经济发展。

（三）古田华润希望小镇

1929 年，具有重大历史意义的古田会议在福建省龙岩市上杭县古田村召开。次年，伟大领袖毛主席在古田写下了不朽的著作《星星之火，可以燎原》。为弘扬古田会议精神，感恩和造福老区人民，华润选址上杭县古田镇吴地村建设华润希望小镇。古田小镇于 2012 年 8 月 9 日开工建设，涵盖小吴地和大吴地两个自然村，合计 935 人，262 户，规划范围 1635.9 亩，规划将其建设成"客家特色之镇、生态绿色之镇、和谐活力之镇"，成为社会主义新农村闽西示范小镇，古田小镇正在建设中。

2012 年 12 月 26 日，古田小镇润农农民专业合作社正式成立，并组织开展了蔬菜统购统销。未来，华润还将以润农合作社为平台，因地制宜，发展毛竹深加工、高山药材、食用菌及蛋鸡养殖等产业，提高当地村民收入，实现可持续发展。

（四）遵义华润希望小镇

遵义华润希望小镇位于贵州省遵义市习水县土城镇，包含黄金湾、水狮坝两村部分片区，合计 336 户，1510 人，总面积 1998.9 亩。2012 年 12 月 29 日，遵义小镇开工建设。在环境改造的同时，华润将积极引导农民组织合作社，以高端蔬菜、铁皮石斛和黔北麻羊为主要品种，发展现代种养业。遵义小镇正在建设中。

（五）金寨华润希望小镇

安徽省六安市金寨县是全省面积最大、人口最多的贫困山区县和旅游资源大县，也是我国第二大将军县，是著名的革命老区。2012 年 9 月，第八座华润希望小镇选址于金寨县吴家店镇古堂村。金寨华润希望小镇规划用地 1609.5 亩，涉及古堂村和松子关村两个自然村，合计 302 户，1227 人。金寨小镇正在规划建设中。

（六）万宁华润希望小镇

万宁华润希望小镇位于海南省万宁市礼纪镇中心区，占地面积 800 亩，原石梅村的 682 户、3115 位村民将在建成后整体迁入。万宁未来将建设成为极具海南特色的热带农业休闲旅游小镇，开创新农村建设和搬迁安置相结合的新模式，为海南国际旅游岛建设贡献力量。目前，万宁小镇已基本建成，正在开展村民搬迁安置工作。同时，万宁小镇华润五丰东山羊养殖帮扶项目已开工建设。

（七）密云华润希望小镇

密云华润希望小镇位于北京市密云县穆家峪镇阁老峪行政自然村，共约 361 户，约 1000 人，总面积约 8700 亩。目前小镇一期工程已初具规模，新民居展示区完成验收，配套公共设施建设全面竣工并投入使用。为适应产业发展需求，华润与密云县镇相关部门配合，将劳动力适时输送到小镇各产业项目中，帮助村民实现家门口就业。2012 年，密云小镇人均纯收入 16457 元，比 2011 年增加 2831 元，增幅 20.8%。

履责成效

创建华润希望小镇，体现了华润作为央企超越利润之上的追求，是 40 万华润人践行"与您携手，改变生活"企业理念的重要平台。建设希望小镇，既是一项社会公益活动，也是华润集团利用企业资源解决"三农"问题、积极参与社会主义新农村建设和城镇化建设的一次有益探索和尝试，是央企创新生意模式、打造良好社会形象的一种新探索。

一、成就一个梦想：希望小镇的建设，圆了当地村民改变生活的梦

华润希望小镇建设至今，已约有 3100 户小镇农户，12200 名小镇居民直接受益。希望小镇建成后，随着各项公共服务不断完善，华润人以实际行动

践行了超越利润之上的追求，帮助希望小镇村民实现了千百年来的梦想，过上了与城里人一样的幸福生活。

2012年，韶山华润希望小镇竣工落成，改造和新建民居近500户，居民家家户户都住上整洁房，用上自来水，走上水泥路，用上清洁厕，洗上热水澡。同时，希望小镇卫生服务中心正式开业，占地面积4790平方米，设有门诊部、住院部、中西药房、医技部等科室，能够开展内、外、妇、儿科常见病、多发病的诊疗，是新型农村合作医疗城镇职工医疗保险定点医院。卫生服务中心建成后，解决了村民"看病远、看病难"的困难，实现"小病不出村，大病在大医院确诊后可返村治疗"的愿望。2012年9月1日，韶山华润学校正式开学并迎来第一批学生。韶山华润学校占地面积29896.20平方米，包含教学楼、综合楼、标准化操场、学生食堂和学生宿舍等。每一间教室都统一配备先进的电教设备，学生们坐进宽敞明亮的教室，享受到高标准、高质量的教学条件。韶山华润希望小镇的建成彻底改变了当地农民落后的居住环境和低下的公共服务水平，小镇村民实现毕生的梦想，享受到城市文明所带来的舒适、卫生与便利。

华润希望小镇正改变着中国延续了数千年的传统乡村版图。

——《21世纪经济报道》 2012年12月27日

我们农村的孩子，都想去外面走走看看，并不是外面真的有多好，只是家里的机会太少。华润集团的到来，彻底改变了我们村的整体面貌，希望小镇的建设也让我找到了实现自己人生价值的舞台，让我对未来生活有了新的希冀和梦想。现在有了养鸡场，又有了新房子，在家能照顾父母妻儿，比出去打工滋润得多。

——西柏坡华润希望小镇蛋鸡养殖场副场长　吴鹏飞

二、探索一条路径：希望小镇的建设，为中国的新农村建设和城镇化发展探索了一条新路径

华润集团捐资建设的华润希望小镇，是华润利用企业自身产业和资源优势，在革命老区和老少边穷地区开展社会主义新农村建设的深入探索和有益尝试。通过在贫困地区的就地改造重建、组织重塑、产业帮扶等工作，帮助当地农民脱贫致富。其中作为重点的产业帮扶工作，是由农民专业合作社与华润集团的利润中心联合起来，共同打造高品质的农超对接农产品直供基地。产业发展帮助老区人民从"输血"走向了"造血"，令想要回乡创业的新一代的产业农民，能够回到家乡、建设家乡、造福家乡，同华润一起，改变老区贫穷落后的面貌，使产业发展带动产业帮扶的新农村建设构想，从梦想照进了现实。

华润希望小镇可以说是在为中国城镇化探索一种新模式，希望小镇的成功运行，证明了希望小镇模式是中国城镇化的一条可行之路，为中国目前社会新农村建设、城镇化建设提供了示范和样本。2012 年 10 月 12 日落成的韶山华润希望小镇被评为"湖南省社会主义农村城镇化示范样板"。

作为国有企业参与社会主义新农村建设的实践，华润的希望小镇不但提供了一个样板，而且还开创一种全新的模式。

——中国人民大学教授、农业与农村发展学院院长　温铁军

华润希望小镇已成为新农村建设过程中，工业反哺农业、城市支持农村的典范；成为中央企业、国有企业承担社会责任，建立扶持农村长效发展机制的典范；成为我们在新农村建设过程中推进改革必须学习的典范。

——时任广西壮族自治区党委书记　郭声琨

三、创新一种模式：希望小镇的建设，为央企履行社会责任创造了一种新模式

随着百色、西柏坡、韶山华润希望小镇的建成和产业帮扶与发展的日益

深入，华润首创的希望小镇项目引起了各级领导和社会各界的高度关注。目前，受华润建设希望小镇的精神感召，越来越多的企业开始关注新农村建设，越来越多华润的合作伙伴开始参与到华润希望小镇项目的建设中来。招商局集团也曾到百色华润希望小镇参观交流，学习华润经验，在贵州威宁县修建草海银龙幸福小镇。中国广东核电集团也曾赴华润学习希望小镇建设模式与经验，对中广核基地拓展过程中遇到的拆迁问题进行交流。

华润用世界眼光、战略思维、公司化运营的经营理念，来改造农业经济，改变农村面貌，你们走在了中央企业的前列，为我们中央企业履行社会责任、帮扶帮困、发展大农业经济走出了一条鲜活的道路。

——时任国务院国资委主任　王　勇

四、形成一种文化：希望小镇的建设，实践了华润的感恩文化，升华了华润人的精神追求

建设希望小镇也给 40 万华润人搭建一个精神家园。通过实施希望小镇项目，华润人真真切切地感受到自己的工作成果可以直接转化为推动社会进步的力量，可以为一群跟自己毫无利益关系的人带来幸福和快乐；通过实施希望小镇项目，不同行业的华润人聚集在一起，可以真真切切地改变中国最基层农民的日常生活，真正践行"与您携手，改变生活"的华润理念。

此外，华润希望小镇的建设得到了社会公众、媒体的广泛关注。中央电视台新闻频道《整点新闻》栏目、中央电视台最具影响力的节目《新闻联播》、中央电视台新闻频道《朝闻天下》、中央电视台经济频道《经济半小时》、中国教育电视台等栏目播出了华润希望小镇建设情况；新华社、《人民日报》、《21 世纪经济报道》，以及各地方电视台如广西、湖南、河北、海南等亦多次报道了华润希望小镇项目；2012 年 8 月，国资委组织的网络媒体走进百色希望小镇，在央视网、中新网、中国广播网、新浪、搜狐、腾讯分别刊发了多篇希望小镇的报道；据不完全统计，自 2008 年至 2012 年底，华润希望

小镇共接待全国各地参观团组 900 余批次，参观人数总计 22800 余人。

结 语

追本溯源，建设华润希望小镇的本质就是一次新农村建设的探索，就是一场综合性、深层次的"乡村建设实验"。"三农"问题最核心的问题是农民问题，农民问题解决了，许多问题也就迎刃而解了。华润希望小镇的做法为解决"三农"问题提供了一个新的思路。由企业主导的社会主义新农村建设，一方面给农村、农业和农民带来了新的生机，另一方面也是企业履行社会责任的重要体现。更难能可贵的是，华润集团利用其自身产业和资源优势，为希望小镇量身定制了适合本地实际的产业发展规划，早在 2008 年初，在提出创建希望小镇构想伊始，华润就在总结中国农业发展现状及国内外新农村建设经验的基础上，基本确定了百色小镇今后的产业发展方向：以市场为导向，以农民专业合作社为平台，积极推行土地流转，引导村民发展规模化、生态、有机、绿色的现代农业。

创建华润希望小镇体现了华润超越利润之上的追求，华润以感恩之心，回馈社会之心去筹谋未来，这种爱和责任所折射出来的精神力量比一般的利益共享更具召唤力和感染力。在全社会的共同努力下，将来会有更多的农村成为像百色华润希望小镇这样让梦开始的村庄，也会有更多的农民实现农业持续增收、农村长久繁荣的梦想。

打造慈善统一平台　关注社会创新实践

招商局集团[①]

摘　要：招商局深信扶贫发展是保障民生和社会可持续发展的重要基石。2009 年 6 月，招商局慈善基金会设立后，坚持"理性公益"的方向，使企业的慈善捐助行为更有的放矢，使用效率更高。2010 年，招商局开展扶贫创新评奖活动，将自身的企业资源与社会资源、社会组织项目结合起来，实现公益组织与基金会的双赢。

关键词：慈善基金会　扶贫创新奖评选　公益组织

背　景

长期以来，招商局对企业社会责任构成的理解主要包括三个方面：商业

---

① 招商局集团创立于 1872 年晚清洋务运动时期。近 140 年来，曾组建了中国近代第一支商船队，开办了中国第一家银行、第一家保险公司等，开创了中国近代民族航运业和其他许多近代经济领域。1978 年，招商局独资开发了中国第一个对外开放的工业区——深圳蛇口工业区，并相继创办了中国第一家商业股份制银行——招商银行，中国第一家企业股份制保险公司——平安保险公司等，为中国改革开放事业探索提供了有益的经验。今天的招商局集团有限公司设总部于香港，是驻港四大中资企业之一。2010 年，招商局集团利润总额 217.78 亿元人民币，母公司净利润 121.77 亿元人民币。

道德（企业价值观、使命、文化）、利益相关群体关系（员工、客户、股东、供应链伙伴）、企业社会参与（捐献、员工志愿者、社区营销、公益项目）等，如图 5-1 所示，在实际工作中始终坚持三方面并举，形成和发展了"与祖国共命运，同时代共发展"的核心价值理念。

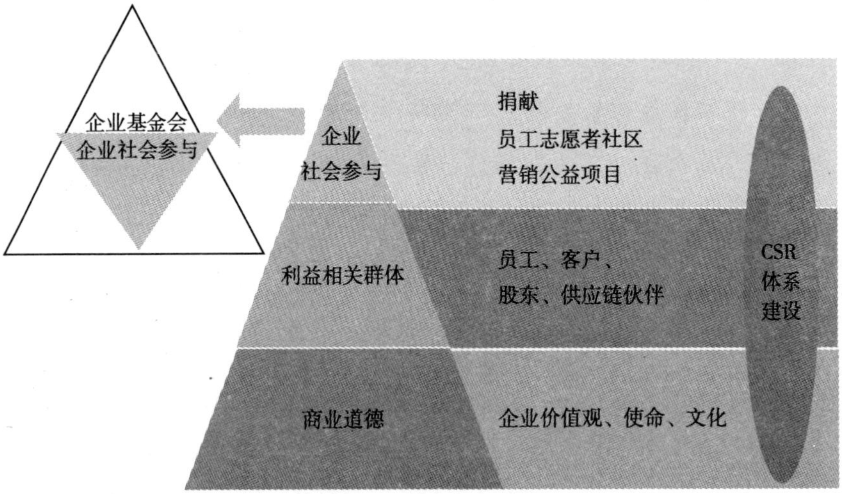

图 5-1　招商局理解的企业社会责任

　　历史上的招商局就有过多次慈善捐赠的记录。改革开放以来，"招商系"各企业无论在抗击自然灾害、定点扶贫，还是助医、助学等社会公益事业上都积极参与。近年来，随着招商局集团的快速发展和业务扩张，企业的商业影响力和社会影响力与日俱增，集团及下属单位加大了履行社会责任的力度。据不完全统计，2005~2009 年，就赈灾、扶贫以及其他社会慈善救助方面的支出款项超过 8700 万元。

责任行动

一、设立招商局慈善基金会

2009 年 6 月，招商局集团独家发起设立招商局慈善基金会，并获民政部正式批准登记（民函〔2009〕152号）。招商局慈善基金会拥有启动资金5000万元人民币，为民政部主管的全国性非公募基金会。作为企业社会责任"金字塔上的明珠"，基金会成立后有利于理顺招商局集团系统内部原有的捐赠活动，将之前分散使用的公益资金进行统一规划和安排，以形成"合力"，更专注、持久地关注合适的项目；同时进一步规范企业慈善资金的使用和管理，坚持"理性公益"的方向，使企业的慈善捐助行为更有的放矢，提高使用效率。

二、长期坚持扶贫工作

自创立以来，招商局一直抱持"强国"的理想，深信扶贫发展是保障民生和社会可持续发展的重要基石。因此招商局慈善基金会成立后，对当下中国的贫困问题保持高度关注，希望通过助力扶贫，尤其是农村地区的扶贫，缓解目前中国快速的经济发展与略显滞后的社会发展之间的矛盾，帮助促进中国社会稳步前行。基金会将"助力农村当地贫困人群有尊严地实现自我发展"当作自身使命，致力于以创新而有效率的方式，提高农村贫困人口自我实现的能力，并为贫困家庭提供医疗救助，为因自然灾害导致生活困难的人民群众提供帮助等。工作方法上强调集中精力，从最微小的事情做起，以资助的方式，与专业力量合作，控制节奏，注重效果评估，最大程度地实现公益资金的有效使用。

基金会未成立时，招商局集团的社会捐赠主要是投向大型的公募基金会或政府机构。基金会成立后，其成为以从事公益事业为目的的非营利法人，可以依法独立地接受捐款，开展慈善活动，践行"关注民生、扶贫济困、热心公益、奉献社会"的创办初衷，可以说为中国公益事业的发展打造了又一个汇集资源、传递爱心的平台。招商局自身的力量是有限的，然而，通过这样的平台，就能够撬动更多的社会资源，聚合更多的爱心，探索出一条更加民间化、专业化，既符合中国国情，又与国际接轨的公益发展道路来。在这样的背景下，首届"招商局扶贫创新奖"评选活动拉开了序幕。

三、组织招商局扶贫创新奖

2010 年 7 月，招商局慈善基金会联合中国社会组织促进会共同发起了首届"招商局扶贫创新奖"评选活动，面向社会各界，针对城镇、乡村及流动贫困人群等问题，公开征集创新、有效、可复制、可持续的扶贫项目和模式，提供奖金、专家指导、专业志愿者咨询等关键支持，鼓励基层组织的智力投入和多元实践，为中国的扶贫事业发掘更直接、更有效率的方式，为政府、商界及社会组织三个部门的扶贫工作及相互合作提供重要参考，切实促进中国扶贫事业的发展。招商局集团董事长、招商局慈善基金会名誉理事长傅育宁这样诠释此次评选："无论是万人瞩目的慈善明星，还是论资排辈的慈善排行榜，都没有形成示范效应，也没有改变以捐赠为主的扶贫方式。只有当慈善成为一种理性，慈善行为才有可持续性。我们期待能借助广大社会力量，借鉴优秀的实践案例，提炼出创新有效的模式，提高公益资源的使用效率，期待通过鼓励扶贫创新，可以为贫困群体有尊严的脱贫提供一片较为自在的空间。"

如果说 30 年前的蛇口模式是中国改革的第一缕阳光；那么 30 年后，招商局慈善基金会希望将同样的创新精神移植到公益领域。正如招商局集团副总裁、招商局慈善基金会理事长胡政所说："我们秉承一贯的'创新'基因，希望将此次评选作为一次新的尝试，用这样的方式使更多优秀的民间扶贫实践浮出水面，进入公益资金的视野，并结合学界多年的研究成果，使其得到一次全面的提升，进而推动扶贫领域公益'资金'和'项目'的更有效结合，形成良性互动，加快扶贫开发领域的创新发展。"

历经近 5 个月的征集，活动组委会共收到来自全国 30 个省、市、自治区 181 家机构提交的 276 份提案，涵盖了制度促进、生计发展、教育发展、就业发展、医疗、卫生等各领域，如图 5-2 所示，深度发掘了当前中国扶贫创新领域的优秀项目和重要话题。有参赛机构负责人表示："并不是为了奖金来参赛，而是为了参与一个民间发起的扶贫盛事。"

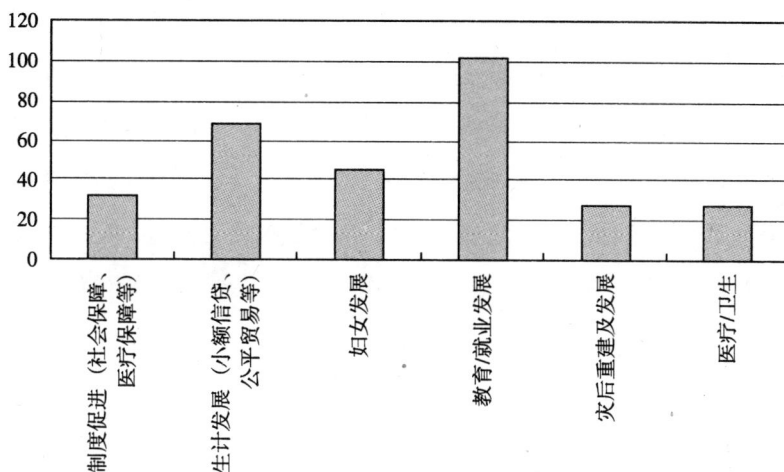

图 5-2　"扶贫创新奖"评选活动参赛项目涉及领域

本次评选聚集了中国扶贫及经济相关领域的强大顾问及评审阵容，包括茅于轼、温铁军、杜晓山、李小云、汪三贵等知名专家，在包括项目征集、标准制定、项目探访、专家评审、后期扶持等环节都做到了精细务实。经过激烈角逐，"少数民族贫困地区劳动力技术培训和权利意识提高扶贫项目"等 10 个项目、"残友社会企业孵化和相关社会服务的探索"等 5 个项目分获"行动奖"（项目执行 2~5 年）和"设计奖"（项目执行未满 1 年）。招商局慈善基金会也在现场与"海惠（小母牛）"、"真爱梦想"等四个组织签订了合作意向书，率先承诺对优秀项目进行扶持。

履责成效

招商局基金会对公益事业的资助方式实现了双赢。专事专干的公益组织因为基金会的督促和评估，将项目设计得更为周全、实施得更充分；而主要以资助为手段的基金会自身项目识别能力也得到了提升，并同时在公益圈树立了良好口碑，获奖项目同时得到了其他资助方的认可，进入了他们的资助范围，双方的发展都进入了良性循环轨道。

例如，自 2010 年获得"行动奖"后，海惠（小母牛）持续从招商局慈善基金会获得资助，并通过基金会的平台，扩大了项目的区域和影响。从项目的前期选点开始，双方实行项目"全过程管理"，共同预期项目中可能的需求、预判困难、预料机会，根据这个思路，基金会在项目执行的关键节点中还增加了对项目社区的"配套投入"，充分挖掘项目潜力，发挥社区中骨干的力量，增强社区凝聚力。这样的合作已经逐步形成了小母牛的"招商局模式"。

招商局的创新性工作得到了社会广泛认可。中国社会科学院农村发展研究所副所长杜晓山这样评价：招商局的扶贫创新评奖是招商局将自身的企业资源与社会资源、社会组织项目结合起来。这种结合是很好的一种形式，也是我们将来发展的方向。中国社会组织促进会秘书长刘忠祥指出，招商局扶贫创新奖评选是招商局慈善基金会采用评选的方式深度挖掘了中国近年来的扶贫创新模式，并在未来持续支持和推广优秀扶贫项目模式的平台项目，这种脚踏实地和不断探索的精神应该成为社会组织开展具体工作的榜样。

2012 年，在国家民政部对社会组织以"公益性"、"专业性"、"独立性"、"社会问责"、"规模与效益"、"团队状况"、"财务管理与资产运作"等作为评价维度的全面评估中，招商局慈善基金会获评"4A 级基金会"。

结　语

"创新奖"的评选是一个美好的开始。从此，招商局慈善基金会将"成为乡村贫困社区综合发展枢纽的资助型基金会"作为自己的使命，并坚定地在这条道路上朝着专业化的方向行进。

科学履行社会责任　规范运作慈善基金会

中国远洋运输（集团）总公司①

　　摘　要：中国远洋运输（集团）总公司积极从事社会投资、慈善和公益事业，2005年成立中远慈善基金会。基金会致力于制度化、规范化建设，科学管理社会投资项目，合理使用社会投资资金，充分发挥社会投资的积极作用。通过开展济困、扶贫、救难、助残、助孤、助医、助学、助教等社会救助活动，取得了良好的社会效果，树立了负责任的企业形象。

　　关键词：中远慈善基金会　慈善项目

背　景

　　中国远洋运输（集团）总公司（简称中远集团）从2005年加入全球契约以来，始终秉承"和谐发展，造福人类"的可持续发展理念，坚持按照全球契约十项原则要求，贯彻国资委《关于中央企业社会责任的指导意见》和

---

　　① 中国远洋运输（集团）总公司（简称中远或中远集团）成立于1961年4月，是以航运、物流码头、修造船为主业的跨国企业集团，多次入选《财富》世界500强。中远拥有和经营700余艘现代化商船，5100多万载重吨，年货运量超4亿吨，远洋航线覆盖全球160多个国家和地区的1500多个港口，船队规模为中国第一、世界第二。其中，集装箱船队、干散货船队、专业杂货、多用途和特种运输船队规模实力均居世界前列，油轮船队也是当今世界超级油轮船队之一。

《中央企业全面风险管理指引》，建立了社会责任模型即巨轮模型，建立健全企业社会责任管理体系，创造性地将全球契约和可持续发展实施计划与企业未来发展相结合。

作为全球契约的先锋典范企业，中远集团在致力于保持稳健发展的基础上，主动承担社会责任，如图5-3所示。作为全球契约领导力（LEAD）项目督导委员会（Steering Committee）成员企业，中远集团积极践行可持续发展领导力蓝图，支持更广泛的联合国千年发展目标，积极与各方携手共同应对气候变化、贫困等全球性重大挑战，探索适合发展中国家特点的企业可持续发展模式。过去的6年，作为唯一入选的中国企业，中远集团连续第四年荣登联合国全球契约COP典范报告榜，在援藏、赈灾、济困、助老、扶幼等各类慈善事业中都有中远人的身影。

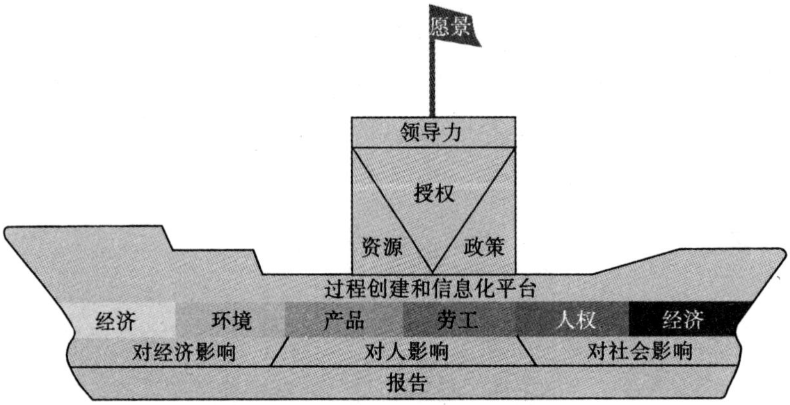

图5-3　中远集团社会责任模型

责任行动

一、中远慈善基金会概况

2005年12月20日，经国务院批准，由中远（集团）总公司发起，集团所属成员单位捐款人民币1亿元作为原始基金成立了中远慈善基金会，这是中国第一家由国有企业发起的非公募、非营利性慈善基金会，标志着中远集团将主动承担和积极履行社会责任正式纳入到企业的发展战略之中，从而构筑起以履行经济责任、环境责任、社会责任为主要内容的企业责任体系。

中远慈善基金会始终秉承"弘扬民族精神、奉献中远爱心、支持公益事业、促进社会和谐与发展"的宗旨，开展济困、扶贫、救难、助残、助孤、助医、助学、助教等社会救助活动，取得了良好的社会效果。

中远慈善基金会成立以来一直致力于制度化、规范化建设，制定和完善基金会管理和基金使用规范，科学管理社会投资项目，合理使用社会投资资金，充分发挥社会投资的积极作用，实现对各成员单位的社会投资资金和投资项目的集中管理。为保证募捐资金体现捐赠人的意愿，让每一笔慈善捐款落在实处，最大限度地用于慈善项目，基金会以把每个项目都做成精品为目标，抓好项目开发监管。

中远慈善基金会把全体中远人对社会的责任行动变成有章可循的，规范化、专业化、日常化的企业行为，并且为企业履行社会责任提供了良好的操作平台。严格按照国家有关政策规定和慈善组织行业自律要求规范运作，积极学习、借鉴其他慈善组织先进的管理经验，确保中远慈善基金会沿着制度化、规范化的轨道健康发展。在加强制度建设的同时，基金会持续完善各项基础管理工作，并按民政部要求在指定媒体刊登基金会年度报告，对基金会工作进行公示，确保公开透明，并加强社会各界对基金会的了解认识。

根据民政部的有关要求和基金会章程以及国资委关于《加强中央企业对外捐赠管理有关事项的通知》的要求，中远慈善基金会每年都会不定期召开理事会，就基金会发展、建设以及重大捐赠事项进行了研究，就变更理事、机构设置、人员选聘、财务预决算、项目开发、工作报告和工作计划等有关事宜进行审议和表决，保证了基金会工作的规范开展。

为促进慈善事业的发展，进一步整合内部慈善资源，推动各理事单位及捐赠人更好地开展公益活动，2010 年先后成立了中远慈善基金会广州远洋公司扶贫济困专项基金和中远慈善基金会香远北京公司职工扶困专项基金。为保证专项基金的规范运作，制定了《中远慈善基金会专项基金管理办法》，设立专门账户，指派基金会工作人员参与专项基金管理，提供有效的指导和监督。

二、积极开展公益慈善项目

中远慈善基金会成立以来，严格按照国家政策规定、基金会宗旨和捐赠人的意愿开展社会公益慈善活动，共开展各类慈善公益项目 100 多个，捐助资金总额达到 3.11 亿元，收到了良好的社会效果。

近年来，中远慈善基金会重点开展了援藏扶贫项目、"远航·追梦"云南临沧少数民族地区基础教育捐助项目、汶川抗震灾区援助项目、青海玉树地震捐款项目等慈善公益捐赠项目，其中，2008 年向遭受雨雪冰冻灾害的贵州、云南、广西等灾区捐款 1000 万元人民币，向汶川地震灾区捐款 8312 万元人民币；2009 年向遭受台风灾害袭击的我国台湾地区捐款 1000 万元人民币；2010 年向玉树地震灾区捐款 1000 万元人民币；2011 年向日本地震灾区捐款 2000 万日元。

中远集团的慈善公益行为为保障和改善民生奉献了一份力量，受到了社会各界的赞誉。2011 年 7 月，中远集团荣获了由民政部主办的第六届"中华慈善奖"，至此中远集团已连续四年荣获"中华慈善奖"，此奖项是我国慈善领域的最高政府奖项，其宗旨是表彰在助学、助医、赈灾、济困、扶老、助残、救孤、环保以及支持文化艺术等领域做出突出贡献的机构、项目和个人。"远航·追梦"项目在民政部 2010 年中华慈善奖评选活动中荣获"中华慈善大奖——最具影响力项目奖"。2009 年 11 月《福布斯》中文版发布了国内第一份关于慈善基金会的榜单——中国慈善基金榜，在全国性非公募基金会中中远慈善基金会名列第一。这些褒奖表明中远集团在慈善事业中所做的努力得到了政府和社会的充分肯定与认可。

三、实施"远航·追梦"云南临沧少数民族地区基础教育捐助项目

2007年，根据民政部的推荐，中远慈善基金会决定对少数民族聚居的云南临沧边疆贫困山区进行教育捐助，并将项目命名为"远航·追梦"。

2007~2010年，在四年时间里，中远慈善基金会对临沧市少数民族贫困村小学捐助项目"远航·追梦"共实施四期，捐助资金累计达471万元，为耿马傣族佤族自治县、双江拉祜族佤族布朗族傣族自治县、沧源佤族自治县、镇康县、云县、临翔区六个县、区的45所村完小一次性配齐了全新学生课桌椅10570套、高低床2124张、教师办公用桌792套、教桌280张、学生餐桌椅1054套、实验桌柜32件套，为耿马县石灰窑完小、双江县下巴哈小学、弄巴完小学等添置了电视机、照相机、电冰箱、电饭锅等教学、办公及生活设备等，并为所有项目学校的学生配备了新书包，涉及6个县区，28个乡镇，直接受益师生达9000多人。该项目受到了当地政府、民众和广大师生的普遍欢迎。

四、实施援藏扶贫项目

中远集团高度重视援藏扶贫工作，坚持从对口帮扶的西藏洛隆县实际出发，充分发挥企业优势，坚持以改善贫困农牧民的生产生活条件，增强贫困地区的造血功能为方向，不断加大援藏扶贫力度，近年来派出多名援藏扶贫干部到受援县挂职，共投入援藏资金8900万元，援建了数百个惠及百姓的项目，帮助受援县加强基础建设，推动了当地交通、城建、教育、科技、卫生等诸多民生事业发展，极大地改善了贫困群众的落后状况。

（一）洛隆县环城公路项目

洛隆县环城公路项目是中远2009年援建的重点工程项目，投入720多万元。中远充分考虑沿路居民的实际需要，在原设计的基础上增加了沿路灌溉水渠改道、挡土墙工程、排洪沟、过路管涵、步行台阶、防撞墙和两旁居民房屋的基础保护、树木移栽以及灌溉渠的沟盖板加装等附加项目。

（二）洛隆县基层干部培训项目

2009 年中远组织洛隆县 15 名乡村干部飞赴成都，进行了为期 15 天的考察学习，完成了"农业产业化考察学习"、"生态农业发展借鉴"、"现代牧业产业链的启示"、"旅游业带动农村发展"、"新农村建设的比较"等考察学习项目，达到了拓宽视野、借鉴经验、启发思路的目的。

（三）格桑梅朵奖、助学金项目

为资助和鼓励西藏洛隆农牧区适龄青少年接受教育，中远设立了"格桑梅朵奖、助学金"，为推动农牧区适龄青少年接受教育发挥了积极作用。

五、汶川抗震灾区援助

2008 年"汶川地震"后，中远集团通过中远慈善基金会分别捐款 3000 万元和 820 万元重建四川省彭州磁峰学校和甘肃省成县西关小学。2010 年度，中远慈善基金会向磁峰学校再捐助 2175 多万元，用于购置教学仪器设备和校园绿化，设立后续维护和奖学基金，用于校舍的后续维修及优秀教师和学生的奖励。同时，向甘肃成县西关小学再捐资 530 万元，按照甘肃省陇南市一流学校配备标准，为西关小学购置教学设备、图书、多媒体设施、音乐器材、美术设施、体育设施，并对校园进行高标准绿化美化。

结　语

中远集团将依托中远慈善基金会，积极履行社会责任；按照基金会宗旨和捐赠人的意愿，在济困、赈灾、扶贫、扶幼、助医、助学等各类慈善事业中发挥持续的作用，彰显央企责任，促进社会和谐。

让爱点燃希望

中国免税品（集团）有限责任公司[①]

摘　要：中国免税品（集团）有限责任公司作为国务院唯一授权在全国范围内开展免税业务的国有专营公司，搭建平台，汇聚力量，发起涵盖中国免税全行业的慈善基金"中国免税希望基金"，捐资建设多所"中国免税希望小学"，努力改善贫困教育硬件设施，深度帮扶，全面关爱，将公益工作向纵深领域发展，极大地提升了中国免税行业在世界范围内的形象。

关键词：抗震救灾　免税希望基金　免税希望小学

背　景

中国免税品（集团）有限责任公司（简称中免集团）在自身发展的同时，时刻不忘担当应尽的社会责任，以实际行动回馈社会，自觉履行一名

---

① 中国国旅集团有限公司旗下的中国免税品（集团）有限责任公司（简称中免集团）成立于1984年，经营管理中国大陆免税商品销售业务。中免公司已在全国90多个口岸城市和边境地区建立了150多家免税店和免税品公司，与全球数百家世界知名品牌生产商、供应商建立了长期稳定的合作关系，销售商产品达二十多个大类，上千个品种，公司年销售额占全国口岸免税业63%的市场份额，在亚洲免税品经营商中排名第六位，并作为中国免税业的代表跻身世界免税品经营商前20强。

"企业公民"所应承担的社会责任。近年来，中免集团先后组织公司职工向西南部分特大干旱、新疆塔城雪灾和四川汶川、青海玉树地震等灾区开展了6 次捐款活动。在频繁发生的自然灾害面前，无论是党员还是普通群众，无论是在职、外派职工还是退休人员，大家都踊跃参与捐款活动，出现了许多感人至深的热烈场景，诠释出中免人关爱社会、情系灾区的爱心精神。中免集团正在用自己的实际行动践行着一个中央企业应当承担的社会责任。

2008 年 5 月 12 日下午 14 点 28 分，四川省汶川市发生 8 级特大地震，使数百万人瞬间失去了赖以生存的家园，数十万名学生失去了读书的课堂。面对突如其来的自然灾害，中免集团及其下属企业迅速行动起来，慷慨解囊，捐款捐物。然而公司很快意识到，灾区的重建、正常生活秩序的恢复将是一个持久的工程，需要社会各界持续不断的关注和帮助。为了将捐助汶川地震灾区以及全国贫困地区失学儿童的工作体制化、系统化，为了充分汇聚中国免税行业各方的力量而形成捐扶工作的长效平台，中免集团决定发起涵盖中国免税全行业的慈善基金。

责任行动

一、搭建平台，汇聚力量，将公益慈善工作体制化、系统化

经多方筹备，2008 年 6 月 12 日，由中免集团与中国青少年发展基金会联合发起的"中国免税希望基金"正式成立，旨在凝聚并整合中国免税全行业各品牌供应商、各零售运营商、各零售门店消费者的力量，积极有序地参与中国青少年发展基金会发起的慈善事业，为需要救助的社会群体点燃心中的希望。

"中国免税希望基金"善款募集的途径主要包括中免集团及下属近百家公司的企业捐助，中免集团遍布全国的主要机场、机上、边境、火车站、客运站等上百家零售门店的国内外顾客捐助以及与中免集团保持长期合作关系

的国际顶级奢侈品供应商、行业协会的捐助等。在 2008 年 6 月 12 日"中国免税希望基金"成立仪式上，中免集团联合中国青基会发起了慈善基金的第一次主题募捐："伸出援手，点燃希望，承担责任，放飞梦想，为四川地震灾区的失学儿童奉献一份爱心。"中免集团总经理向全球免税界同行、海内外旅客和下属各企业发出了捐款倡议书，倡导中免集团全体员工、各下属公司、各零售门店顾客以及长期合作的国际品牌供应商献出爱心，向灾后学校重建伸出援手，为灾区学子打造"诺亚方舟"，为孩子们提供一个安全的港湾，帮助他们尽早渡过难关。

募捐活动开展的当天，一封封真挚的捐款倡议书便在第一时间寄到了全球主要免税品牌供应商、中免集团各下属企业。与此同时，针对公司下属上百家零售门店的顾客捐款海报和捐款箱也及时地放置到零售门店最显眼的位置。中国免税行业网站和世界免税权威网站也纷纷开辟了捐款专栏。中免集团通过不同渠道、不同方式传达着同一个信息：为了地震灾区的孩子们，让我们共同伸出援手！

随着活动的深入展开，一份份爱心捐款将源源不断地汇入"中国免税希望基金"的账户，大到海外免税合作伙伴上万美元的捐款，小到零售门店顾客的零钱捐助，中免集团发起的捐款活动得到了社会各界的积极响应与大力支持。在短短几个月的时间内，中国免税希望基金已收到来自国内外 83 家供应商、免税店以及众多顾客的爱心捐款，总计人民币 1724644.61 元，圆满地完成了中国免税希望基金创立以来的第一次慈善募捐活动。"中国免税希望基金"也因此迅速成为汇聚和传递中国免税业乃至世界免税业同仁爱心的桥梁与平台。

为了持续发起涵盖中国免税全行业的公益慈善活动，使企业及行业内的公益活动长期化、体系化、制度化，中免集团依托"中国免税希望基金"这一公益爱心平台，联合中国青基会先后开展了多次公益募捐活动。2009 年 5 月 12 日，汶川地震周年忌，中免集团主动发起了"关注震区儿童，中国免税与您再献爱心"的主题募捐活动；2010年灾害频发，暴风雪、地震、泥石流等恶劣自然灾害突袭了我国新疆塔城、青海省玉树和甘肃舟曲，造成了大量的人员及财产损失，当地的教育等基础设施遭到严重破坏。在灾害发生后的很短时间里，中免集团就迅速联系中国青少年发展基金会等行业组织，紧急发起了覆盖中免集团全球免税合作伙伴、公司旗下企业和零售门店顾客等不同范围的主题募捐活动。从"用爱心温暖风雪中的塔城学子"到"为了孩子的新校园中国免税情系玉树"，再到"天灾无情人有情，中国免税与舟曲心连心"，通过一系列汇聚全行业爱心与善意的主题活动，去帮助因地震等灾害而失去校园的孩子们。基金成立三年里，中国免税希望基金已先后开展了多次主题募捐活动，累计筹集善款金额达到了人民币3189702.03元。

二、捐资建设多所"中国免税希望小学"，努力改善贫困教育硬件设施

为了不辜负社会各界对"中国免税希望基金"的厚爱和支持，为了尽快帮助地震和贫困地区失学儿童重返校园，在中国青基会的指导下，中免集团从2008年底开始启动了中国免税希望小学的捐助工作。2009年2月18日，中免集团领导将一张汇聚了全体免税人爱心的百万元支票亲手交到了海南省儋州市领导手中，由此也拉开了中国免税希望基金捐建爱心希望小学的序幕。2009年8月，中免集团正式确定将四川省资阳市雁江区丹山镇牌坊小学和云南省玉龙县巨甸镇中心小学作为"中国免税希望基金"捐资建设的第二所和第三所希望小学，每所学校将获得"中国免税希望基金"人民币50万元的捐款。至此，"中国免税希望基金"累计向地震灾区和贫困地区捐款超过200万元，并建设了三所希望小学和一所爱心图书馆。

2009年初，位于黑龙江省黑河小学内的"中国免税爱心图书馆"率先落成。2010年10月，经过近一年的紧张建设，在克服了暴雨等恶劣自然条件的影响后，占地7200平方米，建筑面积1150平方米，包括教学楼、学生食堂和教职工宿舍在内可容纳450名学生就读的首家中国免税希望小学——四川省资阳市雁江区丹山镇牌坊中国免税希望小学顺利竣工。为了确保同学们能尽快在新校舍里开始学习，中免集团又在第一时间将全新的课桌椅运送到了学校。

随后，位于云南和海南的两所中国免税希望小学也相继落成。中国免税希望基金通过捐建校舍先后帮助了超过 2000 名因地震灾区和贫困的孩子们彻底告别危旧、简陋的校舍，步入崭新的校园。

三、深度帮扶，全面关爱，将公益工作向纵深领域发展

伴随着一座座中国免税希望小学拔地而起，受助学校的教育硬件设施获得了极大改善。但是，细心的中免人发现，当地的孩子们的心灵和生活更需要全面细心的关爱。中免集团的公益工作也需要从校舍捐建阶段转入到更加全面、深入的关爱支持阶段。

2010 年 10 月，就在四川首家中国免税希望小学落成的同日，中免集团联合中国青基会启动了一项旨在深度帮扶受助学子的"中国免税'爱心 1+1'助学计划"。该计划通过"爱心沟通"、"爱心支教"、"爱心中国行"等多种方式，将中国免税人的爱心送到受助学子的心中。随后，公司通过"爱心中国行"活动邀请了多名优秀的受助学生前往北京参观学习；中免集团的共青团员代表也先后多次作为志愿者奔赴捐建的希望小学与孩子们进行"爱心沟通"活动；与此同时，中免集团还在企业内部开展了电脑、图书等的爱心收集，启动了"爱心支教"环节。

"爱心 1+1"助学计划的顺利实施在希望小学和中免集团乃至中国免税全行业之间搭建了一个长期沟通、互动的平台，使中国免税全行业的爱心和公益活动等持续不断地温暖孩子们的心灵。

通过对四川、云南、海南三所中国免税希望小学学生的调查发现，在希望小学就读的部分孩子连每月 15 元的午餐费都无力负担。尽管只有简单的萝卜、土豆等，仍然有人吃不起。作为中国免税"爱心 1+1"助学计划的一部分，中免集团积极响应中国青基会的号召，在 2011 年初发起了中国免税"爱心 365"捐款活动，倡议中国免税的企业和个人向家庭贫困的孩子们伸出援手，向他们每人每年捐出 365 元钱，改善包括午餐等在内的学习生活条件。365 元可能微不足道，但对于山区的孩子来说，可能他们每天就能吃上一个鸡蛋、增加一个肉菜……截至目前，该活动已筹集善款近 5 万元，累计捐助超过 139 名贫困家庭的学生，改善了他们的学习生活。

履责成效

2010 年 5 月，"中国免税希望基金"作为中国免税业界慈善公益工作的代表，得到了世界免税行业协会 TFWA 执行主席的高度褒奖，极大地提升了中国免税行业在世界范围内的形象。2011 年 2 月，中国青基会更将"希望工程 20 年杰出公益伙伴奖"授予中免集团。该奖项是中国青基会为了表彰 20 年来为"希望工程"以及中国公益事业做出突出贡献的企业和个人而特别设立的。而由中免集团发起并成立仅仅三年的"中国免税希望基金"由于对失学儿童倾注的爱心，以及面向全球提升中国慈善公益事业影响力的贡献而获评了此奖项。

结　语

面向未来，中免集团将与中国青基会紧密携手，以中国免税希望基金为平台，用心、用爱、用真诚牵手中国免税全行业的爱心人士，为更多的孩子建设更好的学校，提供更好的学习环境，为需要帮助的孩子们做更多的事情。公司相信，"中国免税希望基金"在社会各界的关爱和支持下会不断前行、不断成长，中免集团也必将尽自己的绵薄之力，为履行企业社会责任，为社会公益事业做出自己应有的贡献。公司还将借助行业独特的窗口特性，让世界看到一个充满爱心的国家，看到一个彼此关怀的民族，看到一个充满希望的未来！一份关爱，可以点燃希望；一份付出，必将改变未来！

责任汇聚大爱　全力抗震救灾

中国兵器装备集团公司 ①

　　摘　要：中国兵器装备集团公司牢记军工集团的使命与责任，汶川地震后第一时间启动应急机制，火速行动，为灾区人民群众奉献爱心；积极自救，把职工群众安危冷暖放在第一位，创造了虽在重灾区却无一人死亡的奇迹；迅速组织恢复生产，确保生产所需，满足市场需求，受到了广泛好评。

　　关键词：汶川地震　抗震救灾　恢复生产

背　景

　　中国兵器装备集团公司始终保持强烈的政治责任感和政治敏锐性，始终牢记军工集团的使命与责任，努力为党分忧，为国建功，为民造福。2008年5月12日发生在四川汶川的强烈地震，给人民群众生命财产带来重大损

---

　　① 中国兵器装备集团公司成立于1999年7月，作为国家战略性产业，肩负"保军报国、强企富民"的神圣使命，是中央直接管理的国有重要骨干企业，是国防科技工业的核心力量，是我国最具活力的军民结合特型军工集团之一，其前身可追溯到第五机械工业部、兵器工业部、国家机械工业委员会。集团公司现拥有长安、天威、嘉陵、建设等50多家企业和研发机构，在全球建立了30多个生产基地和营销网络，与福特、铃木、马自达、雅马哈、富士等跨国公司建立了战略合作关系。集团公司年销售收入超过2000亿元，主要经济指标列国防科技工业第一位，跻身世界企业500强，列第238位。

失，同时给中国兵器装备集团公司地处四川、重庆等地的22家成员企业造成严重影响。面对突如其来的特大地震灾害，集团公司紧急启动应急机制，火速行动，积极自救，奉献爱心，全力开展抗震救灾和恢复生产工作，谱写了感人肺腑的壮丽篇章。对于广大受灾企业和员工而言，这是一场大灾难，同时也是一场大考验、大洗礼。

责任行动

一、快速行动

从特大地震发生那一刻起，受灾群众的安危，无时无刻不牵引着集团公司全体员工的心；受灾单位员工的安危冷暖，时时刻刻地牵动着集团公司党组的心。地震灾害发生后，正在大连集中培训的集团公司党组书记、总经理徐斌连夜返京，彻夜未眠，紧急指挥。"中国兵器装备集团公司作为国有骨干企业和军工集团，面对汶川地震这样的特大灾难，我们必须积极履行自身肩负的政治责任、经济责任和社会责任，当人民的强大后盾！"中国兵器装备集团公司总经理、党组书记徐斌说。他第一时间对集团公司抗震救灾工作做出四点指示：一是各单位领导班子立即亲临第一线，尽快疏散所有受灾人员，确保人员生命安全；二是启动应急预案，尽快展开救灾工作；三是加强易燃易爆品管理，防止次生灾害发生；四是受灾企业及时向集团公司汇报最新灾情。灾后迅速安排西南地区部和发展计划部领导连夜赶往四川绵阳察看受灾单位情况。2008年5月12日晚，他连夜给受灾单位发去情真意切的慰问信，向受灾单位及广大干部职工和家属表示最深切的慰问，对抗震救灾提出明确要求。5月13日一早，他主持召开党组会议，专题学习传达中办、国办抗震救灾通报情况，进一步研究部署抗震救灾事宜，下发《关于做好抗震救灾工作的紧急通知》，对全集团公司的抗震救灾工作做出了全面、缜密、详细的部署，各单位从中真切感受到了集团公司党组驾驭复杂局面的能力，应对艰难挑战的水平，关爱每一位员工的迫切心情，各单位抗震救灾明确了方向，明确了重点。正在重庆出差的集团公司副总经理、党组副书记尹家绪带队深入华庆、晋林、光明等企业检查受灾情况，现场指挥，再次强调要在抗震救灾和恢复生产过程中，必须坚持以人为本，把确保员工生命安全放在第一位，绝不能让余震和次生灾害伤害每一个员工。2008 年 5 月 27~30 日，徐斌带着党组对受灾企业员工及家属的关怀，冒着余震不断的危险，赶赴成都、绵阳，实地察看地震灾情，慰问员工及家属，进一步指挥安排抗震救灾及恢复生产工作。

二、勇于担当

2008 年 5 月 13 日，集团公司迅速组建了由 11 人、4 台车辆组成的抗震救援车辆小组，连夜赶赴四川省德阳市东方电气集团受灾现场，参加抢险救援，配合当地抢险队伍成功救出 35 人，其中幸存者 3 人。集团公司在四川参加抗震救灾的专业工作人员前后达到 54 人。集团公司成员企业天威集团在 5 月 13 日就派出多批技术人员赴四川重灾区抢修变压器等电力设备，价值总计超过亿元。集团公司总部从 5 月 14 日上午开始，组织开展"众志成城、抗震救灾、一方有难、八方支援"的募捐活动，徐斌总经理和集团公司其他领导带头捐款。集团公司成员单位积极响应集团公司党组的号召，参与到地震灾害紧急救助当中来，广大干部员工积极响应，为灾区人民群众奉献爱心。昆仑所属的金属结构公司钳焊班将刚刚荣获的中华全国总工会颁发的"五一劳动奖状"的 3000 元奖金全部捐款给灾区人民；长风公司退休员工、共产党员刘永秀同志瘫痪 10 多年不能下地行走，捐款那天，她将 500 元捐款交到工作人员手中；望江公司一位月收入仅有 1300 多元的青年工人范智主动联系中国红十字会，将 1000 元钱存入了捐款账号。中组部发出做好党员交纳"特殊党费"工作的通知后，集团公司党组迅速将通知精神传达到各基层党组织，集团公司领导和各级党员领导干部带头交纳"特殊党费"，集团公司募捐活动再掀高潮，广大党员争先恐后地将一笔笔神圣的"特殊党费"交到党组织。钱物有限，大爱无边。集团公司积极向灾区捐款捐物，已捐献现金 2000 多万元，"特殊党费"300 余万元，援助摩托车 1000 辆，帐篷 200 余顶及大批急需药品和生活用品。为缓解灾区物资紧张，集团公司紧急改装 500 辆长安之星二代作为"灾区流动售货车"，对口支援汶川 500 个受灾乡镇，同时将 120 辆长安汽车改装为饮水车以缓解灾区生活用水难问题。

2008 年 5 月 21 日上午 8 时 30 分，集团公司得知国家地震灾害紧急救援队亟待休整，集团公司立即安排成员单位 58 所全力做好接待服务工作。集团公司党组成员、副总经理李守武亲自部署，58 所马上进行精心安排。热情、周到、细致的服务让国家地震救援队感受到了亲人般的温暖，找到了回家的感觉。2008 年 5 月 29 日，中国地震局向集团公司发来了饱含深情的感谢信。

在大灾面前，以"保军报国，强企富民"为己任的中国兵器装备集团公司倾心服务社会，在心与心之间搭建起传递关爱的桥梁。"灾难是短暂的，责任和爱心是永恒的"，徐斌说。

三、把职工群众安危冷暖放在第一位

汶川特大地震发生后，中国兵器装备集团公司各级党组织凭借着敏锐、果断的应急能力，第一时间出现在群众面前，把职工群众安危冷暖放在第一位。各企业领导班子在危急关头临危不惧，处乱不惊，身先士卒，时刻把职工群众的安危冷暖放在心上，使干群关系更加紧密，使整个抗震救灾工作有力、有序、有效地推进。灾情发生后，各受灾单位按照集团公司要求，迅速启动应急预案。58 所、华川、宁江、光明、建安、陵川、长庆等企业成立了抗震救灾应急领导小组，迅速启动抗震救灾应急预案，采取有力措施组织抗震救灾工作。广大共产党员和职工群众临危不惧，团结一心，奋力打响抗震救灾、排危除险的攻坚战。地震发生后，58 所多栋科研楼受损，少数人员受伤，所领导立即组织疏散、清点、抢救员工；58 所领导班子在清点人

数时，发现员工缺少一人，便立即带领大家冲进垮塌的办公楼，从废墟中及时抢救出被掩埋的同事，成功避免了被掩埋同事可能死亡的惨剧。随后，58 所领导班子部署联络值班安排，筹备食品物资，设立领导带班制度，加强保卫，清理灾害损失。陵川公司在地震发生半小时就召开领导班子紧急会，成立抗震救灾指挥中心，领导班子成员 24 小时轮流值班，对易燃易爆点进行安全检查，加强巡逻守卫，通知医护人员坚守岗位。晋林厂在震后不到两个小时就召开全体中干会，分兵把守，投入战斗。正是因为集团上下指挥科学，组织得当，正是因为以人为本的思想深入人心，集团公司身处重灾区成员单位广、涉及员工多，却创造了无一人死亡、少数人受伤的惊人奇迹。

"必须保证我们的员工一个都不能少，必须保证我们的员工不出现生计困难！"徐斌说。2008 年 5 月 12 日地震发生的当天下午，集团公司党组就下达命令，紧急拨付 400 万元救灾款，及时发放救灾慰问物资，解决受灾单位职工及家属的基本生活问题，稳定了职工的思想情绪，让职工感受到组织的关爱。光明公司对受灾严重的分子公司，由企业统一安置员工家属，统一送饭菜到每户员工并一直坚持送饭菜到 5 月 20 日，让受灾员工家属感受到了组织的温暖。晋林公司在地震发生后，迅速将老人、小孩优先安置到安全场所，并派遣人员专程前往重庆采购生活必需品统一发放给员工和离退休职工，让大家感受到了集体的力量。

为了挤出资金支援成员单位抗震救灾和恢复生产，集团公司大幅减少非生产性支出。取消或暂停 17 个因公出国（境）团组，其中包括两个高层出访团组；削减总部全年 10% 的管理费用。

四、迅速组织恢复生产

面对地震灾害，中国兵器装备集团公司发挥勇担重任、顾全大局的协作精神，在特殊时期发挥中央企业的特殊作用。在面临灾后重建的关键时期，集团公司立足实际，着眼长远，一手千方百计地抓抗震救灾，有效地全面开展自救工作，努力把灾害造成的损失降到最低程度；一手坚定不移地抓生产经营，迅速组织恢复生产。

　　2008年5月14日，集团公司开始组织解放军后勤工程学院等有关方面的专家分别对成都各受灾企业生产区、生活区、库区的建筑物进行排危鉴定和检查评估；5月16日，召开成都地区受灾企业厂长、党委书记会议，部署安排了恢复生产工作，要求各企业在保证安全的情况下，争分夺秒恢复正常的生产秩序，全力以赴降低损失，保上半年"时间过半、任务过半"目标的实现和全年任务的完成。按照集团公司的统一部署，华川电装公司领导班子精心组织，坚持一手抓抗震救灾和人心安定工作，一手抓生产恢复和正常经营，5月15日已全面复产，17日、18日职工们主动放弃了双休日，全部投入到了生产工作中，千方百计、想方设法保证满足客户的供货需求，全力完成5月份生产经营计划，确保上半年"时间过半、任务过半"目标的实现。光明在灾后迅速启动应急预案，成立以党政领导为组长的应急领导小组，对抗震救灾工作进行统一安排部署，开展了积极的生产自救恢复工作，在很短时间内，公司本部生产线全部恢复正常。为确保抗灾、生产两不误，建安公司抗震救灾领导小组立即组织专业部门对准备恢复生产的场所、设备等安全隐患部位进行排查、鉴定，2008年5月15日公司恢复了正常的生产秩序。当日公司领导深入生产一线对安全生产进行了督察，确保生产所需，满足市场需求。在抓好抗震救灾的同时，华庆公司积极做好生产恢复的准备工作，做好员工的思想政治工作，加强地震知识的宣传，正确认识和掌握自然规律，使员工用科学的知识武装头脑，积极调整心态，尽快走出地震阴影，以充沛的精力、饱满的热情重新投入生产工作，并于5月19日开始逐步恢复生产。5月22日，集团公司下属各受灾企业都已基本陆续恢复正常生产秩序。

履责成效

在此抗震救灾取得重大阶段性胜利之时，回眸惊心动魄的整个抗震救灾的艰难历程，可以得到多方面的收获与启示。此次地震灾害，集团公司既是受害者，也是援助者，出色地履行了社会责任。无论是组织抗震救灾救援队，还是主动捐款捐物，无论是参与救灾抢险，还是积极完成国资委等上级部门部署的任务，集团公司都走在中央企业前列，受到了广泛好评。

2008 年，集团公司认真贯彻落实中共十七大、十七届三中全会精神，切实践行科学发展观，着力好字优先，推动好中快进，面对低温雨雪冰冻和汶川特大地震的严峻考验，克服了价格剧烈波动带来的不利影响，经历了历史罕见国际金融危机的严重冲击，集团公司见事早，判断准，行动快，攻坚克难，开拓进取，经济效益与经济规模同步增长，综合实力与社会影响力与日俱增，各项工作跃上新台阶。

结　语

抗震救灾所表现的精神进一步诠释和丰富了集团文化，形成了"顾全大局、迎难而上、团结友爱、自强不息"的抗震救灾精神。这种精神必将成为集团公司战胜一切困难的重要法宝，成为推动集团公司科学发展的强大动力。

牵手"母亲水窖" 汇聚生命之泉

中国海洋石油总公司 [①]

　　摘　要：中国海油长期以来以规范的方式积极投身公益事业。从 2000 年开始，积极参与"母亲水窖"公益项目，满足西部干旱地区百姓的迫切需求，13 年来共解决了 4 个省区 5 万多人的饮水困难，赢得了社会美誉和认同，增强了企业的凝聚力。

　　关键词：母亲水窖　全程参与　慈善公益事业委员会

背　景

　　"大地之爱·母亲水窖"工程（简称母亲水窖）是 2000 年由全国妇联、中央电视台、北京市政府联合发起，由中国妇女发展基金会实施的一个大型公益项目，通过援建集中供水工程，重点帮助西部地区老百姓（特别是妇女）摆脱因严重缺水带来的贫困和落后。截至 2012 年底，"母亲水窖"项目

---

　　① 中国海洋石油总公司（简称中国海油）是中国最大的海上油气生产商，成立于 1982 年。自成立以来，中国海油由一家单纯从事油气开采的上游公司，发展成为主业突出、产业链完整的国际能源公司，现已形成油气勘探开发、炼化与气电、工程技术与服务、新能源与金融等业务板块。2012 年，公司在《石油情报周刊》杂志"世界最大 50 家石油公司"排名中位列第 33 位；在《财富》杂志"世界500 强企业"排名中位列第 101 位。

已在以西部地区为主的 24 个省（区、市）实施，修建集雨水窖近 13 万口，小型集中供水工程近 1500 处，直接受益人口 190 万人。项目实施规模超过 6 亿元，受到社会各界的广泛支持和充分肯定，取得了丰厚的社会经济效益。

"母亲水窖"项目于 2001 年 10 月被载入《中国农村扶贫开发白皮书》，2001 年底被评为"中国女性十大新闻"，2005 年被载入《中国性别平等与妇女发展状况白皮书》，2005 年 11 月荣获首届"中华慈善奖"。中国海油积极参与"母亲水窖"公益项目，一是为满足西部干旱地区百姓的迫切需求，二是为促进当地群众的思想解放和观念转变，三是为西部生态环境的改善，四是为感谢社会对中国海油的关注，五是为扩大中国海油的影响力。

责任行动

中国海洋石油总公司成立 30 多年来，业务发展与社会履责能力同步增强。在扶贫援藏的同时，公司积极投身于助学、救灾、医疗卫生、帮助弱势群体和环境保护等诸多公益慈善领域，得到了社会各界的广泛肯定。从最初设立扶贫办、援藏办，到设立公益慈善事业委员会，再到成立中国海油公益基金会，从机构上不断发展、完善，在更加规范、健全的平台上，整合全系统公益慈善资源，通过规范化运作、规模化发展，实现中国海油政治、经济及社会责任同步履行的承诺。

在"母亲水窖"工程启动之初，中国海洋石油总公司全体职工积极响应，踊跃参与。不到一个月的时间，员工慷慨解囊，共捐款 60 万元。此后中国海油对"母亲水窖"项目持续关注，截至 2012 年累计为"母亲水窖"项目捐赠 1280 万元人民币，帮助 4 个省区的 22 个县 41 个乡镇 10831 多户共 43800 多名群众解决饮水困难，修建水窖 6278 口，小型集中供水工程 37 处。此外，中国海油资助制作"母亲水窖"捐款箱，摆放在北京的各大超市、手机卖场及部分酒店，有效地扩大了"母亲水窖"项目的社会知晓度，开拓了零钱捐赠的新渠道。很多企业也因摆放捐款箱而与"母亲水窖"结缘，近年来，多家商场超市开展"母亲水窖"义卖活动，中国海油这些实实在在的努力，使更多的人们知晓并了解"母亲水窖"项目。

一、全程参与、坚持不懈

从"母亲水窖"公益活动发起至今，中国海油坚持每年对该项目进行捐助。随着公司实力的提升，公司对"母亲水窖"的投入也逐年加大。

2000年，"母亲水窖"公益活动发起之际，为了帮助西部人民尽快解决生活用水紧缺的当务之急，中国海油全体职工捐款60万元。

2001年，中国海油向"母亲水窖"项目捐助100万元，有力地支持了我国西部贫困地区的人畜饮水问题的解决。

2002~2005年，中国海油捐款220万元用于"母亲水窖"的续写行动。

2006年，公司继续投入100万元，为解决西部地区人民饮水难问题贡献力量。中国海油因积极参与，连续几年获得"母亲水窖"特别贡献奖。

2007年12月30日，全国妇联主办的"母亲水窖"论坛在人民大会堂召开。中国海油向"母亲水窖"工程再捐100万元。

2008年，中国海油再次捐款100万元。

2009年9月，中国海油决定，自2009年起，每年向中国妇女发展基金会捐赠200万元人民币，连续捐助10年，定点用于陕西延安地区"母亲水窖"项目建设。

二、突出重点、保证效益

中国海油捐助资金的受益地包括云南、甘肃、四川和陕西等多个省份的贫困缺水地区。

自2005年以来，为了有效管理捐助资金，提高资金的利用效率，保证项目的效益，中国海油将捐助资金的受益地集中在延安地区。公司自2005年起，已经连续7年重点捐助陕西延安地区的"母亲水窖"建设，修建了19处集中供水工程和5024口水窖，为近29000人解决了饮水困难，并发展了部分养殖专业户和庭院经济户。现如今"母亲水窖"项目已从单纯的建蓄水窖向修建集中供水工程、实施立体开发扶贫的方向发展，不但使缺水地区妇女和儿童的生存环境得到了改善，也使当地群众的生活水平得到提高。

延川县文安驿镇梁家河村利用中国海油捐助资金在该村比较集中的果园旁的荒山头修建了一个容积 120 立方米、集雨场面积 1750 平方米的小型水利工程，解决了该村及周边村庄 400 多亩果园的浇灌问题。在延长县安沟乡阿青行政村新建高位压力池一处的小型水利工程，以饮灌结合的方式解决了该村 106 户 502 人的饮水和 1260 亩果园的浇灌问题。

三、积极配合、细节参与

中国海油多年来对"母亲水窖"项目的投入不仅仅限于资金的支持，更多地体现在对项目实施过程中的细节参与。公司在选点、施工、管理、评估等每一个环节上实行了专人专项管理机制，管理者亲自参与项目讨论，提供很多专业建议。

与此同时，中国海油作为捐赠企业，还积极配合中国妇女发展基金会的宣传活动。中国海油向"母亲水窖"项目的部分捐助用于制作摆放在北京各大超市的捐款箱，以加强对该公益项目的宣传，发动更广泛的社会力量参与。2004 年 6 月，中国海油积极配合中国妇女发展基金会开展回访宣传活动，专门组织人员对其捐助的金昌市金川区、张掖市甘州区和临夏州积石山县 3 个"母亲水窖"工程进行了考察回访，考察资金使用和项目实施情况，以扩大"大地之爱·母亲水窖"项目的社会知名度。

四、建立制度、规范运作

中国海油成立了以党组成员为领导的中国海油慈善公益事业委员会，依据《中国海洋石油总公司扶贫援藏及慈善公益事业委员会工作章程》，设置了社会公益专项基金，制定了《中国海洋石油总公司社会公益基金管理办法》，负责社会公益基金的规划、审查、管理及监督执行工作。

2012 年 7 月 9 日，由中国海洋石油总公司发起、经民政部批准成立的非公募基金会"中国海油海洋环境与生态保护公益基金会"在北京成立，原始基金数额为5亿元人民币，发布了《中国海油海洋环境与生态保护公益基金会章程》，将公司的公益慈善活动统一管理，也将母亲水窖项目纳入基金会统一管理。

2013年7月，中国海油海洋环境与生态保护公益基金会网站正式上线对外发布（Foundation.cnooc.com.cn），成为基金会对外展示、打造品牌形象的窗口。

公司每年还召开扶贫援藏及公益慈善工作会议，总结以往工作的成就和经验，规划部署未来工作。总公司领导每年带队深入贫困地区调研考察，深入了解受援助地区人民群众的生产生活和脱贫致富情况，指导和促进总公司公益慈善工作的开展。"母亲水窖"工程就是其中一项，虽然捐助的金额不多，但是产生的影响不小。

2012年3月，中国海油与中国妇女发展基金会签署了"母亲水窖"战略合作伙伴合作协议。

履责成效

中国海油捐赠实施的"母亲水窖"项目结束了缺水地区群众四处找水吃的历史，提高了群众的生活质量，改善了群众的健康状况，促进了种植、养殖业等庭院经济的发展，推进了新农村建设，取得了巨大的经济效应和社会效应。通过牵手"母亲水窖"公益项目，积极履行社会责任，提升了公司品牌形象，提高了职工素质，增强了企业的凝聚力。表5-3为"母亲水窖"2010年以来的捐助情况。

一、实现社会价值，营造统一和谐的外部环境

中国海油在利用良好发展机遇实现又好又快发展的同时，积极以符合伦理和道德的行动做出回报，实现企业的社会价值。中国海油通过参与"母亲

表 5-3 "母亲水窖" 2010 年以来捐助情况统计

年份 项目	捐助地区	捐款金额 (万元)	修建水窖 (个)	水利工程 (项)	受益人口 (人)
2010	陕西延安	200	680	2	2796
2011	陕西延安	200	700	4	5943
2012	陕西延安	200	400	4	7436

水窖"项目的实施,一方面发扬"大爱"精神,为倡导主流积极的社会风气和文化尽一己之力;另一方面赢得了社会美誉和认同,更好地传播了企业的文化取向和价值观念,为公司发展营造了统一和谐的社会氛围,使企业得以保持生命力,长期可持续发展。

二、树立了良好的企业形象

中国海油对社会公益的关注得到了全社会的高度认可。2005 年 6 月,中国海洋石油总公司获得了"大地之爱·母亲水窖"突出贡献奖;2006 年 4 月,中国海油入选中国社会工作协会、《公益时报》与企业公民委员会联合发布的"2006 中国慈善排行榜"十大慈善企业;2006 年 12 月,中国海油荣获由中央电视台、新浪网、英才杂志社等多家媒体评选的"2006 中国管理 100 年会最具价值企业之社会责任榜样"称号;2007 年,中国海油获中国妇女发展基金会"大地之爱·母亲水窖"特别贡献奖。2008 年,中国海油获中国妇女发展基金会"中国妇女公益事业慈善先锋奖"。2011 年中国海油获评"十大关爱女性企业"。2012 年中国海油荣获中国妇女发展基金会"中国妇女慈善奖"。

在捐赠资金的受益地,中国海油的公益行为被广为传颂。延安市妇联及各新闻媒体通过拍摄项目建设专题片、刷写标语、树立功德纪念碑等方式,进一步扩大"大地之爱·母亲水窖"项目的社会影响力,提高了中国海洋石油总公司的知名度。受益于"母亲水窖"的群众更是口口相传"吃水不忘中海油"。

中国海油对社会责任的承诺和推行已成为公司核心竞争力的组成部分。

中国海油持之以恒地推行社会责任的行动，树立了良好的道德形象，为公司的发展赢得了更多的合作伙伴和交易对象。

三、融入企业文化，开展爱国爱岗教育

中国海油秉承"双赢、责任、诚信、创新、关爱"的企业理念参与社会公益活动，已成为"容"文化的重要组成部分。中国海油牵手"母亲水窖"公益项目，除为西部干旱缺水地区捐款之外，还积极将其作为创建优秀企业文化的一个平台，对干部员工进行革命爱国主义、爱岗敬业教育。2008年，公司团干部培训和直管领导人员集中轮训都有一项奔赴延安"母亲水窖"工程考察的活动，接受教育，激励广大干部员工进一步发扬自力更生、艰苦奋斗的创业精神；公司还在组织大型文艺演出活动中专门编排了关于"母亲水窖"的节目，积极宣传"大地之爱·母亲水窖"公益捐助活动取得的良好社会效应，邀请受捐助地区学校的孩子现身说法，对员工进行社会主义价值观教育。在"母亲水窖"公益项目的影响下，公司机关有30名员工与受捐助地区的困难学生结成了"一对一"助学对子。中国海油围绕"母亲水窖"公益项目开展的一系列宣传教育活动，提高了员工素质，增强了企业凝聚力，为推动中国海油的科学发展提供强大的精神动力，提升了企业发展质量和水平。

结 语

中国海油捐赠实施的"母亲水窖"项目，不仅结束了受资助地区群众四处找水吃的历史，提高了群众的生活质量，改善了群众的健康状况，促进了种植、养殖业等庭院经济的发展，推进了新农村建设，而且提升了公司品牌形象，提高了职工素质，增强了企业的凝聚力。

真情援疆 为兴疆固边贡献力量

中国电子信息产业集团有限公司 [①]

摘 要：中国电子信息产业集团有限公司将支援于田发展纳入集团总体发展战略规划的高度，以基层组织阵地建设为重点，优先考虑打基础、固根基和发展壮大集体经济工作，陆续开展了基层组织阵地建设、中小学危旧校舍改造、电视机入户、抗震安居工程、县乡村三级网络建设等五大援建工程项目。既着力解决于田眼前紧迫的困难问题，又固本培源，着眼培植于田长远的发展能力。各项目建设均取得了显著成效，对于田县的经济社会发展日益发挥出积极的深远影响。

关键词：支援新疆 基层建设 校舍改造 安居工程

---

① 中国电子信息产业集团有限公司（简称中国电子）成立于 1989 年 5 月，以提供电子信息技术产品与服务为主营业务，产业分布于新型显示、信息安全、集成电路、信息服务等国家战略性、基础性电子信息产业领域，核心业务关系国家信息安全和国民经济发展命脉，是中国最大的国有综合性 IT 企业集团。中国电子旗下拥有 37 家二级企业和 17 家控股上市公司，员工总数逾 13 万人。2012 年，中国电子实现营业收入 1830 亿元，利润总额 38.3 亿元，2012 年底资产总额达 1609 亿元。

背　景

　　新疆维吾尔自治区地处祖国西北边陲，总面积约占全国总面积的 1/6。新疆是一个多民族聚居地区，少数民族人口占总人口的 60%。60 多年来，特别是改革开放以来，在党中央、国务院的关心和支持下，在全国人民的支援和帮助下，新疆各族人民团结奋斗，艰苦创业，新疆的面貌发生了翻天覆地的变化，经济建设和各项社会事业取得了举世瞩目的成就。但从 20 世纪 90 年代以来，受国际大环境的影响，境内外"三股势力"（暴力恐怖势力、民族分裂势力、宗教极端势力）策划和制造了一系列暴力恐怖事件。面对复杂多变的国际环境和新疆反分裂斗争的严峻形势，新疆始终坚持在集中精力抓好经济建设的同时，坚定不移地反对民族分裂，维护祖国统一，坚决打击"三股势力"的破坏活动。近几年来，党中央、国务院大力实施稳疆兴疆、富民固边战略，不断加大援疆工作力度，推进新疆的开发建设，确保新疆经济发展、社会稳定、民族团结。

　　从 2005 年开始，中国电子信息产业集团有限公司（简称中国电子）响应中央号召对口支援新疆和田地区于田县的建设，用满腔热情和一片真心支援当地发展，造福当地百姓。多年来，中国电子先后派出四名干部到新疆于田县挂职，扎实实施了五大援助项目，提供援疆建设资金高达 2000 多万元，有效地加快了当地农村百姓脱贫致富的步伐，为稳疆固边做出了努力和贡献。

责任行动

　　中国电子党组和领导班子始终把援疆工作当作一项政治任务来抓，从国家统一和稳疆固边的战略全局出发，充分认识援疆工作的重大现实意义和深远历史意义。中国电子将支援于田发展纳入集团总体发展战略规划的高度，将支援工作和促进集团内在可持续发展结合起来，明确提出了要实现中国电子和于田县共同发展、共同进步的目标。中国电子熊群力董事长、主抓扶贫援助工作的聂玉春副总经理先后多次与新疆自治区党委、新疆和田地委以及于田县委围绕贯彻落实中央文件精神，在援疆形式、援疆机制、援疆人才、援疆项目等方面进行充分沟通交流，达成了高度共识。在开展资金、项目支援的同时，中国电子党组还先后选派了四名优秀干部到于田县挂职，直接到一线开展工作，有条不紊地开展了支援于田、帮助于田、发展于田的各项工作。

在重点考察了于田县的经济、科技、文化、教育、基层组织建设以及人民生活情况后，根据实际情况，中国电子务实地提出了首先要解决突出问题、关键问题，兼顾考虑长远发展，开展能够惠及当地百姓，拉动于田经济社会发展，使百姓脱贫致富，产生长远经济效益的援助项目。在落实帮扶项目选取上，严格遵循以下原则：在形式上，将无偿援助帮扶解决实际困难与增强自身"造血"功能相结合，改善于田人民生活条件，促进于田的稳定和可持续发展；在内容上，将具有带动和辐射效果的重点项目与具有普遍现实意义的群众性项目相结合，提升支援效果和质量；在措施上，将阶段性项目支援和长效机制性支援结合起来，发挥中国电子和于田县的资源优势，形成长期的资源共享、相互促进、共同发展的双赢支援格局。

一、加强基层组织建设

于田县是民族分裂主义分子和敌对势力活动频繁的地区，经常有"四股势力"（原教旨主义、伊扎布特、伊禅教派、两劳释放人员）利用宗教进行各种破坏活动，而基层党组织就是组织群众与这些反动势力做斗争、巩固党的执政地位、维护国家领土安全和社会安定的主要前沿阵地，同时也是带领人民群众建设边疆、发展边疆的核心组织单元。做好基层组织建设，增强其凝聚力、战斗力至关重要。

于田全县现有 1 个机关工委，28 个基层党委，351 个党支部，7870 名党员。全县 175 个村的村委会大多数均为 1990 年以前修建的土木结构，年久失修，而当地村级集体经济薄弱，县财政困难，无资金重建或新建，由于缺乏起码的办公条件，村委会工作难以开展，严重影响了基层党组织在维护社会稳定、发展农村经济、服务人民群众等方面作用的发挥。

中国电子意识到基层组织阵地建设是党和国家实施"稳疆兴疆、富民固边"战略的基础工作，先后累计投入资金 400 万元，新建村委会 50 个。新的村委会建成后，党员有了宽敞明亮的学习活动室，村干部在崭新的办公室内办公，村民们可以在宽阔的场地上活动，精神面貌明显改善，工作积极性大大提高，极大地增强了基层党组织凝聚力、战斗力和创造力，能够在维护社会稳定、发展农村经济、服务人民群众等方面发挥出更大的作用。

二、改造中小学危旧校舍

于田县 2004 年被列入西部地区"两基"攻坚县和国家重点扶持的贫困县，教育方面也远远落后于全国平均水平。现有中小学 125 所，其中有 1 所高中，1 所职高，17 所初级中学，106 所小学，1 所幼儿园。由于学校条件恶劣，难以吸引和留住高素质教师，师资力量严重不足，这使当地中小学教育步履维艰。长期以来因教育落后，大多数农民文化水平低，人口素质比较低下，不仅成为经济发展的严重制约因素，而且因为缺乏辨别是非的能力，可能会受到敌对势力的煽动。加强学校基础设施建设，培养师资力量，提高教学质量已经成为于田建设与发展的最关键要素。将帮扶学校教育作为中国电子对口援助的重点项目符合于田发展实际，也符合于田人民的要求和利益，同时也具有较好的可操作性。

中国电子选取于田县第三小学作为捐助对象，捐资 480 万元对这所全县唯一的"双语"学校进行新建，并更名为中国电子于田希望学校。新建后，学校规模扩大到了 30 个班级，招收 1500 名学生。设立了小学部、初中部，还拟设立中专职业教育部，成为和田地区最好的学校之一。中国电子还捐资

465万元，用于乡村希望小学改建工程。随着这些工程相继竣工交付使用，结束了于田学生上学难、环境差的历史，为孩子们创造了安全、优越的学习环境，在规模和教学质量上都有了较大提高，推进了"科教兴县"战略的实施，对促进该县基础教育健康发展产生了深远的影响。学校的建成极大地调动了教师教学和学生上学的积极性，适龄学生入学率均达到了100%，2007年于田县顺利通过了国家"两基"达标检查，对于田县民族教育事业的发展、人才的培养起到了极大的推动作用，于田社会各界支持、帮扶教育的氛围空前高涨。

三、实施电视机入户项目

在我国信息化日益深化的今天，电视已经成为我国农村信息传播的最普及、最主要的手段，是农村宣传党的政策、让人致及时了解国内外发展形势最基本的宣传工具，也是农民掌握科学务农、发家致富信息的重要途径。

于田县共有46000户22.49万人，当地经济落后，人民生活水平较低，人均年收入刚过千元，由于没有电视，当地农民对党的政策和国家发展现状不能及时、全面了解，思想处于一种半封闭状态，很容易被蒙蔽、被欺骗。此外，于田县是维吾尔族群众集中地，少数民族占98.3%，几乎全民信教，宗教氛围极其浓厚，全县有自然村175个，而清真寺却有742座，是民族分裂主义分子和敌对势力活动频繁的地区，经常有反动势力利用宗教进行各种破坏活动和反动宣传，对维护民族团结和确保边疆稳定造成了非常不利的影响。因此，解决这些群众的电视入户问题，不仅是提高人民生活水平的重要手段，也是抢占宣传阵地，做好边疆稳定工作的重要举措。中国电子发挥自身生产电视的资源优势，将电视入户作为援疆的项目之一，既是当地政府和群众热切期望的举措，也是中国电子实施起来比较快捷、比较方便，又能产生重要影响力的帮扶项目。

在实施于田地区"电视入户工程"中，中国电子实施的"三送工程"，成为了中央企业援疆的一大亮点：

首先是"送电视"。中国电子共捐赠了 8500 台电视机（14 英寸 4000 台，21 英寸 4500 台），并且特别注重在彩电生产过程中组织专门科研力量，为于田人民量身打造了一批适合当地群众使用的电视机。

其次是"送信号"。由于当地经济基础薄弱，电视机入户工作也面临着广电发射设备设施基础差，发射功率低，设备老化等问题，再加之当地地广人稀，许多村落的百姓接收不到电视信号，影响了正常收看。为解决这一问题，中国电子同步捐资 140 万元改造当地的广电设备和基础设施，改造电视节目发射、接收、制作设备，把清晰的电视信号送进百姓家中。

最后是"送维修"。鉴于于田县的实际情况，要让于田群众能够真正长期受益，必须切实解决彩电的维修和后续服务问题。为此，中国电子特别捐资建立彩电维修站，免费提供配件，免费为百姓维修、调试电视机，让当地群众实实在在地感受到中国电子是在为他们办好事，是在为他们的长远利益做打算。

四、援建抗震安居工程

于田县位于西昆仑山脉，构造体系属帕米尔——喜马拉雅"歹"字形构造带的北分支，属于南疆地震多发地带，为 7 度抗震设防区。于田县从 1920 年至 1998 年 5 月，共发生过 13 次地震，较有影响的共计 6 次。于田县由于经济落后，百姓住房多数不具备抗震要求，实施城乡抗震安居工程建设，可以提高全县城乡抗震防灾，最大限度地减少地震灾害带来的损失，确保各族群众生命财产安全，关系群众根本利益。

中国电子依照自治区人民政府房屋鉴定普查工作的结果，结合实际制定出于田县 3 年的抗震安居工程帮扶计划，从财力、物力和技术等各方面，组织实施了贫困地区抗震安居工程。工程实施过程中，中国电子认真负责地抓好组织落实，实施全过程的管理，严格执行工程建设程序，定期协调指导，检查督促，确保工程质量，使扶贫工程真正成为了安居工程、得民心工程。

中国电子援建的抗震安居房、新建的村委会、改造后的中小学校舍等，在 2008 年 3 月 21 日发生的高达 7.3 级、余震 1700 余次的地震灾害中，无一倒塌，有力支援了南疆地区抗震救灾工作，确保了百姓生命财产安全，大大减少了地震带来的损失。

五、建设县乡村三级网络

于田县是国家级贫困县，信息闭塞是制约于田县经济发展的一个重要原因。全面实施电子政务工程是于田县提高经济运行质量、带动相关产业发展的重要举措之一。而电子政务工程建设正是中国电子自身的业务强项，中国电子充分发挥自身业务优势，援助于田县开展了县乡村三级网络建设。具体内容包括：为于田县制定电子政务建设的整体规划，设计电子政务实施方案；为于田县电子政务办公自动化建设支援计算机、网络设备、软件和建设资金；帮助进行"自然资源和空间地理信息数据库"的开发建设；帮助于田县进行广播电视网络及基础设施建设；帮助于田县进行"十一五"信息化项目的实施等。中国电子还一次性捐赠了 100 台电脑，用于于田县乡村三级网络建设。

通过实施电子政务工程，加速了于田县各级党政机关、企事业单位办公自动化，促进县乡两级电子政务建设和信息化建设。特别是用于公安系统的电脑，在户籍管理、案件管理和维护稳定等方面发挥了重大作用。同时，推进开发了于田信息港，加大了于田政务信息化建设，促进了商务旅游宣传和招商引资工作。

履责成效

中国电子对口支援于田以来，坚持真扶贫、扶真贫，倾情奉献当地民众。四年累计投入资金 2002.5 万元，援建的 50 所村委会基建工程已经全部竣工；7 所希望学校已经全部投入使用；8500 台电视机已经发放到百姓家中；广电基础设施建设项目已经竣工并投入使用；250 户抗震安居房已经完工，并通过了自治区检查验收；100台电脑已经应用于县乡村三级网络建设。中国电子扎扎实实开展的援疆工作已经取得了明显成效，给当地带来崭新的变化。四年来，通过对口支援工作，中国电子和对口支援单位之间建立了畅通的沟通渠道，建立了亲密的支援与合作的关系，双方高层互访不断，广大干部群众建立了深厚的友谊。充分体现了内地与边疆、东部与西部、汉族与少数民族情深意浓、密不可分的一家人的情怀。

中国电子的对口援疆工作也得到了自治区党委、政府的充分肯定和热情赞扬。2008年，新疆自治区党委、政府授予中国电子"援疆工作先进集体"和"抗震安居工程先进集体"称号，两名援疆干部同时受到表彰。

结　语

中国电子与当地政府、百姓和谐共处，一同为改善当地城乡面貌，为百姓安居乐业，为政治稳定、社会和谐，为国家实施西部大开发战略和稳疆兴疆固边战略做出了积极贡献，努力践行一个企业公民的义务和社会责任，实现了自身长期追求的和社会和谐发展与共荣的企业价值观。公司将在积极投身国家信息化建设的同时，始终牢记中央企业的历史使命与社会责任，充分发挥自身优势，积极实践与自身竞争力相适应的长期、可持续、具有一定广度和深度的社会公益行为，充分发挥中央企业强大的社会影响力和带动力。

第六章 ｜ **海外履责共发展**

建设北秘鲁铜矿和谐社区

中国五矿集团公司 [①]

摘　要：中国五矿坚持秉承"珍惜有限，创造无限"的可持续发展观，转变企业经营理念和运营方式，坚持开发资源、壮大企业、发展社区和改善环境有机结合，积极履行社会责任，不仅为企业在海外的发展创造了良好的外部经营环境，也在全球经营和竞争中树立了负责任的企业形象。北秘鲁 EL GALENO 铜金矿项目是中国五矿海外履责的典范，为央企海外经营中积极履行社会责任的模式和意义做出了良好的诠释。

关键词：海外履责　社区关系　互利共赢

如果一个企业不能把社会责任做好，这个企业是不受别人欢迎的，也没有可持续发展的余地。所以企业社会责任实际上是企业竞争的软实力。

——中国五矿集团公司总裁　周中枢

---

① 中国五矿集团公司（简称中国五矿或五矿集团）成立于1950年，曾长期发挥中国金属矿产品进出口主渠道的作用。公司主要从事金属矿产品的勘探、开采、冶炼、加工、贸易，以及金融、房地产、矿冶科技等业务，主要海外机构遍布全球28个国家和地区，拥有17.7万员工，控股8家境内外上市公司。2012年，中国五矿实现营业收入3250亿元，利润总额80亿元，列世界500强第169位，其中在金属类企业中排名第4位。

背　景

中国五矿集团公司坚持以科学发展观为指导，始终秉承"珍惜有限，创造无限"的可持续发展理念，不断加快"走出去"步伐，持续优化海外资源配置，初步形成了多层次的全球资源保障体系。公司在追求发展的同时注重处理好与当地的社区关系。北秘鲁 El GALENO 铜金矿项目就是其中的典型代表。该项目是由中国五矿与江西铜业共同成立的 LUMINA COPPER S.A.C. 公司开发的。LUMINA 公司总经理 Richard Graemf 讲到秘鲁的社区问题时曾说道："在秘鲁因技术问题而失败的矿业项目屈指可数，但因社区问题而失败的矿业项目却比比皆是。"社区问题对于在秘鲁的矿业公司来说是首要问题。表 6-1 为中国五矿在秘鲁运营的社会、环境挑战。

表 6-1　中国五矿在秘鲁运营的社会和环境挑战

关系性质	问题表现
同当地居民的关系	GALENO 项目所在的秘鲁北部卡哈马卡省是秘鲁的贫困省之一，2011 年底该省的 MINAS CONGA 项目因为不当处理与当地居民的关系，爆发了大范围的暴力抗议活动，截至 2012 年底已经造成 10 人死亡。迄今该项目仍然处于暂停状态。因此对于 GALENO 项目而言，需要积极处理好周边项目影响区域内的社区居民关系，甚至需要处理好与不在项目影响范围内的社区居民的关系
同当地劳工的关系	在秘鲁的矿业企业中，劳资冲突经常成为引发抗议活动的导火索。矿业公司进入一个地区，其中很重要的一个条件是要提供给当地居民就业岗位。公司经常面临来自政府、社区村庄、居民对企业的施压，要求增加工作岗位
同当地政府的关系	由于矿区所在地是多山的高原，恶劣的自然环境加剧了当地的贫困化程度。矿业成为主要的经济支柱，各级政府对于矿业企业的期望也比较高，甚至会向企业施压。很多本应由政府负责的基础设施项目，现在需要由企业来承担
对当地环境的影响	当地很多小型矿业企业由于没有资金和技术来处理矿业废水，会对当地社区的环境造成污染，引起当地社区居民的不满和抗议

责任行动

LUMINA COPPER S.A.C.公司始终坚持以科学发展观为指导，秉承五矿集团"珍惜有限，创造无限"的可持续发展理念，积极履行社会责任，促进与利益相关方共同成长。坚持走"公司服务社区、社区支持公司"的道路，实现互利共赢，促进和谐发展。

LUMINA 公司聘请了专门的顾问公司，对矿业公司在秘鲁的表现进行了系统的研究，并得出结论：矿业公司要与社区建立良好的关系，需要从关爱员工、改善社区关系、促进地方经济发展以及做好环境保护四个方面来履行企业社会责任，以获得当地社区的认可和支持，从而更好地促进项目的开展。

一、关爱员工

员工本地化政策：秘鲁当地法律规定，跨国公司在秘鲁经营企业时，本地员工人数不得低于公司员工总数的 80%，本地员工薪资总额不能低于公司总薪资的 70%。LUMINA 公司除了满足秘鲁法律要求的本地化人数和待遇外，并且聘请当地员工担任公司的高级、中级管理者，让本地员工参与到公司的经营决策中。

确保员工安全：EL GALENO 矿区地处秘鲁高原地区，平均海拔 3700 米。公司在营地和现场办公室设有医疗室并配备了专业的医护人员。若有员工身体不适，可以在医疗室迅速得到诊治，如果病情没有立刻好转，公司会派车将患病员工送往就近的医院进行进一步诊断治疗。从事矿业工作具有一定的危险性并需要频繁出差，公司为每位员工购买了完善的医疗保险和意外保险，并为在矿山作业的所有人员配备齐全的工业安全防护装备和劳动保护装备，定期进行安全知识教育讲座，提升员工安全意识，提高其自我保护能力。

此外，秘鲁为地震频发国，并经常爆发各种反矿业暴力示威活动。LUMINA 公司不定期组织全体员工进行地震撤离演练和突发事件应急演练，并在公司的利马办公室和矿区办公室设置安全通道、快速撤离通道和安全集合区域等，以确保在紧急时刻所有人员能安全撤离，保障工作人员的安全。

关注员工成长：秘鲁员工日常工作语言为英语和西班牙语，公司根据每个人的具体情况，针对性地开展语言培训，以帮助员工尽快掌握这两门语言，促进工作顺利开展。

重视人文关怀：公司坚持"以人为本"的理念，积极关爱员工生活。每逢员工生日，都会发祝贺邮件、准备精美可口的生日蛋糕，使员工感受到公司的关爱与温馨。此外，由于很多专家和管理人员来自美国、英国、新西兰等国，公司根据具体情况，积极帮助员工安排住所，办理家属探亲、签证等事宜。

二、改善社区关系

（一）开展社区沟通

受 EL GALENO 项目影响的村庄有 21 个，大约 4500 人。公司将社区工作作为项目开发的第一重点，成立专门的社区工作小组，开展社区工作。

措施一：建立社区关系。在项目直接影响的 E 社区和 S 社区内开设了办公室，公司社区关系部的员工每周将 21 个村庄走访一遍，了解当地居民的生活需求，掌握社区沟通工作的第一手资料。

措施二：召开月度协调会。每月召开一次社区关系协调会议，社区关系部员工将一个月来社区发生的事件以及居民的反响情况汇总，对整体的社区情况进行总结，对社区矛盾予以分析并商讨解决方案。

措施三：举行社区会议。不定期举行社区会议，同社区居民对社区协议的执行情况予以沟通，打造公开、透明、负责任的公司形象。

措施四：社区投诉处理。建立起一套处理社区投诉意见的系统，社区关系部通过该系统收集信息，以便对未来发生的社区事件进行快速分析，尽可能地减少纠纷、投诉或者索赔。

2009 年 7 月，公司于 QUENGO MAYO 村召开了一次社区代表对话大会，与会社区代表达 110 人，分别来自矿山周边 20 多个社区和村庄。会议旨在建立公司和社区之间畅通公开的交流渠道。会议主要就社区投资计划、环境保护、公司劳工政策、社区劳工聘用等问题与各代表进行了沟通。公司表示将不负众望，切实为社区居民的利益着想，保护大家共同的环境，实现各方共赢。

通过与社区充分有效的沟通，LUMINA 公司同周边社区保持良好的社区关系，至今没有出现大规模的堵路以及造成人员伤亡的恶性冲突事件。

（二）签订并履行社区协议

LUMINA 公司坚持以同当地社区和谐共存为目标，积极履行企业责任，同受项目影响最大的 Encañada 社区签订了社区协议。该协议涉及环境、农牧业、社区企业、教育、社区事务、医疗卫生、土地、劳务方面的社区协议。该协议旨在维护公司和社区的利益，保障项目顺利开展，促进社区可持续发展，实现互利共赢。

2011 年，与 Rodacocha 社区签订社区协议后，举行了社区协议签订发布会。到场的 250 名社区代表每人都领到了 LUMINA 公司准备的图文并茂的社区协议印刷册。

公司致力于建设公开透明的社区协议执行制度。在社区协议印刷册中，居民可以查阅到公司同各个社区签订的社区协议内容、目标以及执行计划。其中包括已经完成了的项目、未完成的项目和正在执行的项目等。签订的社区协议数量见图 6-1。

（三）提供工作岗位

由于当地居民的宗教信仰和落后的教育、医疗水平等原因，当地有很多单身母亲，她们没有工作，缺乏经济收入，同时还需要抚养孩子，面临巨大的生活压力。为解决当地单身母亲的就业问题，公司的食堂全部聘用单身母

(项)

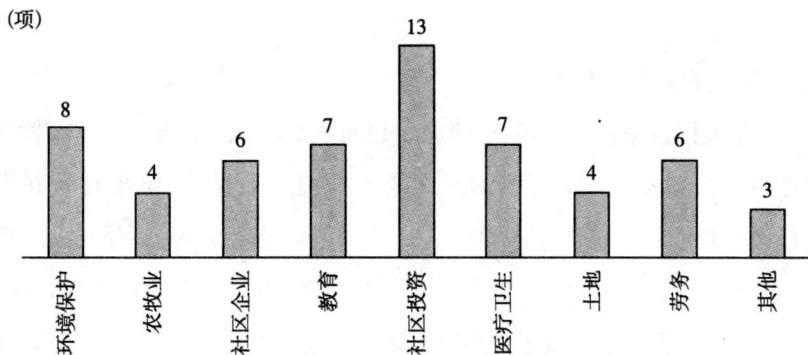

图 6-1 社区协议数量

亲，对她们进行培训，配发专业的卫生装备，确保食堂的一切操作流程严格遵守食品安全卫生标准。通过专业人员对单身母亲的教育与示范，她们很快学会了卫生装备的操作与使用。此项措施促使单身母亲掌握了一技之长，提高了收入，改善家庭生活水平。更重要的是，增强了这些单身母亲的自信心和自尊心。

此外，LUMINA 公司的所有非技术类员工全部来自于当地社区，考虑到公司项目进度和社区居民人数众多的特点，社区工人采用轮流上岗制度，即每个社区有一定的社区工人名额，这样能最大程度地覆盖社区面积，惠及更多的社区居民。

（四）培训社区工人

为促进当地员工的个人技术发展并为项目的可持续运行储备人才，LUMINA 公司举行了各种培训活动，实施社区培训计划。从卡哈马卡①市聘请技工学校的老师，开展各种形式的培训活动，如讲座、专业授课等，培训的学科内容主要为电工、技工、钳工、焊工、厨师。聘请著名的培训机构SENCICO、SENASA、CENFOTOUR 和 CETEMIN，开展石工、电工、餐饮、建筑、兽医以及环境监测等方面的培训，并为培训班毕业的学员颁发技能认

---

① 卡哈马卡，秘鲁卡哈马卡大区（省）首府，在文中有时叫卡哈马卡市，有时叫卡哈马卡省。

证证书和毕业证。

（五）开展社区活动

老年人扫盲项目：2010年10月，LUMINA公司同卡哈马卡大区教育局，G&C咨询公司携手启动了PAAM（老年人扫盲项目）。该项目旨在为EL GALENO项目影响范围内的145名60岁以上老年人进行扫盲服务，以提高他们的读、写、听能力。该计划在项目影响范围内的12个社区教育机构进行实施。授课形式主要设置为小组授课，讲授"文化圈"课程。在两小时的授课过程中，老年人可以分享经验，进行团体讨论。课后每位老人由其儿女或孙子辈对其进行辅导，加强读、写、算数的巩固练习。该项目启动一年之后，已于2011年11月顺利结束，取得了较大的项目成效：

第一，由于该项目邀请了来自当地社区的很多年轻人参与，在项目过程中，他们不仅锻炼了沟通能力，增长了沟通技巧，同时增进了自己同父母之间的感情。

第二，该项目提高了老年人这一弱势群体的生活质量，提升文化素养水平，增强生活自信心，促使他们以更好的姿态投入到更加健康和有尊严的生活当中。

第三，该项目拉近了当地居民同LUMINA公司之间的关系。

对于我来说，这些课程没有什么难的。他们教我们非常的耐心，非常感谢。

——来自San Juan de Yerba Buena的老年学员

老人们一开始什么都不知道，但是最后通过项目的培训，他们都有了很大的进步。我的爷爷奶奶是文盲，现在他们都已经会写自己的名字了。这些老人们非常喜欢每15天举行的培训课程，他们也十分喜欢之后在各自家中进行的强化培训。非常感谢LUMINA公司提供的老花镜和助听器，这帮助了那些没有办法看清和听清的老人们。我作为志愿者也非常感谢公司能给我们这样一个机会进行培训，知道如何为那些老年人授课。我一开始根本就不知道如何进行授课，他们教我们采用利用图片的做法，这样对老人来说可以看清，简单易懂，这样使得授课过程简单了许多。

——María Dina Sánchez Huamán（志愿者）

减少营养不良问题计划：项目所在地卡哈马卡大区的儿童存在普遍的营养不良问题，严重影响其健康成长。为解决此问题，LUMINA 公司同地方政府和其他私营公司组成战略联盟，并签订了"卡哈马卡营养战略——减少长期营养不良儿童计划"（PREDECI）的合作指南，该计划的总融资达到 595.9 万美元。通过计划实施已改善了卡哈马卡大区内 10 个省、13 个地区的 269 个村庄的三岁以下儿童营养不良情况，将当地儿童营养不良率降低了 6 个百分点。

随着计划的顺利开展，战略联盟成员建议加强和扩大覆盖面，一方面要扩大活动的区域，仅仅在卡哈马卡大区实施是不够的，要将项目推广到其他区域；另一方面战略联盟号召所有联盟成员在致力于"减少长期营养不良儿童计划"的同时，带领当地居民和贫困做斗争，在健康、营养、水、卫生、健康住房、饮食安全和地方管理方面提供技术支持。

圣诞庆典活动：每年的圣诞庆典，LUMINA 公司的全体员工都会同当地社区居民一起度过。尤其是卡哈马卡地区，该地区的农村文化在秘鲁是独一无二的，有着明显区别于其他地区的服饰和乡村歌曲。在这样一个特殊的日子里，公司员工和社区居民一样穿着当地典型的装束，唱着别具风情的当地歌曲，共同庆祝这一节日。

2011 年 12 月 12~19 日，LUMINA 公司在社区内举办了第二届"我们共同迎耶稣"的圣诞庆典，在尊重卡哈马卡大区当地文化的基础上，同当地居民共度传统节日。

LUMINA 公司邀请了来自 GALENO 项目影响范围内的 26 个村庄的居民。在庆典现场，由老师、儿童和家长一起表演了迎接耶稣诞生的舞蹈和颂歌，共享了所有妈妈们准备的一个大巧克力。现场的 3060 个儿童也收到了来自 LUMINA 公司准备的圣诞礼物。

该活动受到了当地政府和民众的高度赞赏。公司承诺圣诞庆典将一直举办下去，并将会越办越好。同时当地居民对公司尊重其土著文化表示感谢，也欢迎公司员工更多地参与到当地的文化保护和文化庆典中。

三、带动经济发展

（一）扶持社区公司发展

公司承诺项目的发展将带动周边社区的共同繁荣，积极扶持社区公司发展，优先采购受项目影响内社区公司的产品，为社区提供更多的就业岗位，积极为改善当地居民的生活质量做贡献。目前有 98 个当地社区企业在 LUMINA 公司进行了登记，公司与 64 个当地企业建立起业务联系，合同总额 20 万美元，主要涉及搭载社区工人上下班、汽车租赁、道路维护及设备租赁等方面。

2009 年 LUMINA 公司帮助当地 98 家社区公司进行了注册，并对其进行了培训。其中 9 家向国家提供服务和货物，11 家为 LUMINA 公司提供服务，64 家为其他企业提供服务。当年，80% 的社区公司实现了收入翻倍，而且值得注意的是，这些接受培训的公司的主营业务都并非矿业生产，而是其他与矿业生产联系很弱的行业。2009 年，这 98 家社区公司的总营业收入为 15250000 索尔，其中 17% 营业额来自 LUMINA 公司的 EL GALENO 项目，17% 营业额来自政府采购，66% 营业额来自其他领域的私人和客户。

LUMINA 公司的这种处理当地社区公司关系的模式，既引导了社区公司的发展，又减少了社区和公司矛盾冲突的隐患。

（二）助力农业发展

项目所在地卡哈马卡省是农业和矿业大省，当地经济落后，社区居民生活主要依附于矿业生产，从而引起很多的矿业和社区之间的矛盾和冲突。为此，公司制定了社区主导经济非矿业化的战略，积极支持社区居民进行农业和畜牧业的技术改造。公司积极开展社区投资计划,聘请专家向当地居民传授土豆的科学种植方法、培训当地居民制作牛奶冻等附加值高的产品等,为当地居民提供更多的谋生途径,积极创收,解决当地贫困落后的经济状态。

培育农作物种植技术:土豆作为秘鲁人的主要主食之一,在秘鲁广泛种植,且种类繁多。在高原地区,土豆因其淀粉含量高,容易烹制,更是当地居民一日三餐不可缺少的主食。但由于卡哈马卡省所处的高原地区气候条件不稳定、土质较差等自然环境的影响,当地土豆产量有限,刚刚能够满足自给。

为提高土豆产量,改善 SANTA ROSA DE MILLPOC 村的农业经济水平,并根据 GALENO 项目社会投资框架协议中的"帮助发展 SANTA ROSA DE MILLPOC 土豆生产计划",LUMINA 公司引进了优良土豆品种,资助给 SANTA ROSA DE MILLPOC 村进行种植。2009 年 8 月 11 日,公司和 SANTA ROSA DE MILLPOC 村进行了认证种薯的交接仪式。

2009 年 8 月 17 日,LUMINA 公司请来专家对当地居民关于土豆的种植进行了专业的指导。专家在指导活动中讲解了相关的种植技术,包括混合肥料、耕地的准备、种植和培土等过程。

优良品种的土豆引进与种植技术培训在一定程度上改良了土豆的产量,为发展当地经济做出了一定的贡献。同时使得在 SANTA ROSA DE MILLPOC 村的所有村民受益,提高了村民的生活水平。

培训乳制品生产技术:项目所在的卡哈马卡省是秘鲁国家的产奶大省,年产奶量在 25 万吨。为了促使当地居民除了销售原奶之外,增加牛奶的附加值,提高村民的额外收入,LUMINA 公司聘请了来自 CEFOP 专业培训中心的老师,以实际操作配合讲解的方法,对当地土著居民进行培训。2011 年 10 月 4 日,在当地政府和群众的帮助下,在 SANTA ROSA DE MILPO 成功地举行了"牛奶冻制作讲解会",旨在培训当地居民掌握将牛奶的初级产品转变成奶冻的技术,有 29 户当地土著居民接受了本次培训。

（三）支持公共事业发展

1. 援助当地基础设施建设

公司积极为当地的基础设施建设提供支撑，为当地提供修建社区公共设施的原材料、资金、技术等的支持。农村电气化项目是 LUMINA 公司对当地基础设施建设扶持的重点项目之一。2009 年 4 月，LUMINA COPPER 公司与MINAS CONGA 公司共同与秘鲁国家能源矿业部签订协议，由两公司共同承担技术调研费用，为卡哈马卡的 12 个区建设供电线路。LUMINA COPPER公司将承担 120 万索尔的技术经费支持，保证 2009 年的技术调研工作。项目于 2010 年开工建设，预计将有 12 个区、215 个村、41780 户居民受益。其中 EL GALENO 项目所影响的社区村落也在受益范围内。电气化项目的建成，将确保上述区域内的居民解决用电难的问题。

2. 助力当地教育事业

北秘鲁铜矿项目所在地远离城市，且周边多为贫困落后的村庄，教育基础条件非常落后。一盏昏暗的灯泡悬挂在密不透风的屋子里就成了一间教室。即使如此，很多学生还坚持每天早起，走两个多小时的山路到附近的学校去上学。

LUMINA 公司了解到这一情况后，将教育作为社区工作的重点之一，努力采取措施改善学校办学条件和解决师资不足问题。公司多次为学校捐建基础教学设施，给当地的孩子们赠送学习用具，确保教学活动更加高效地开展。希望通过有限的努力，改变当地孩子的命运，让他们能更好地认识世界、塑造自我。

2009 年，LUMINA 公司为周边两所学校安装了两个太阳能电池和两台电脑，由太阳能电池供电给电脑（学校所在地区没有通电）；为周边 17 所学校捐赠了教学和学习用具，使 1070 名儿童受益；公司在 ALTOSOGORON 为教师提供早餐服务与交通服务，同时出资解决项目影响地区内的 19 名老师的工资问题；多次同国家教育部相关官员沟通交流，引起他们对项目所在地区教育问题的关注，以尽快解决师资问题。

3. 支持当地医疗事业

建立矿区诊所：矿区周边社区医疗水平相当落后，且没有医院。大部分居民生病了，都只能在家休养，以致小病拖成大病，甚至死亡。为此，公司在矿区的营地修建了一个诊所，配有两名医生护士，长期备有各种急救和应急药品，为社区内发生的各种突发的急诊提供救治。2008 年，一位单身妈妈在家中生产遇到难产，公司的医疗人员立刻前往进行了必要的医疗援助，最后帮助这位单身妈妈顺利地产下一名男婴。对于一些简单的感冒和发烧患者，矿区诊所还为他们减免诊疗费用，并为他们开药。此举极大地增加了诊所在当地居民心目中的分量，也使当地居民增加了对 LUMINA 公司的认同感。

提供专业医疗诊治服务：为了能使周边的居民接受专业的医疗诊治，公司每年请国内外的医生来矿区进行义诊。2009 年 6 月，来自美国的一个医疗小组在离矿区最近的 ENCAÑADA 市进行了义诊，诊治患者 120 多人。公司定期请卡哈马卡的医院派医生为矿区周边学校的孩子们体检，对其进行龋齿预防教育以及牙齿检查和矫正。2009 年，LUMINA 公司组织为矿山影响范围内所有小学进行了三次义务牙医会诊活动，共有近 400 名儿童得到牙医检查和诊治。公司举行了两次医院会诊活动，使近 300 人得到诊治。每年的医疗会诊项目能为周边社区超过 1500 人提供诊治和帮助。

筹建社区医疗中心：LUMINA 公司积极同大区政府、大区卫生局 DIGESA 共同合作，对 CHORRERA 社区建立医疗中心项目进行研究。这个项目自 2006 年同 Sorochuco 社区居民签订征地协议就开始探索，但因社区的几任领导人无法完成社区方面的承诺，所以项目一直搁置。当前，该项目在 LUMINA 公司的协助下，又重新启动。此外，公司在 QUENGO MAYO 村建立的卫生站是同当地政府成功合作的典范。

4. 扶持当地文化事业

LUMINA 公司于秘鲁成立了 LUMINA 出版基金，以通过高质量的文化出版刊物为秘鲁北部的文化传播和文化遗产保护做出贡献，并且希望以此服务于秘鲁北部的教育机构、国立和私立大学以及学院，将 LUMINA 公司打造成为一个尊重文化、传播文化的矿业公司。截至目前，已经在卡哈马卡出版了 10 份刊物，如历史文化方面的书籍《卡哈马卡的巅峰时刻》、儿童书籍《力诺叔叔讲故事》、医学历史类书籍《卡哈马卡的药用植物》等。

其中，《北方之声》是 LUMINA 出版基金出版的刊物之一，这份杂志已经出版了三期，其中邀请了来自卡哈马卡大区的评论员就大区的经济发展、社会问题进行评论；同时还有来自卡哈马卡各个大学教授以及学者对于卡哈马卡地区的历史、文化、艺术的介绍。另外，杂志中拥有一块专门留给 LUMINA 公司的文化空间，记录着 LUMINA 公司对于当地社区贡献的事迹，其中图文并茂地介绍了社区投资活动的进展情况，增强社区对公司的了解与支持。

四、保护生态环境

中国五矿积极履行海外环境责任，以推进可持续生态建设为己任，将"不破坏当地生态，不污染当地环境"作为企业海外经营的基本责任，积极倡导建立环境友好型社会。

在矿业项目开发与运行过程中，最重要的就是对水资源的保护和工业废水的处理，这恰恰也是当地政府与居民最为担心的事情。一是开矿会大量使用水资源，导致生活用水的减少；二是项目运行过程中所产生的废水，如果不经处理直接排放会造成严重的水源污染，影响当地人的身体健康，严重情况下可能会影响几代人的生活。

项目开发 LUMINA 公司坚持秉承"保护环境，建设美好社区"的理念，采取积极措施保护当地环境，以维护生态平衡。针对此问题，公司采取多种措施将当地居民重点依赖的河流都保护起来，在生产过程充分考虑废水的处理，确保生产污水不向河流排放，以保障当地的居民可以使用干净安全的饮用水。

此外，公司还请项目所在区的各社区村庄派出代表，由公司负责组织环保培训课程，提高当地居民对环境保护技术的了解。学习完成后，聘用这些居民担任环境监督员，及时发现公司运营中的环境问题，并帮助专家解决问题。LUMINA 公司的行为不仅促进了同社区之间的沟通，而且增强了公司与社区之间的信任。截至目前，LUMINA 公司没有发生任何重大环境污染事件或因环境污染而被当地环境部处罚的事件。

履责成效

LUMINA 公司通过社区工作的有效开展，在当地政府、社区居民、各矿业公司间已基本建立起负责任的国际性矿业公司的形象，形成了社区工作网络，为 GALENO 项目顺利建设和运营奠定了基础。同时卡哈马卡政府对 LUMINA 公司在当地的履责行动给予了高度评价，并指出 LUMINA 公司是最值得信赖的合作伙伴。LUMINA 公司履行社区责任的成效如表 6-2 所示。

表 6-2　LUMINA 公司履行社区责任成效

员工责任	本地员工占比	80%以上
	医疗保险投保率	100%
	意外伤害保险投保率	100%
	工业安全防护设备配置率	100%
	员工岗前安全培训率	100%
社区关系	矿区与居民的恶性冲突事件	0 次
	签订社区协议	58 份
	PAAM 老年扫盲项目获益家庭	145 户
	PREDECI 项目使区域内三岁以下儿童营养不良率下降	6%

续表

社区经济	社区企业在 LUMINA 的登记量	98 个
	与 LUMINA 有业务关系的社区企业	64 个
	与社区企业的合同总额	20 万美元
	帮助社区企业实现收入翻番的个数	79 个
	为卡哈马卡的 12 个区建设提供电线路技术支持	120 万索尔
	捐赠教学和学习用具，使当地儿童受益人数	1070 人
	美国专家义诊人数	120 多人
	义务牙医会诊儿童人数	400 多人
	医院会诊活动受益人次	300 多人
	为保护秘鲁北部的文化出版刊物	10 份
环境责任	重大环境污染事件	0 次

结　语

　　展望未来，中国五矿将继续秉承"责任为先，合作共赢"的原则，在海外追求自身发展的同时，积极履行社会责任。在员工方面，更加关注员工生活，促进员工职业成长，确保员工工作与生活的平衡，保障企业与员工的和谐发展。在经济发展方面，继续加强对当地农业的扶持力度，为当地居民培训农作物种植技术、农产品加工技术等，吸纳更多当地居民本地化就业，提供更多的工作岗位。切实改善当地落后的局面，提高居民生活水平和生活质量。在环境保护方面，加大环保技术投入、节能减排力度，减少对周边地区的环境污染，切实做到维护当地生态平衡的目标。在社区关系方面，积极开展社区工作，同利益相关方加强沟通，为利益相关方创造共享价值。

善尽责任　构建和谐社区关系

中国中钢集团公司①

摘　要：中国中钢集团公司积极响应国家"走出去"的号召，建立了覆盖全球的运营体系，在全球运营中始终秉承"合作、友谊、双赢、发展"的理念，坚持将履行社会责任融入中钢国际化发展的进程，打造负责任的中国企业形象，与海外企业真诚友好、平等互利地开展合作，切实从社区利益出发，构建和谐社区关系，实现了企业与当地社会和谐共荣发展，赢得了国际社会和当地各方的尊重和信任。

关键词：社区责任　可持续发展　绿色环保　社会公益

背　景

社区始终是中钢集团最为重视的利益相关方之一。中钢在追求自身持续

---

① 中国中钢集团公司（简称中钢集团或中钢）成立于 1993 年 2 月，主要从事冶金矿产资源开发与加工，冶金原料、产品贸易与物流，相关工程技术服务与设备制造，是一家为钢铁工业和钢铁生产企业及相关战略性新兴产业提供综合配套、系统集成服务的集资源开发、贸易物流、工程科技、设备制造、专业服务为一体的大型跨国企业集团。公司所属二级单位共 65 家，其中境内 49 家，境外 16 家，2012 年实现主营业务收入 1497 亿元。

稳定发展的同时，也始终致力于最大化企业运营对社区发展带来的正面拉动作用，并最小化公司对社区带来的不利影响。"为运营所在社区人民提供更多的发展机遇，提升当地社会福利"一直是中钢集团所坚持的重要履责内容。尤其在非洲等地，中钢生产企业所在的社区居民都较为贫穷，当地教育设施缺乏、失业率很高，需要企业在运营发展的同时帮助其不断改善教育设施，提供更多的教育培训机会，更好地维护当地生态自然环境，以此推动社区经济与环境和谐发展，并最终帮助其提升社区自我发展能力。

近年来，由于受全球经济放缓及中国钢铁业整体不景气等因素影响，公司发展面临着极大挑战，但中钢集团从未停止探索构建企业与社区和谐关系的脚步，始终致力于推动企业所在地社区经济、环境、社会发展，努力探索以更贴近运营所在社区发展需求的方式，为当地带来更好的生活、更多的机会、更美的笑容，这也是中钢集团对发展海外社区关系持久不变的追求。

责任行动

一、服务当地经济，追寻更好的生活

中钢集团深知公司的发展与当地经济的发展相辅相成，授人以鱼的同时更注重授之以渔，与当地社区携手共建，与利益相关方加强沟通交流，力争带动当地经济发展，共同追求更好的生活。

莫罗嘎社区是南非北部最贫穷的社区之一，中钢集团在当地成立中钢南非铬业公司之后，便探索建立了资助社区的长效机制。公司对社区居民进行社区发展需求调查，然后按重要性排序，依次给予资助，2012 年各项直接现金捐款就达 14 万兰特。除此之外，公司更注重当地社区自我发展能力的提升，如长期支持社区雇用中心午餐项目（Maroga Recruitment Centre），优先雇用社区人员，为当地创造更多的就业机会；优先将洗衣服务、废品管理、运输业务等服务承包给社区小公司，带动他们发展；注重与当地社区共

同培育自主产业，与当地社区合建了铬铁回收厂，将炉渣免费提供给回收厂，厂家产品全部由中钢集团收购，再将每年利润的一部分交与社区。

恰那铁矿是中国企业参与海外资源开发的第一个投资项目，也是中澳两国最大的工业合营项目之一，是我国钢铁工业在国外的重要铁矿原料供应基地。最近几年，恰那铁矿每年的产销量都保持在 1000 万吨以上，并为当地提供了 100 多个直接就业机会和每年上亿澳大利元的税费收入。2012 年是中澳建交 40 周年，也是恰那合营项目运营 25 周年以及恰那合营企业第 100 次政策委员会召开之年。25 年间，不论经济周期高峰低谷，或是钢铁行业跌宕起伏，中钢集团与力拓集团在长期合作中，共同努力实现了互信、互谅、共赢，抒写了中澳两国企业成功合作典范的第一篇章，为两国长期互利共赢发展奠定了坚实基础，也有力地支持了当地经济的平稳发展。2012 年，澳大利亚记者罗文·凯利克为恰那项目著书立传——《恰那：铁矿合营里程碑》，记录了恰那合营企业从成立到成为铁矿合营史上里程碑的故事。澳大利亚驻华大使 Frances Adamson 评价说："恰那合营项目是澳中两国过去 40 年经贸往来中最具代表性的合作项目，中钢集团参与运营管理更让恰那项目发挥出全部潜力。"

二、支持当地环保，创造更优的环境

中钢集团始终认为企业的发展不能以牺牲当地环境为代价，加强环境保护不但是公司的职责与义务所在，更是公司实现可持续发展的基本前提。中钢集团在海外运营中，不遗余力地投入到矿区及其周边社区的环境保护中，致力打造当地更优的环境。

中钢南非铬业不断完善环境设施配套，采用封闭式电炉减少有毒物质排放；建设原料预热系统减少电能消耗；修建收集雨水的水库促进水的节约与循环利用。截至 2012 年底，中钢在南非的铬铁回收厂已经处理完历史堆存的炉渣，中钢将每年收购炉渣回收厂产品的利润的 60% 交与社区，取得了可观的经济和社会效益。

中钢喀麦隆公司在项目筹建阶段，严格按照喀麦隆共和国环保法完成环境影响评价报告，并向公众宣讲环评报告内容，争取当地居民的认可和支持。

中钢菲律宾公司深入开展矿区环保工作，开挖沉淀池、水沟等减少矿区水污染，加固边坡防治滑坡，修建苗圃为将来复垦工作做准备。目前已经培育上千颗树苗，可以随时向矿区移栽。

在西澳州，中西矿业公司不断保持与当地环保署的沟通与协作，通过持续开展大量艰苦细致的工作，完成了包括地质、水文、噪音、废弃物、动植物生态系统影响等方面的全面评估，得到了当地政府的认可与支持。在这里，矿区的珍贵生态物种上都被精心地系上了不同颜色的丝带或彩旗，这道迎风飘扬的景色，承载着中钢对生产运营地区环境保护的承诺，更是企业在全球化运营中始终坚持建设和谐地球、平衡生态的爱心所在。

三、致力当地公益，展现更美的笑容

中钢集团关心所驻社区的发展，视自身为当地社区的一份子，全力支持当地社区建设，积极推进文化融合，投身睦邻友好关系建设，本着共建共享、和谐相处的原则，努力促进海外运营所驻的社区和谐发展，让社区居民得以展现更美的笑容。

中钢澳大利亚公司是澳大利亚中国总商会珀斯分会会长单位，长期以来致力于促进各会员单位间的业务交流。2012年陆续组织了十余场业务交流、专题讲座和文体活动，包括与国资委针对央企普遍关心的问题与西澳州政府及州发展部进行沟通；作为澳大利亚中国总商会珀斯分会会长单位组织新西兰矿业项目推介会、组织"中澳建交40周年图片展"；依据当地法律和法规、矿业投资审批流程、环保及社会责任等方面，组织编写《西澳矿业投资指南》等。

中钢南非铬业在运营过程中面临两大工会之间、公司黑人和白人之间、公司与周边社区之间的多重矛盾，公司在运营过程中以文化融合为切入，一直支持当地建设中学、高中等基础教育设施；对当地社区居民进行免费技术

培训，为公司和社区提供了良好的交流场所；为当地足球俱乐部购买成套足球用具，并帮助平整球场；聘用专业人员促进员工与管理层之间的沟通，通过拓展训练、谈话等方式消除他们之间的矛盾，促进文化融合。2012 年，公司支持社区培训中心达 25 万兰特；捐赠修建社区活动中心费用达 220 万兰特，为公司和社区提供了良好的交流场所。

中钢印度尼西亚公司克服了当地文化习俗、宗教信仰与中国截然不同，以及村民管理体制较为复杂等困难，主动与村民沟通，在合作方的配合下，争取当地政府的支持，通过支付村民发展基金、对运矿道路占地合理补偿、为社区修建排球场等措施，赢得了村民的信任，在当地树立了较好的企业形象。

中钢萨曼可公司积极支持社区教育，通过参与当地 Steelpoort 学校的学生发展计划，赞助 Maelebe 小学和 Kgahlanong 中学的老师，为 Maelebe 小学建教室，帮助在 Tukakgomo 地区的困难儿童，在 Mapodile 捐赠图书馆，给当地学校孩子捐赠食物、衣服、毛毯等方式，全力促进当地教育发展。

履责成效

通过各个环节的海外社区工作，中钢集团更好地带动了运营所在地区经济的可持续发展，维护了社区与环境的和谐，树立了中国企业在海外运营的良好国际形象。目前，中钢在非洲地区下属企业当地员工数量已占到员工总数的 99% 以上，在澳洲地区所属企业当地员工数量占总员工数量的 85% 以上。同时，公司为当地员工提供健康安全的工作条件和更广阔的职业发展空间，使当地社区、居民切实分享到了企业发展的丰硕成果。此外，中钢在海外运营过程中，始终坚持以文化融合为切入，积极帮助消除当地的多重社会矛盾，助力企业运营与社区发展的和谐共处，正如南非共和国林波波省副省长克林斯对中钢的评价："作为政府和合作方的代表，我们从未听到

过中钢与当地社区发生冲突。我们认为是中方管理者较好地处理了与当地
社区的关系。"

前西澳洲州长卡彭特曾这样评价道："中国同西澳洲的关系越来越紧密，
也越来越重要，双方各领域合作发展迅速。中国已成为西澳洲最重要的贸
易合作伙伴。恰那合营企业是澳大利亚与中国运营最久并且是最成功的商
业合作典范。西澳洲将继续大力支持这种良好的互利合作，促进双方长远
共同发展。"

结　语

作为从事国际经济技术合作的大型国有跨国企业之一，中钢集团始终铭
记自身责任，自觉维护国家和企业的形象，遵守东道主国家的法律、法规，
尊重当地风俗习惯，积极融入当地社区，将自身发展战略与履行社会责任有
机融合，通过互利合作实现共同发展，为中国企业顺利"走出去"、与当地
建立良性的互动关系做出了良好的示范。

中钢将继续参照联合国全球契约十项原则、ISO26000 等国际标准中所
提及的社区发展相关指引与要求，调整并完善公司可持续发展战略，进一步
融入运营所在地社区发展进程当中，与当地社区不断携手共进，共同迈向可
持续发展的美好明天。

履行海外社会责任　共创多赢美好未来

中国水利水电建设集团公司 [①]

　　摘　要：中国水利水电建设集团公司在海外业务经营中将社会责任纳入企业整体发展战略和生产经营体系内，遵守当地法律、法规，重信守诺，在履约中积极保障当地在税收、就业、环境保护等方面的核心利益，关心和支持当地社会、民生、教育和科技事业，对受灾地区鼎力相助，兴修民生保障设施，支持教育，实现了企业与社区的双赢。

　　关键词：海外责任　本地化策略　社会公益

背　景

　　作为中国水利水电建设行业"走出去"的领军企业，中国水利水电建设集团公司（简称中国水电集团）的国际业务已拓展至亚洲、非洲、美洲和大

[①]　中国水利水电建设集团公司自 20 世纪 50 年代以来，承担了国内 65% 以上的大中型水利水电工程的建设任务，参建了长江三峡等上百座世界瞩目的巨型水电站，总装机容量突破 1.45 亿千瓦，为中国常规水电装机容量、水电在建规模跃居世界第一做出了突出贡献。公司承建的多项工程获得了国家及地方政府颁发的鲁班奖、金质奖、银质奖、优秀工程奖。在交通、市政、工业与民用建筑等非水电建筑领域也取得了显著业绩。2009 年 11 月 27 日，中国水利水电建设集团公司和中国水电工程顾问集团公司重组设立中国水利水电建设股份有限公司。

洋洲四个大洲42个国家，业务范围涉及水利水电、公路桥梁、工民建筑、机场港口等，经营方式已发展至施工总承包、EPC等综合总承包和BOT类投资业务等高端领域。2008年，集团公司累计完成海外营业收入146.57亿元人民币，实现利润总额9.71亿元人民币，在全球最大的225家国际工程承包商中排名第50位，在中国对外承包工程企业中排名第4位。

安哥拉区域市场是中国水电集团于2004年积极响应商务部号召，以中安政府间合作项目为契机切入的。中国水电集团凭借先进生产能力，积极履行社会责任，大力实施本土化经营策略，较好地影响和带动了当地社会、经济、技术和文化事业发展，获得了安哥拉政府和民众的认可与支持，企业也因此顺利拓展安哥拉国内建筑市场，并在较短的时间内成功实现从由中国政府资金的框架项目到安哥拉市场竞争型项目的过渡，促进了企业在安哥拉工程承包领域的持续、稳定和长远发展。截至2009年8月1日，中国水电集团在安共计签订项目主合同54个，包括108个项目，涉及水利水电、市政工程、公路桥梁、机场、学校、医院、农贸市场、体育场馆和房建项目，遍布安哥拉18个省中的17个省，雇用当地员工1995人，是安哥拉中资企业商会的会长单位。

责任行动

中国水电集团将"全面履行社会责任"作为企业发展重要的核心价值观，在海外业务经营中积极主动履行社会责任，以各种形式支持海外经营所在地社会经济的全面发展，推动和实现双方互惠互利、共同发展，在全球范围内打造中国和中国中央企业良好的社会形象。中国水电集团安哥拉区域总部认真遵守当地法律、法规，重信守诺，在履约中积极保障当地在税收、就业、环境保护等方面的核心利益，关心和支持当地社会、民生、教育和科技事业，努力提供尽可能多的无私帮助。实践证明，实施本土化经营策略，主动承担社会责任将为企业赢得广泛的社会支持、广阔的市场机会、强劲的发展动力和更丰硕的经营成果，是全球化背景下企业海外发展的法宝。

一、提高对社会责任的认识

良好的社会责任履行是企业海外经营的战略要求。非洲是未来促进中国海外贸易，实现中国企业海外经营保持长远、快速跨越式发展的新兴地区和区域引擎，而安哥拉作为中非经贸合作的领头羊，有着重要的区域地位。经过27年内战的安哥拉，百废待兴，基础设施几乎破坏殆尽，工程承包领域市场空间巨大。中国水电集团进入安哥拉市场不到十年，竞争对手葡萄牙和巴西公司不仅和安哥拉拥有语言相通、文化相近的绝对优势，而且深谙安哥拉国情，并与安哥拉政府高层有着千丝万缕的联系，除了必须由中资企业承建的中安一揽子合作项目外，在其他竞争性项目上中国水电集团必须寻求比较优势，才能在安哥拉市场上与欧美等主要竞争对手一争天下，而积极承担企业社会责任，快速赢得安哥拉政府、项目业主和当地民众等相关利益方的认可和关注，并依此获得比较优势，是中国企业海外发展的战略要求和必由之路。

良好的社会责任履行有助于构建企业发展的和谐氛围。超越将利润作为企业经营唯一目标的传统理念，在能力范围内更多地强调对本地客户、环境和社会的贡献，努力实现本地相关利益方的效益最大化，赢得其在经济和非经济因素的支持。通过履行法律和经济责任，积极参与公益事业促进当地社会经济发展和民众生活水平提高，将有利于中国公司在安哥拉获得广泛支持，促进企业更好地立足融合和长远经营发展。

良好的社会责任履行是企业参与市场竞争的必然选择。中国水电集团自进入安哥拉市场伊始，就意识到要想减少国际工程承包业务扩张的政策壁垒、消除市场竞争外的不利因素，就必须在赢得东道国政府和民众信任上有所建树，也只有承担起更多的本地社会责任，做好企业公民，方能赢得竞争优势。

二、将社会责任纳入企业整体发展战略和生产经营体系内

基于对企业社会责任的认识，中国水电集团在制定安哥拉区域市场发展战略及市场营销、承包建设、财务管理、材料采购、人力资源、技术创新等子战略时，有意识地将社会责任战略融入其中。如在发展战略上将安哥拉市场定位为深度长期市场区域，建立相对应的社会责任策划、组织和实施机构。建立和当地政府及利益相关方的沟通机制，找准社会责任履行的切入点和投资时机，实现成效最大化等。

三、积极实施本地化策略，促进企业责任更好的落实

本地化经营是履行区域社会责任的最好方式。中国水电集团坚持诚信经营，为该国提供良好合理价格条件下的优质产品和服务。在经营过程中依法纳税，尽可能在当地创造就业机会，雇用本地劳动力，和当地一起互利互助，共享发展成果。

中国水电集团将履行社会责任视为长期经营的目标之一，结合安哥拉现实、长远和迫切需要，建立了包括从教育、医疗等基础设施建设到突发性的抗灾、救灾需要在内的一整套社会责任履行机制，并在实践中得到了良好的验证。

四、危急时刻，鼎力相助

2006 年 11 月 27 日，安哥拉本戈省卡西托市 Dande 河上游出现大面积暴雨，致使该河水位和流量猛增，并迅速形成洪水。由于上游地区出现连续强降雨，下泄水量仍在持续加大，短时间内导致灌溉区和居民聚集区的防洪大堤出现 6 处决口，洪水迅速蔓延，先后淹没大量滩地和公路，多个村庄被淹，居民被迫转移。中国水电集团安哥拉卡西托农业灌溉项目部积极迅速地组织人员和设备投入抗洪抢险工作，利用所有的车辆和施工机械对决口的大堤进行封堵，并最终控制了洪水的蔓延，此举受到了当地政府和民众的一致赞赏。与此同时，为加快灌区排洪，尽早恢复受灾地区正常的生活和工作秩序，项目部挖开已经修好的渠道防护设施，使洪水由渠道下泄，保证了排洪

救灾工作的顺利进行。此间，项目部刚刚施工好的 11 公里渠道被严重破坏，部分渠段完全损坏而需重新修建，直接经济损失约 30 万美元。

本次抢险救灾在安哥拉本戈省影响较大，当地政府给予了高度的称赞，此举为中国在当地赢得了良好的口碑，树立了中资公司的良好形象。

2008 年 2 月，安哥拉南部库内内省连降暴雨，发生严重洪涝灾害，当地百姓受灾严重。区域中心中安合作二期教育部库内内管理学院项目位于该省首府翁吉瓦市，灾后大量难民涌入该市，由于安哥拉国内正处于战后重建期，基础设施薄弱，难民安置工作无法开展。区域中心在做好项目的同时，积极协助当地政府安置灾民，出动车辆运送救灾物资，并为灾民捐赠了大米、黄豆、方便面等食品和药品等其他生活物资。当地政府对中国水电集团的义举给予了高度赞扬，翁吉瓦市市长特致信中国水电集团表示感谢。

五、兴修设施，保障民生

公司卢班戈中心医院修复项目周边道路交通条件较差，周边民众到工地相邻的临时医院就诊时交通极为不便。2006 年 7 月，区域总部当地政府和院方沟通后，出动车辆设备等 70 多台（辆）次，历时一个月的时间进行路面平整和轧实，并从十几公里外的地方取土进行垫平。经过努力，医院周边道路有了明显的改善，各种车辆及轮椅等可以顺利通过，极大地方便了周边群众前来就诊。

区域总部在安哥拉共修复建设四所省级医院、七所市级医院和九所健康中心，这些基础医疗设施分布在安哥拉境内的七个省份，总计达 2300 张床位，构成了安哥拉战后几年整个国家的医疗卫生基础，极大地改善了当地的医疗卫生状况。

六、支持教育，造福长远

中国水电集团放眼长远，从更深层次支持当地政府发展国家教育事业，促进国家长治久安。考虑到安哥拉由于战后重建，经济状况较差，为方便就读学生，在承建安哥拉万博农学院和比耶农学院时，区域总部决定无偿向两所农学院提供文具用品。2007年5月，首批包括书包、笔、笔袋、笔记本等共2000套文具运抵项目现场，价值人民币约25万元。

目前，中国水电集团已在安哥拉共建设及修复学校25所，其中农学院3所、理工学院6所、管理学院6所、金融学院1所、培训中心1所、中学8所，分布在安哥拉9个省份，可同时容纳近2万名学生就读。

此举得到了项目业主教育部的高度评价，在安哥拉教育部树立了中国水电集团的良好形象，更好地拉近了双方之间的距离，从而把友好关系提升到一个新的层次。

63名安哥拉政府选派的留学生在中国水电集团的资助下，在中国武汉大学攻读汉语和土木工程等专业五年制本科学位。此次助学活动是集团公司切实履行央企社会责任，回馈中国水电集团项目所在地政府和人民，进一步促进公司与安哥拉及非洲其他国家经济、文化交流与合作，提高公司在非洲地区形象和社会声誉的又一重要举措。赞助安哥拉63名学生赴华学习是公司赢得未来的战略举措。63名学生通过五年的学习，除了掌握相应的语言和专业知识，更认可和接受了中国文化，学成之后必将成为中安友谊和中国水电集团与当地更好融合的使者和桥梁，这将为中国水电集团与安哥拉在更广泛领域的深入合作打下长远、深厚和坚实的基础，并在很大程度上解决了目前困扰中国企业谋求海外更大发展的本地化人才问题。

中国水电集团始终高度重视履行社会责任的做法获得安哥拉政府的多次赞扬。2008年底，安哥拉总统多斯桑托斯在访问中国水电集团时高度称赞中国水电集团的社会责任意识，对中国水电集团为安哥拉战后重建做出的贡献表示真切感谢。安哥拉工程部部长在看望安哥拉在华留学生时，也对中国水电集团在促进中安友好交流、为安哥拉培养人才等方面所做贡献表示赞赏与感谢。

履责成效

第一，赢得了业主。对于进入这个市场时间有限的中国水电集团，不但要凭借过硬的质量、良好的履约来赢得客户、赢得市场，同时还要通过履行社会责任尽快拉近与安哥拉业主，尤其是整个安哥拉社会的距离。卡西托抗洪救灾、安哥拉两所农学院学生赠送文具、卢班戈中心医院修复项目周边道路……看似普通的小事，却分别赢得了安哥拉业主农业部、教育部、卫生部的赞扬和信任，中国水电集团与以上各部委高层均建立了良好的合作关系，真正做到"做一个项目、树一座丰碑、交一方朋友"。

第二，赢得了市场。以质量为前提，以履约为基础，借助于中安合作项目的契机，中国水电集团在安哥拉迅速地适应环境、建立人脉、融于社会。而履行社会责任无疑是实现以上目标的催化剂。2005 年，集团公司在安项目 100% 是中安合作项目，而到了 2009 年 8 月这一数字已经降低为 50%，纯市场竞争性有了大幅度增加。

第三，赢得了自身。承担社会责任最终受益的是企业本身，企业只有不断努力提高生产效率，改善经营环境，提高管理水平，获得更大的利润，才能更好地履行社会责任，进而促进企业的本地化竞争力的提高。因此，对中国水电集团这样的国际化大型工程承包商来说，履行社会责任是门槛，更是门票，它虽然在短期内增加了企业运营成本，但换来的却是企业拓展本地市场的通行证，为企业形成了一种高附加值的、无形的战略资产，从而使企业的核心竞争能力得到提升，企业因此拥有了更好的市场美誉度和经营机会。

结　语

一个没有社会责任意识的企业不可能持续发展，而一个充斥着缺少社责任意识的企业的社会也不可能健康和谐地发展。通过履行社会责任，参与公益事业，能够较快地赢得项目所在国业主和民众的认可，尽快树立良好的品牌和企业形象，为公司业务的长远、稳健发展打下坚实的基础，增强企业的区域核心竞争力。中国水电集团要想在安哥拉稳健持续长期发展，必须依靠不懈的努力，放眼长远，通过积极主动的社会责任履行和安哥拉各方的紧密合作关系，与安哥拉各方共同发展。

履行 50 年的环保承诺

中国中化集团公司 [①]

　　摘　要：中国中化集团公司认为，公司不仅要以良好的经营业绩回报国家、实现国有资产的保值增值，而且要义不容辞地承担政治责任和社会责任，为国家经济发展和社会和谐进步贡献力量。中化集团将社会责任内涵融入集团发展使命，积极承担关闭美国农化公司后的环保责任，投入 1.6 亿美元封闭带有有害重金属的磷石膏堆，处理工艺水，监测周边环境，得到了当地政府、居民和社会团体等各界人士的积极反应和良好评价，在国际上树立了良好的中国企业形象。

　　关键词：化肥厂关闭　环保责任　废弃物处理

---

　　① 中国中化集团公司（简称中化集团）成立于 1950 年，前身为中国化工进出口总公司，历史上曾为中国最大的外贸企业。主业分布在能源、农业、化工、地产、金融五大领域，是中国四大国家石油公司之一，最大的农业投入品（化肥、种子、农药）一体化经营企业，领先的化工产品综合服务商，并在高端地产酒店和非银行金融领域具有较强的影响力。中化集团也是最早入围《财富》全球 500 强的中国企业之一，2013 年名列第 119 位；并被《财富》评为"2013 年全球最受赞赏公司"。

背　景

20 世纪 80 年代以来，中国进口的磷肥主要来自美国。为满足中国农业对磷肥的需求，中化集团于 1989 年收购了美国钢铁公司农化分公司的全部资产，成立了化肥生产企业美国农化公司（简称美农化），公司坐落于佛罗里达州福米市。美农化自成立后的 16 年中，累计向中国出口磷肥 500 多万吨，特别是在市场货源紧张时，保证了国内市场的按时、按需供应，为中国农业发展做出了一定的贡献。

然而，1999 年以来，全球磷肥市场产能过剩，整个行业遭遇了十年来最严峻的困难，许多美国磷肥企业被迫停产、倒闭。美农化也遭受了连年巨额亏损，如果继续生产，亏损将越来越大。在这种情况下，中化集团经过慎重考虑，决定关闭美农化。2005 年 10 月 13 日，中化集团和美盛公司签署了最终协议，美盛公司收购了美农化设备和剩余的部分矿石储量。

在关闭美农化时，中化集团面临两种选择：第一，根据美国法律程序，资产清偿宣布破产，不用承担额外费用，撤出离开，把关闭工厂需要处理的环保难题扔给当地政府。这种做法在当地已为不少企业采用。第二，关闭工厂，但在法律上继续维持企业存在，并承担工厂关闭后环境治理的全部责任。经过测算，美农化的关闭工作需要 10 年完成，关闭后的环保监测则需要 50 年，全部费用超过 2 亿美元。

在这种情况下，是不负任何责任地一走了之，还是留下来承担巨大的环保责任，成为摆在中化集团面前的问题。集团经过认真研究，决定出资履行环保责任，这体现了中国企业对他国人与环境的尊重和社会责任感，维护了中国企业和中国政府的良好形象。

责任行动

2005 年 11 月，美农化正式宣布关闭。中化集团积极行动，履行环保责任。

一、封闭磷石膏堆

在磷酸生产中，每生产 1 吨磷酸会副产 5 吨左右的磷石膏，而磷石膏中带有氟、磷及各种有害的重金属，并带有微量的放射性元素，根据美国的环保法规要求不能另作他用，需要建设磷石膏堆进行堆放，并在达到使用寿命或停产后进行封闭。美农化在福米工厂有两个石膏堆，堆放数量近 7000 万吨。在美农化关闭后，需要将这两个石膏堆封闭，并进行 50 年的维护和监测。除此之外，美农化另一处已经完成封闭的石膏堆还需要继续进行长期监控。

石膏堆封闭涉及的主要工作包括石膏堆顶部和斜坡的平整、顶部的防渗衬底处理、斜坡及底部的排水系统安装、最后的覆土及植草等。在石膏堆完成封闭后，还需要监测、维护 50 年，包括石膏堆及周围的地表水和地下水等。

二、工艺水处理

在美农化正式停产时，福米工厂库存在水池中的工艺水数量为 12 亿加仑左右。此外，在工厂的石膏堆中还吸附着更多的工艺水，工厂停产后，这些吸附在石膏堆中的工艺水也会逐渐释放出来，总量估计约为 22 亿加仑。另外，在石膏堆封闭过程中的降雨还将产生新的工艺水（雨水降到石膏堆系统中受到污染，也成为工艺水的一部分），约为 15 亿加仑。工艺水合计约为 49 亿加仑。

这些工艺水在美农化生产磷酸时循环使用，酸性很强（pH 值接近 1），而且还含有浓度较高的磷、氟，少量的砷、铬等多种有害重金属，以及微量的放射性元素。因此，环保部门制定了严格的处理水排放标准。为了达到规定的排放标准，工厂需要对这些工艺水进行两级石灰中和处理，除去绝大部分的磷、氟以及各种重金属，而后进一步采用反渗透或其他方法降低电导率，最终达到排放标准。在处理过程中，还将产生巨大数量的淤泥需要堆放处理。

三、其他环保工作及相应管理

除了石膏堆的封闭和工艺水的处理，美农化还需要根据当地环保法规对工厂厂区进行清理及监测。在封闭期间，还需要保持小规模的员工队伍，做好整个封闭工作。

处理过后的达标水进入自然界后需要对周边环境进行监测，监测期是整整 50 年。国内外很多环境治理项目未能善始善终的主要原因就是缺乏有效的现场监督机制。美农化在厂区内部和周边设立了 300 多个监测点，持续不断地获取第一手监测数据。同时，美农化积极调查周边居民生活现状，了解了当地居民的直观感受，这种负责任的态度和亲和友善的做法，赢得了当地居民的信任和赞赏，美农化和当地居民建立了互亲互信的良好关系。

履责成效

从 2005 年 11 月起，中化集团已投入超过 1.6 亿美元到美农化关闭后的环保工作，成效显著：

第一，完成了美农化所有主体工程的封闭，包括福米工厂的两个石膏堆、多个工艺水水池，并完成 EPP 水池的改建，为将来长期的石膏堆渗出工艺水的处理、排放做好了准备。由于石膏堆封闭工作的提前完成，减少了约 450 英亩的受雨面积，大大降低了雨水降到石膏堆上受污染而需要进行处理的工艺水数量。

第二，处理了约 45 亿加仑（约 1700 万立方米）的工艺废水。在关闭过程中最困难的是工艺水的处理，这也是花钱最多的部分。要在石膏堆系统所有的水平面上安装衬底材料，避免雨水不受污染，可以直接排入附近的公共水域。因为工艺水渗出的速度非常缓慢，所以维护工程要持续 50 年。据测算，未来还有超过 15 亿加仑的工艺水需要处理。

第三，完成了大部分厂区的拆除、清理。尽管封闭工程复杂，涉及的工程商众多，但多年来的封闭中没有发生安全事故和环保事故。

中化集团重视社会责任的做法也得到了佛罗里达州政府、地方政府、环保团体及社会大众的充分肯定，他们对中国企业负责任的做法表示钦佩和支持。为此，美农化的封闭工作得到了政府和当地民众的大力支持，封闭工作进展顺利，整个厂区从原先的灰白变得郁郁葱葱。

目前，中化集团仍在继续处理、排放从石膏堆中渗出的工艺水，继续对相关环保监控点进行监控，严格履行"50 年的环保承诺"。

结　语

对于一个在全球范围都有着重要影响的企业来说，它所关注的不仅是产品和盈利，还包括对社会责任的重视、融入及关心社区，还有员工的福利。中化集团负责任地关闭美农化并处理遗留环保问题的做法得到了当地政府、居民和社会团体等各界人士的积极反应和良好评价。

美农化财务总监罗尼·鲍威尔说："如果没有中化集团，美农化不可能承受这些亏损，美农化也不会有财力去完成关闭。所以中化集团在这里对美农化，对这里的工作人员，对福米社区以至整个佛罗里达州来说都非常重要，因为它保证了福米和巴投工厂的石膏堆不会有任何有害物质渗出，不会造成污染，不会对这里的人民造成任何伤害，因为中化集团关心这些问题，关心这里的人们。"

佛罗里达环保局官员山姆·佐木尼说："我们对中化与美农化充满期待。

我想，佛罗里达州的公民和社会团体如果得知有这么一个责任感很强的公司在他们背后默默为佛罗里达避免生态环境恶化而努力那么多年，一定会感到很欣慰。"

福米市前市长梅兰妮·贝尔说："美农化在社区里承担了极大的责任。当一个公司来到社区也是回报社会。美农化回馈了我们，非常非常丰富。我认为他们将赢得尊敬，当他们来到市委员会向我们通报他们将在环境等问题上要做的一切时，我想他们就得到了我们的尊敬和爱。"

佛罗里达 United Way 社会福利机构主席泰瑞·沃兴顿（Terry Worthington）说："很多美国人都知道中化是一家大公司……我认为中化的努力在社区中形成了良好的对待中国的友善态度。"

美农化虽然因市场原因被关闭了，但中化集团用实际行动，履行了一个负责任的中国跨国公司所做出的庄严承诺，维护了中国企业在国际上的良好形象。虽然中化集团为此付出了一定的经济代价，但从长远来看，这种付出对于维护中国企业形象、维护国家形象、巩固和促进中美关系有着积极的意义。中化集团的做法，对于中国企业更好地"走出去"，对于有志于建设国际化企业集团的中国企业，具有积极的启示和借鉴作用。

　　《共享责任，共创和谐——中央企业优秀社会责任
实践（2009~2011 年）》是在国务院国资委 2009 年和
2011 年两届中央企业优秀社会责任实践征集活动的基
础上汇编而成。全书共收录了 40 家中央企业的社会责
任案例，广泛覆盖了责任管理、市场责任、员工责任、
安全生产、环境责任、社区责任以及海外责任等中央企
业履行社会责任的重要议题。全书试图全面梳理、总结
中央企业在推进社会责任工作中探索出的新思路、新做
法、新成效，以期为更多中国企业履行社会责任提供参
考与借鉴。

　　本书的出版是集体智慧的结晶。国资委中央企业社
会责任指导委员会高度重视并给予了大力支持；国资委
研究局（国资委中央企业社会责任指导委员会办公室）
精心组织、全程指导，在案例选取、框架拟定、内容审
核、编辑出版中都投入了大量的精力；中国社会科学院
经济学部企业社会责任研究中心承担了具体的案例素材
收集、编写修改、文字校对工作；许多中央企业的社会
责任工作负责人在百忙之中积极配合调研访谈，提供案

例补充材料。在此向所有支持本书编写的同志表示衷心的感谢！

中央企业优秀社会责任实践案例集将陆续出版，伴随中央企业社会责任工作的推进进行实时总结、系统梳理，进一步增进社会责任工作沟通交流，也期望能为中国企业社会责任的发展提供持续的参考与借鉴。

作为中央企业的第一本优秀社会责任实践案例集，本书还存在不少可改进之处，编写组将在以后的案例集中不断改进，也希望专家学者、读者朋友批评指正。

编委会

2013 年 12 月